HISTOIRE

DE LA

LITTÉRATURE FRANÇAISE

PAR LES MONUMENTS.

©

BIBLIOTHÈQUE DES CAMPAGNES

HISTOIRE
DE LA

LITTÉRATURE FRANÇAISE

PAR LES MONUMENTS

DEPUIS LES ORIGINES JUSQU'A NOS JOURS

PUBLIÉE

Par CHARLES LOUANDRE

I

PROSATEURS

GRÉGOIRE DE TOURS. — JOINVILLE. — FROISSART. — RABELAIS. — MONTAIGNE. — DESCARTES. — PASCAL. — NICOLE. — LA ROCHEFOUCAULD. — LA BRUYÈRE. — SÉVIGNÉ. — SAINT-ÉVREMONT. — BOSSUET. — BOURDALOUE. — FLÉCHIER. — FÉNELON. — ROLLIN. — MASSILLON. — SAINT-SIMON. — MONTESQUIEU. — FONTENELLE. — J.-J. ROUSSEAU. — BUFFON. — MIRABEAU. — NAPOLÉON Ier. — CUVIER. — NODIER. — CHATEAUBRIAND. — LAMENNAIS. — A. THIERRY, ETC., ETC.

PARIS,

LIBRAIRIE CLASSIQUE DE PAUL DUPONT

Rue de Grenelle-Saint-Honoré, 45

—

1863

AVERTISSEMENT.

S. M. l'Empereur Napoléon III ayant daigné autoriser dans la *Bibliothèque des campagnes* la publication d'un choix de ses œuvres, l'éditeur a pensé qu'un si précieux témoignage l'obligeait de donner à cette collection de nouveaux soins; et, pour la rendre de plus en plus digne du favorable et bienveillant accueil qu'elle a reçu du public, il a cru ne pouvoir mieux faire que d'offrir aux lecteurs, depuis les origines de la monarchie jusqu'à notre temps même, une sorte de résumé littéraire, qui fasse connaître la marche et le développement de notre esprit national, et qui mette en lumière les grandes inspirations des écrivains dont la France s'honore.

A une époque où l'éducation populaire préoccupe si vivement les esprits, à une époque où le gouvernement s'applique, par tant de généreux efforts, à élever, dans les classes laborieuses, le niveau de la moralité et de l'intelligence, l'éditeur de la *Bibliothèque des campagnes* a pensé qu'il servirait utilement cette grande cause en rendant accessibles à tous les chefs-d'œuvres de notre littérature, en les popularisant dans des volumes que la modicité de leur prix met à la portée des plus modestes épargnes.

Jusqu'ici, la connaissance de nos grands écrivains est

restée concentrée parmi les personnes qui ont reçu une éducation classique, et qui sont destinées à vivre d'une vie de loisirs ou à suivre les carrières dites libérales; mais de notre temps l'instruction populaire ne cesse point de progresser et l'aspiration plus élevée de l'intelligence universelle demandant de nouvelles satisfactions, il y a là un mouvement qu'il est impossible de méconnaître, et qui n'a point échappé aux habiletés de la spéculation. Une foule de petits journaux et de petits livres paraissent chaque jour, pour satisfaire cette ardeur de lecture qui se manifeste dans tous les rangs de la société ; mais ces journaux et ces livres sont-ils tous de nature à servir la cause du progrès moral et intellectuel? Nous laisserons à d'autres le soin de répondre, et en nous bornant à constater le fait, nous ajouterons qu'il nous paraît au moins inutile de propager des travaux d'un intérêt et d'un mérite fort contestables, quand on a sous la main des productions d'un ordre supérieur, qui offrent tout à la fois les modèles achevés de la composition littéraire et le jugement des penseurs les plus illustres sur la conduite de la vie, la religion et la morale.

La présente publication a donc un double objet :

D'une part, elle fait connaître, par des extraits sévèrement choisis, les productions les plus remarquables du génie français durant une période de quinze siècles.

D'autre part, elle offre un cours de morale à la fois théorique et pratique, où se trouvent affirmés, par des hommes dont la gloire est impérissable, les grandes vérités qui font la force, la dignité et le charme de la vie.

Nous avons la ferme confiance que d'utiles leçons ressortiront de la lecture de ces volumes, où les évêques de la Gaule romaine, les poëtes héroïques de la chevalerie, les historiens nationaux du moyen âge, les moralistes, les orateurs chrétiens, les souverains les plus glorieux eux-mêmes, parlent tour à tour de la grandeur de Dieu, des magnificences de la nature, des devoirs de l'homme, des nobles souvenirs de la patrie, des sentiments les plus profonds de l'âme humaine. Saint Césaire d'Arles, Montaigne, Nicole, Rollin, Pascal, Bossuet, Massillon, Bourdaloue, Fléchier, La Bruyère, Corneille, La Fontaine, Montesquieu, Chateaubriand, Louis XIV, Napoléon Ier et tant d'autres encore, gloire des jours anciens ou des temps nouveaux, voilà les noms que nous présentons aux lecteurs, comme la garantie de l'intérêt du livre, au double point de vue de la curiosité de l'esprit, de l'utilité morale et de l'enseignement pratique.

L'ouvrage est divisé en deux parties : la première contient les prosateurs ; la seconde contient les poëtes. Toutes deux, sous le rapport chronologique, suivent avec un parallélisme exact ; mais comme la langue française ne se montre relativement que fort tard, nous avons d'un côté comme de l'autre remplacé les textes latins par des traductions, ce qui explique pourquoi notre volume de vers commence par de la prose. Quand la langue vulgaire apparaît, nous avons donné, à côté des textes originaux, la traduction en langage moderne de ces mêmes textes, ce qui nous a paru pour les lecteurs beaucoup plus commode qu'une simple explication de vieux mots par renvois en forme de vocabulaire. Aux extraits de chaque auteur nous avons ajouté une notice biographique, résumant les principaux faits de la vie des écrivains, et indiquant le blâme et l'éloge, en dehors de tout esprit d'école et de parti. Enfin, nous avons placé en tête du premier volume une introduction générale, dans laquelle nous nous sommes efforcé de présenter un résumé de notre histoire littéraire.

En adoptant l'ordre chronologique pour la classification des auteurs, et non l'ordre arbitraire par division de sujets, nous avons voulu mettre nos lecteurs à même de suivre dans son développement la marche de l'esprit français et l'histoire même des variations du langage. Heureux si, par ce livre, étranger à toute prétention, nous pouvons servir encore la cause de l'instruction populaire, et propager, au milieu des ruines que tant de révolutions ont faites autour de nous, les principes salutaires que de glorieux ancêtres nous ont légués comme un héritage impérissable.

LA LITTÉRATURE FRANÇAISE

DEPUIS

SES ORIGINES JUSQU'A NOS JOURS.

Quand on étudie l'histoire de notre civilisation, on reste frappé d'un étonnement douloureux en voyant au prix de quels efforts la France est parvenue à conquérir le rang qu'elle occupe aujourd'hui dans le monde. Les immenses massacres de la conquête romaine, les invasions des barbares, des Sarrasins et des Normands, les guerres féodales, les guerres contre l'Angleterre, les luttes religieuses du seizième siècle, les coalitions de l'Europe contre Louis XIV, la république et l'empire, ont tenu pendant dix-huit siècles nos aïeux sous les armes; et cependant, au milieu de tant d'agitations, les lettres et les arts n'ont jamais cessé de briller du plus vif éclat. Les penseurs, les poëtes, les orateurs, les légistes, les historiens ont toujours formé chez nous, même aux époques les plus troublées de nos annales, le glorieux cortége des soldats et des héros, et c'est ce double caractère, c'est cette aptitude à combattre et cette aptitude à penser qui nous ont fait ce que nous sommes, c'est-à-dire le premier des peuples guerriers et le premier des peuples littéraires de l'Europe. Il nous serait impossible, dans les bornes qui nous sont imposées ici, de présenter un tableau complet de notre littérature, mais nous allons du moins indiquer les grandes lignes, montrer d'après l'ordre des temps les voies diverses que le génie national a parcourues, et le suivre pendant dix-huit siècles dans son majestueux développement.

I

Dans les temps antérieurs à la conquête romaine, qui fut définitivement accomplie par César l'an 50 avant notre ère, la Gaule se divisait en deux grandes régions : l'une comprenant les colonies grecques situées sur le littoral de la Méditerranée ; l'autre comprenant le vaste ensemble qui s'étendait vers le nord entre l'Océan et le Rhin. Les colonies établies sur le littoral de la Méditerranée y avaient introduit, six cents ans environ avant notre ère, tous les germes de la civilisation hellénique, et, suivant un écrivain de l'antiquité, Marseille était supérieure pour la science, la discipline et la gravité, non-seulement aux villes de la Grèce, mais encore à toutes celles du monde entier. Quant aux autres parties de la Gaule, elles étaient complétement étrangères à la civilisation antique, mais on y trouvait cependant les traces d'une certaine culture intellectuelle. Les druides, c'est-à-dire les prêtres de la religion gauloise, possédaient, d'après le témoignage de César, des notions scientifiques d'un ordre assez élevé. Ils avaient un grand nombre de systèmes sur les astres et leurs mouvements, l'étendue de l'univers et de la terre, la nature des choses. Ils dirigeaient des écoles où la jeune noblesse des Gaules allait s'instruire ; toutes les connaissances étaient résumées dans des poésies que les jeunes gens apprenaient par cœur, après les avoir entendu réciter par les druides ; car dans les écoles gauloises on ne se servait point de livres, et l'enseignement transmis par la seule tradition orale ne durait pas moins de vingt ans.

A côté des druides, on trouvait les bardes, poëtes populaires, comme les rapsodes de la Grèce, qui célébraient dans leurs chants les exploits des guerriers et les mystères de la religion.

Les monuments de cette poésie primitive ont disparu comme les livres mystérieux du druidisme, comme la langue même des Gaulois ; c'est à peine s'il nous reste de cette langue une centaine de mots dont l'origine soit incontestable, et pour trouver chez nous les traces d'une littérature, il faut attendre que la conquête romaine ait pris définitivement possession du pays. Le résultat de cette conquête fut de latiniser la Gaule, qui se laissa subjuguer par la supériorité de ses vainqueurs, et ne tarda point à se rallier à leur civilisation. Dès le troisième siècle de notre ère, on voit fleurir à Autun, à Bordeaux, à Toulouse, à Narbonne, à Vienne, à Besançon des écoles où l'on enseigne le droit romain, la médecine, la philosophie, la grammaire, les lettres grecques et latines, et toutes les sciences qui formaient l'héritage intellectuel du monde païen. L'éloquence tenait la première place dans cet enseignement, où les Gaulois étaient restés fidèles à leurs vieilles habitudes nationales: « combattre avec impétuosité et parler avec finesse, » — *acriter certare et acute loqui* — c'était, comme le dit un historien de l'antiquité, leur passion et leur orgueil ; et pour symboliser la puissance de la parole, ils représentaient Hercule, le dieu de la force, portant des hommes suspendus à une chaîne d'or qui tombait de ses lèvres. Les empereurs favorisèrent le goût de la vieille Gaule, *cette terre nourricière des avocats*, pour la rhétorique et la déclamation, et l'un d'eux, l'empereur Claude, établit à Lyon des concours d'éloquence où les vaincus étaient condamnés à effacer avec leur langue les compositions qui n'avaient pas été jugées dignes de remporter le prix.

La poésie n'était pas moins en faveur que l'éloquence, et sur aucun autre point de l'empire, y compris l'Italie, la culture littéraire n'avait atteint un pareil développement; mais depuis longtemps déjà les rhéteurs et les beaux esprits remplaçaient les orateurs, les versificateurs remplaçaient les poëtes, et parmi les œuvres qui nous sont restées de cette époque, telles que celles d'Ausone et de Favorinus, on ne trouve guère que des amplifications sur les sujets les plus futiles ou les plus bizarres, comme l'*Éloge de la pudeur* et l'*Éloge de la peste*, des descriptions de villes, des épitaphes et des épigrammes. La société païenne et la littérature étaient en pleine dissolution, et pour trouver l'inspiration et la vie, il faut interroger les monuments de la littérature chrétienne.

II

D'après l'opinion la plus accréditée, les premiers apôtres de la foi parurent dans les Gaules vers le milieu du second siècle. Ces *ambassadeurs du roi des rois*, c'est le nom qu'ils se donnaient à eux-mêmes, n'avaient d'autre science que celle du Dieu crucifié; mais en annonçant les vérités du christianisme, ils s'affranchirent des artifices de la rhétorique profane, et ils persuadèrent parce qu'ils étaient convaincus, et qu'ils donnaient leur sang en témoignage de leurs paroles. Dès la fin du troisième siècle, ils avaient porté les lumières de l'Évangile jusqu'aux extrémités les plus reculées de la Gaule : « Leur éloquence, dit justement M. Villemain, semblait croître et s'animer en proportion du dépérissement de tout le reste; ils avaient l'air de fondateurs debout sur des ruines, et c'est qu'en effet ils étaient les architectes de ce grand édifice religieux qui devait succéder à l'empire romain. » La chrétienté reconnaissante a consacré leurs noms, et parmi ceux qui sont couronnés de l'auréole des saints, se placent au premier rang, Denys, Irénée, Pothin, Marcel, Valérien, Martin, Hilaire, Césaire d'Arles, Euchère et Colomban; le temps n'a laissé parvenir jusqu'à nous que de rares monuments de leur éloquence; mais d'après les quelques fragments qui nous en sont restés, leurs sermons peuvent se ranger sous cinq chefs principaux, comprenant : — 1° l'interprétation et l'explication de l'Ancien et du Nouveau Testament; — 2° les discours prononcés à l'occasion des solennités religieuses et des grands anniversaires, tels que les jours de la naissance, de la mort ou de la résurrection du Sauveur; — 3° les éloges des martyrs et des saints proposés comme modèles; — 4° la discussion dogmatique; — 5° l'enseignement moral et pratique.

La révélation considérée comme source de la foi et de toute connaissance positive; l'Église considérée comme gardienne infaillible des vérités de la révélation, tel est le point de départ de la prédication dogmatique; quant à l'enseignement moral, il découle de l'Évangile et il est empreint de la charité, de la majesté et de la simplicité de ce livre divin.

Les *Vies des saints* forment avec les sermons l'une des branches les plus importantes de la littérature de ces âges reculés; elles ont exercé, au milieu de la barbarie, la plus salutaire influence, et pour en donner l'idée, nous croyons devoir rapporter ici quelques passages de la belle appréciation qu'en a faite M. Guizot : « Dans la vie des saints, dit ce grand historien, se présentait l'image d'un état moral très supérieur, sous tous les rapports, à celui de la société politique et de la vie commune ; l'âme humaine s'y pouvait reposer, soulagée du spectacle des crimes et des vices qui l'assaillaient de toutes parts....... Cette littérature répondait à ces besoins d'affection, de sympathie, qui dérivent, sinon de la moralité proprement dite, du moins de la sensibilité morale, et exercent sur l'âme tant d'empire. Les facultés sensibles avaient beaucoup à souffrir à l'époque qui nous occupe ; les hommes étaient durs et se traitaient durement ; les sentiments les plus naturels, la bonté, la pitié, les amitiés, soit de famille, soit de choix, ne prenaient qu'un faible ou un douloureux développement. Et pourtant ils n'étaient pas morts dans le cœur de l'homme ; ils aspiraient souvent à se déployer, et le spectacle de leur présence, de leur pouvoir, charmait une population condamnée à n'en jouir que bien peu dans la vie réelle. Les Vies des saints lui donnaient ce spectacle. »

Du VIe au VIIIe siècle, tout le mouvement, toute l'activité des esprits se tournent vers les matières religieuses, et suivant la juste remarque du célèbre historien que nous venons de citer, la littérature chrétienne agite les plus grandes questions, touche aux plus pressants intérêts.

Trois hérésies redoutables, le manichéisme, l'arianisme, le pélagianisme (1) avaient mis en péril, dès le berceau même de notre religion, l'unité de la foi et l'unité de l'Église. Le manichéisme proclamait que deux principes contraires, mais également puissants, le principe du bien et le principe du mal, Dieu et Satan, se disputent l'empire du monde, sur lequel ils règnent tour à tour. L'arianisme s'attaquait à la divinité du Christ ; le pélagianisme affirmait que l'homme peut vivre sans pécher, que la nature humaine n'est point déchue par la faute de nos premiers parents, et que la grâce n'est point nécessaire au salut. Ces doctrines trouvèrent dans le clergé gallo-romain d'énergiques adversaires, et c'est l'un de nos évêques, saint Hilaire de Poitiers, qui porta, par la seule force de la discussion et de l'éloquence, un coup décisif à l'arianisme.

A côté des livres qui ont pour objet de combattre les hérésies, nous trouvons divers traités philosophiques, ascétiques ou moraux de Cassien, le fondateur du monastère de Saint-Victor de Marseille ; de Mamert Claudien, de

(1) Ainsi nommées du nom des hérésiarques, Manès, Arius et Pélage.

Vienne en Dauphiné ; de Fauste, évêque de Clermont; de Salvien, moine de l'abbaye de Lérins, etc. ; ce dernier nous a laissé dans le *Traité du gouvernement de Dieu* un ouvrage très remarquable au double point de vue de l'histoire et de la philosophie, car l'auteur y trace d'une part le sombre tableau des désastres que les invasions firent peser sur la Gaule, et de l'autre il répond aux murmures que les chrétiens, victimes de ces désastres, élevaient contre la Providence, en montrant dans les barbares les initiateurs d'une société nouvelle et les instruments de la justice divine.

La poésie, durant la même période, nous offre aussi des monuments dignes d'attention, et parmi ces monuments, les uns sont inspirés par les souvenirs de la littérature profane et le mauvais goût de la décadence romaine, les autres par les sentiments chrétiens et les aspirations les plus élevées; mais le chaos social était si profond, le souvenir des lettres antiques si vivant encore, que le profane et le sacré se confondaient souvent dans les écrits des mêmes hommes. C'est ainsi que Fortunat, évêque de Poitiers, en même temps qu'il composait le *Vexilla regis*, l'une des plus belles hymnes de l'Église, se livrait aux jeux d'esprit les plus puérils, comme le témoignent les huit pièces de vers sur des bouquets de violettes, les treize pièces sur des châtaignes, et les vingt pièces sur des œufs et des prunes, qui se trouvent dans ses œuvres. Ce qu'il y a de plus remarquable à cette date, c'est sans contredit le poëme de saint Avit, évêque de Vienne, sur la *création*, le *péché* et *l'expulsion du paradis terrestre*. Ce poëme offre comme une première ébauche du *Paradis perdu* de Milton, et le saint évêque s'y élève en certains passages à toute la majesté de l'épopée.

Quelques chroniques et l'*Histoire ecclésiastique des Francs*, de saint Grégoire de Tours, complètent l'héritage intellectuel des premiers siècles de la monarchie. Rien n'est plus aride que la plupart de ces chroniques. « Leurs auteurs mettent sur la même ligne les plus grands événements de l'histoire et les accidents les plus ordinaires survenus dans la vie de leurs couvents. Ainsi, dans l'un de ces documents, on lit, à l'année 732: — Charles-Martel fit la guerre aux Sarrasins; — et c'est tout. Il s'agit cependant de la bataille de Poitiers, qui refoula les Arabes en Espagne, et préserva l'Europe de leurs invasions. Ailleurs, on lit, à l'année 726: — Martin est mort, et cette mention d'un moine inconnu remplit à elle seule l'année entière (1). » — Toutes les chroniques cependant n'ont point cette aridité, et l'on trouve dans l'*Histoire ecclésiastique des Francs*, de Grégoire de Tours, dans Frédégaire, dans les *Vies* de Dagobert Ier et de saint Léger, un certain effort de composition littéraire, des détails pittoresques et une peinture animée des usages et des mœurs.

La littérature dramatique, qui occupe une si grande place dans la société moderne, disparaît complétement dans les bas siècles de la monarchie. Quelques théâtres destinés aux représentations tragiques et comiques avaient été établis par les Romains dans les Gaules; mais on n'en trouve déjà plus trace à l'époque des premières invasions, et jusqu'à la fin du huitième siècle tout se borne à quelques spectacles populaires, dont les acteurs ambulants furent désignés d'abord sous l'ancien nom romain d'*histrions*, puis sous le nom de *chanteurs* et en dernier lieu sous celui de *jongleurs*. Ces acteurs se montraient principalement dans les foires; ils jouaient en plein vent, et se faisaient suivre par des bouffons et des mimes, qui accompagnaient leurs chants avec des gestes et de la musique. Le sujet de ces chants était le plus souvent tiré de la vie des saints, ce qui n'empêcha point les jongleurs de se livrer à de si grands désordres que Charlemagne fut forcé d'interdire l'exercice de leur profession, et on a tout lieu de croire qu'ils ne reparurent que sous le règne de Robert.

Si nous résumons maintenant en quelques mots les détails qu'on vient de lire, voici les principaux faits que nous avons à constater, depuis les âges les plus reculés jusqu'au huitième siècle de la monarchie française : disparition absolue de tous les monuments de la culture intellectuelle des Gaules et des derniers vestiges de la langue gauloise elle-même. — Avénement de la civilisation et de la littérature grecques sur le littoral méditerranéen dès l'an 600 avant notre ère; — avénement de la civilisation romaine et de la littérature latine avec la conquête de César; décadence et stérilité de cette littérature; — développement général du christianisme vers le quatrième siècle, et, par suite de ce développement, prédominance absolue de la littérature religieuse. Nous n'avons pas besoin d'ajouter que tout en

(1) *Patria*, col. 1834.

brisant avec les traditions païennes, la Gaule avait gardé la langue de Rome. Postérieurement à la conquête franque, tous les ouvrages, de quelque nature qu'ils soient, continuent à être écrits en latin, et ces ouvrages, à de très-rares exceptions près, ont pour auteurs des évêques, des prêtres ou des moines, car au milieu de ce chaos sanglant de la Gaule romaine et franque, où *Dieu,* suivant l'expression de Salvien, *broyait les peuples pour les rajeunir,* c'était dans l'Église, et dans l'Église seule que s'étaient réfugiés toutes les lumières, toutes les vertus, les grands souvenirs et les saintes espérances.

III

L'anarchie profonde dans laquelle la France était plongée sous les derniers Mérovingiens porta le coup le plus fatal aux sciences et aux lettres; mais l'avénement de la seconde dynastie, en plaçant le pouvoir entre des mains énergiques, rendit momentanément l'ordre et le repos à la société laïque et religieuse, et prépara la renaissance à laquelle le génie de Charlemagne devait donner un si brillant essor. Ce grand homme essaya de reconstituer dans l'empire d'Occident la forte unité de la puissance romaine, et d'opérer, par la civilisation, la fusion des races diverses disséminées dans ses vastes États. Pour mener ce projet à bonne fin, il appela du fond de l'Italie, de l'Allemagne et de l'Angleterre, tous les hommes qui lui paraissaient propres à seconder ses vues, et qui s'étaient fait un nom par leur savoir, tels que Paul Warnefride, Alcuin, Leidrade, Pierre de Pise, Théodulfe, Paulin d'Aquilée. En 787, il invita les évêques et les abbés à rétablir, auprès des cathédrales, les écoles ecclésiastiques, qui avaient fini par tomber dans une complète décadence, et, pour prêcher d'exemple, il fonda dans son palais même une sorte d'académie, qui prit le nom d'*École palatine,* et dans laquelle on étudiait la grammaire, la rhétorique, la dialectique, l'arithmétique, la géométrie, la musique et l'astronomie. Les membres de cette académie s'étaient tous donné des noms empruntés aux plus illustres souvenirs de l'antiquité sacrée ou profane, et Charlemagne, qui la présidait, y figurait sous le nom de *David.* Les chroniqueurs nous apprennent que cet illustre chef des Francs fit soumettre à une révision sévère les textes de l'Ancien et du Nouveau Testament; qu'il encouragea ce travail en corrigeant de sa main plusieurs copies de la Bible, en conférant la version latine des Évangiles avec la version syriaque et l'original grec, et ils ajoutent qu'il fit recueillir avec le plus grand soin les manuscrits des auteurs classiques de l'antiquité, devenus fort rares, et qu'il en multiplia les exemplaires, en confiant aux moines le soin de les transcrire. L'impulsion qu'il imprima aux études par son exemple et ses encouragements rendit un immense service à la civilisation de l'Occident, et l'influence salutaire s'en fit sentir jusqu'aux dernières années du neuvième siècle.

Il nous reste de la période carlovingienne un nombre d'ouvrages assez considérable, chroniques, traités de philosophie et de théologie, textes de lois, poésies latines, etc.

Parmi les chroniques, les unes, comme celles d'Eginhard, du moine de Saint-Gall, de Nithard, de Thégan se rapportent particulièrement soit à la personne de Charlemagne, soit aux événements généraux du huitième et du neuvième siècle. Les autres ont pour objet l'histoire des provinces, des évêchés, des monastères, de quelques grandes familles féodales, ainsi que de la vie des saints.

Dans la philosophie, on voit paraître une méthode nouvelle, la *scolastique*, du mot latin *scola*, école, parce qu'elle avait pris naissance dans les écoles fondées par Charlemagne; c'est cette méthode qui a régné sur tout le moyen âge.

Dans la théologie, ce qui domine, c'est la grande question du libre arbitre, de la prédestination et de la grâce. Elle soulève un ardent débat entre l'Irlandais Scot Erigène, venu en France à la demande de Charles le Chauve, et l'archevêque de Reims, Hincmar, la plus grande intelligence du neuvième siècle, qui fut mêlé à tous les événements politiques de son temps et qui a laissé plus de soixante-dix ouvrages sur les sujets les plus divers. C'est aussi l'hérésie des *Iconoclastes* ou *briseurs d'images*, secte religieuse qui n'admettait point que l'on pût représenter les trois personnes de la Trinité sous des formes sensibles et matérielles, et qui s'acharnait, comme le firent les protestants du seizième siècle, à détruire ces représentations partout où elle pouvait les rencontrer.

Des correspondances, des traités de morale, des commentaires philologiques, des écrits sur la liturgie, quelques essais d'astronomie, de médecine et de mathématiques attestent encore l'activité du mouvement intellectuel provoqué par Charlemagne, et les efforts tentés dans les voies les plus diverses par les sujets de ce grand homme. La poésie n'est pas non plus complétement déshéritée. Si elle se montre puérile ou bizarre dans quelques compositions, telles que le poëme d'Hugbalde : *A la louange des têtes chauves*, dont tous les mots commencent par un C, elle se montre aussi parfois heureusement inspirée, soit par les sentiments religieux, comme dans les vers de saint Odon, soit par le spectale de la nature, comme dans la pastorale intitulée : *le Combat de l'hyver et du printemps*, soit enfin par le patriotisme, comme dans *les Gestes de Louis le Débonnaire*, par Ermold-le-Noir, la *Complainte sur le démembrement de l'empire*, par Florus, prêtre de Lyon, et le poëme d'Abbon, *sur le Siége de Paris* par les Normands en 885.

L'éloquence, comme dans les âges précédents, est encore exclusivement religieuse ; les seuls monuments qu'elle nous ait légués sont des sermons, et nous n'avons pas besoin d'ajouter que ces sermons, comme toutes les autres œuvres littéraires, sont exclusivement écrits en latin.

L'œuvre de restauration intellectuelle inaugurée par Charlemagne est sans aucun doute l'un des faits les plus remarquables de notre histoire ; mais cette œuvre, entreprise prématurée d'un génie supérieur qui devançait son temps, n'eut qu'une durée éphémère, et ne fut, en définitive, qu'une halte glorieuse dans la barbarie. Sous les derniers Carlovingiens, l'ignorance étendit de nouveau ses ténèbres sur la Gaule franque, et ce n'est qu'à la fin du onzième siècle que la société française reprend sa marche ascensionnelle et progressive.

IV

Les années comprises entre l'avénement de Louis le Gros et la mort de Philippe le Bel marquent la période la plus brillante du moyen âge, et dans la politique, aussi bien que dans la littérature et les arts, elles commencent une ère entièrement nouvelle. Les héroïques aventures des croisades, l'affranchissement des communes, la lutte du pouvoir royal et de la grande féodalité, impriment aux esprits une secousse profonde. L'Université de Paris est fondée ; l'étude du droit romain renaît dans les écoles ; une langue nouvelle, formée de la décomposition du latin, s'impose aux œuvres de l'intelligence, et se partage en deux grands idiomes, dont l'un, au midi, s'appelle la langue d'*oc* et dont l'autre, au centre et au nord, s'appelle la langue d'*oïl*. Ces deux idiomes ont chacun une littérature originale ; mais la langue d'oc, que l'on désigne aussi sous le nom de *langue romane provençale*, brille à peine pendant deux siècles, pour tomber ensuite à l'état de patois ; tandis que la langue d'oïl, au contraire, se dégageant peu à peu de toutes ses scories barbares, ne fait que grandir, se développer et se régulariser, pour devenir, après un travail de formation qui n'a pas duré moins de huit siècles, la langue magnifique de Pascal, de Corneille et de Molière.

Expression vive et brillante de la civilisation raffinée du Midi, la littérature de la langue d'oc a produit surtout des œuvres d'imagination ; ses principaux écrivains sont les poëtes dits *troubadours* (1) ; et l'on peut évaluer à une centaine environ ceux dont les vers sont arrivés jusqu'à nous. Les plus anciens d'entre eux remontent à l'an 1100 environ ; les plus modernes ne dépassent pas les dernières années du XIII° siècle.

On a dit et répété cent fois que les nobles au moyen âge étaient complétement illettrés, et que la plupart d'entre eux ne savaient même pas signer leur nom. Cette assertion est formellement démentie par les faits, surtout en ce qui touche le Midi ; et dans cette partie de la France, c'est la noblesse qui marche en tête du mouvement littéraire. On voit figurer, en effet, au premier rang des troubadours, les représentants des plus grandes races, tels que Guillaume Ier, comte de Poitiers, Bertrand de Born, vicomte de Hautefort, et jusqu'au roi d'Angleterre, Richard Ier Cœur de Lion, qui possédait, à titre de fief relevant de la couronne de France, une grande partie du Poitou. A côté de ces grands seigneurs qui faisaient des vers par goût et pour acquérir l'une des gloires les plus enviées du moyen âge, la gloire de passer

---

(1) Ce mot vient du verbe provençal *trubar*, qui veut dire *trouver*, inventer. Le nom de *trouvères*, appliqué aux poëtes de la langue d'oïl, a la même étymologie et la même signification.

pour des hommes d'esprit, il y avait les troubadours de profession, qui vivaient de leur talent ; ils allaient de château en château demander une hospitalité que l'on s'empressait toujours de leur offrir, et en retour de cette hospitalité, ils célébraient les hauts faits des châtelains et la beauté de leurs femmes. Leurs poésies, très-remarquables par la science du rhythme, la variété dans la mesure des vers, l'agencement des rimes, peuvent se diviser en deux classes, comprenant, la première, des pièces lyriques, inspirées par l'amour ou les sentiments chevaleresques et guerriers, et nommées *plaints*, *canzones*, *tensons* ; la seconde, des satires dites *sirventes*.

La littérature de la langue d'*oil* est bien autrement riche, bien autrement variée ; elle abonde en ouvrages historiques, en romans, en poésies de toute espèce, et si ses productions, sous le rapport de la forme et de la grâce sont inférieures à celles du Midi, elles l'emportent de beaucoup sur ces dernières par la vigueur de la pensée, le sentiment de la réalité humaine, l'étendue des conceptions, la tendance aux applications sociales ou politiques.

Quant au latin, en présence des deux langues rivales dont il était pour ainsi dire l'aïeul le plus direct, il resta l'idiome officiel de l'Église, de la théologie, de la philosophie, de la science, et jusqu'à la fin du quinzième siècle il a donné un nombre d'ouvrages beaucoup plus considérable que ceux qui sont écrits en langue vulgaire.

Nous venons de dire que la poésie française du moyen âge avait touché aux sujets les plus divers, et, en effet, quand on étudie les monuments qu'elle nous a légués, on est frappé de l'inépuisable fécondité de ses inspirations. Ce sont des *fabliaux*, petits contes en vers d'une vive et preste allure, qui ont pour objet, les uns l'enseignement moral, les autres le simple amusement ou la satire des mœurs ; ce sont des *lays*, récits touchants d'aventures réelles ou imaginaires ; des chansons, des fables, des légendes et des vies de saints ; des *bestiaires*, espèces de traités d'histoire naturelle fantastique, où les auteurs opposent à l'homme, pour le faire rougir de sa sottise et de ses vices, des animaux auxquels ils prêtent le plus merveilleux instinct et les plus nobles vertus.

La littérature dramatique, qui avait complétement disparu au milieu des invasions barbares, se réveille de son long sommeil au commencement du onzième siècle sous une forme religieuse : c'est dans le sanctuaire même qu'elle se montre pour la première fois chez nous, et ce fait, quelque singulier qu'il paraisse au premier coup d'œil, s'explique néanmoins tout naturellement quand on se reporte au sein même de la société dans laquelle il s'est produit. En effet, les livres étaient très-rares, les populations très-ignorantes, et pour initier la foule aux événements de l'histoire religieuse, le clergé conçut l'idée de placer sous ses yeux la représentation matérielle de ces mêmes événements. Dans ce but, il composa sous le nom de *Mystères* ou *Miracles*, des poëmes dialogués qu'on répétait dans les églises, avec une mise en scène, qui exprimait tant bien que mal les principales circonstances qu'il importait de faire connaître. Le *Mystère* était emprunté à l'Ancien ou au Nouveau Testament, le *Miracle* à la vie d'un saint, et surtout à son martyre.

Exclusivement latins à l'origine, les *Mystères* et les *Miracles*, pour être mieux compris du public, donnèrent peu à peu accès à l'idiome vulgaire, et l'on eut de la sorte sous le nom de *farcitures* des pièces moitié latines, moitié françaises, dont on trouve un curieux exemple dans *les Vierges sages et les Vierges folles*. Quant aux pièces françaises, elles se produisirent au moment où le drame, définitivement sécularisé, sortit de l'Église pour se fixer sur les places et dans les carrefours. A l'origine, le *Mystère* n'offrait qu'un épisode de la vie du Christ, tel que la *Nativité*, l'*Adoration des Mages*, la *Résurrection*. Mais à la fin du quatorzième siècle, on réunit, sous le nom de *Passion*, tous les actes de la vie de Jésus-Christ, et on en forma, dit M. Magnin, une seule et vaste représentation, qui ne se joua plus, comme auparavant, le jour de telle ou telle fête, mais qui durait plusieurs jours, souvent plusieurs semaines, et pouvait se répéter pendant tous les temps de l'année (1).

Ce n'est ni l'invention, ni la variété, on le voit par les détails que nous venons de donner, qui manquent à la poésie du moyen âge. La grandeur ne lui manque pas davantage, et les compositions rimées connues sous le nom de *Chansons de gestes* (2) et de *Romans chevaleresques*, offrent çà et là

---

(1) Nous parlerons plus loin des diverses autres compositions scéniques qui se développèrent postérieurement aux premières années du quatorzième siècle.

(2) Du mot latin *gesta*, qui peut se traduire par exploits guerriers.

comme sentiments, comme pensées et comme tableaux, des fragments qui peuvent se placer à côté des plus belles conceptions de la muse antique. Ces compositions sont de véritables poëmes épiques, éclos sous la double inspiration de l'esprit religieux et de l'esprit militaire, et qui embrassent dans leur ensemble les traditions nationales de la France, les traditions religieuses, les souvenirs de l'antiquité, les légendes fabuleuses des peuples celtiques. On a donné le nom de *cycle* à chacune des grandes divisions auxquelles ils se rattachent, et d'après cet ordre on distingue : 1° le cycle de Charlemagne, le plus important de tous, et le premier en date, qui célèbre les exploits réels ou fabuleux de ce grand homme et de ses paladins ; 2° le cycle d'Arthur ou de la Table-Ronde, qui a sa source première dans l'histoire de la Grande-Bretagne, et pour principal héros Arthur, chef breton qui fut le dernier et le plus ferme défenseur de sa patrie contre les envahisseurs saxons (1); 3° le cycle mixte, qui s'inspire de l'antiquité, de la vie d'Alexandre, de la guerre de Troie, et nous offre les souvenirs historiques les plus divers, étrangement mêlés aux exploits chevaleresques et aux merveilles de la féerie ; 4° le cycle religieux, qui comprend particulièrement les romans du *Saint-Graal*, et les belles et touchantes légendes des miracles de la Vierge (2).

Il suffit des rapides indications que nous venons de don-

(1) Arthur disparut dans un combat, sans que l'on ait jamais retrouvé ses restes. Ses sujets, privés de leur roi, abandonnèrent leur pays, plutôt que de subir le joug des Saxons; ils vinrent se fixer dans une de nos provinces, l'Armorique, qui prit d'eux le nom de Bretagne, et là ils attendirent pendant plusieurs siècles le retour de leur chef, en célébrant ses exploits dans des chants populaires, qui se répandirent dans toute la France et s'y transformèrent en épopées.

(2) D'après les traditions populaires, le Saint-Graal était un vase dans lequel le Sauveur avait mangé l'agneau pascal, lorsqu'il fit la cène avec ses disciples. On racontait que Joseph d'Arimathie, après avoir enseveli le Christ, avait emporté dans sa maison ce vase rempli avec le sang et l'eau qui découlaient des plaies du Dieu fait homme; qu'il s'était ensuite rendu en Angleterre avec cette sainte relique, et qu'après avoir évangélisé toute la contrée, il en avait confié la garde à un de ses neveux, dépositaire insouciant entre les mains duquel le précieux vase s'était perdu. On croyait qu'une foule de chevaliers s'étaient mis à courir le monde à la recherche de ce vase, et ce sont les aventures de ces chevaliers qui forment le cycle du Saint-Graal.

ner pour montrer tout ce qu'il y a de vivant, d'inventif et de fécond dans notre vieille poésie épique. On y sent battre le cœur d'un grand peuple, et en bien des passages elle offre des beautés de premier ordre ; mais, par malheur, elle ne parle qu'une langue informe et grossière ; elle s'égare dans d'interminables descriptions, dans de fastidieuses redites ; elle ignore les plus simples procédés de l'art ; elle ne sait ni se contenir ni se régler, et par l'éclatant contraste de ses beautés et de ses défauts, elle ressemble à ces villes du moyen âge où de chétives masures étaient entassées auprès des splendides monuments de l'architecture religieuse. Comme toutes les grandes choses de ce monde, elle eut d'ailleurs une décadence rapide : dès les premières années du quatorzième siècle, elle avait déjà vu tarir les sources de ses inspirations, et postérieurement à cette date elle ne donne que des œuvres dignes tout au plus de figurer dans la bibliothèque de don Quichotte.

Comme la chevalerie et les traditions nationales, la satire et l'allégorie devaient avoir aussi leurs épopées, et elles les ont eues dans le *Roman du Renart* et le *Roman de la Rose*. Le *Roman du Renart*, l'une des œuvres les plus goûtées du moyen âge, met en scène des animaux qui symbolisent les hommes, et il offre une véritable comédie, pleine à la fois d'amertume, de finesse et de trivialités grossières. Quant au *Roman de la Rose*, c'est une allégorie, composée à la demande de Philippe le Bel, par un poëte nommé Guillaume de Lorris, et dirigée contre le pape Boniface VIII qui voulait soumettre, même dans l'ordre temporel, l'autorité des rois à l'autorité du saint-siége. Ce poëme, que Guillaume de Lorris avait laissé inachevé, fut complété par Jean de Meung, et comme le *Renart* il obtint la plus grande faveur.

En même temps qu'elle prenait possession de la poésie et du théâtre, la langue vulgaire apparaissait dans l'histoire avec Villehardouin, auteur d'une *Histoire de la conquête de Constantinople par les croisés*, et le sire de Joinville, qui nous a laissé, sur le règne de saint Louis, des *Mémoires* qui sont un véritable chef-d'œuvre de naturel et de bon sens. A cette date l'usage du latin, dans les chroniques, est encore très-répandu, mais il tend de plus en plus à se retirer devant la langue vulgaire.

L'éloquence religieuse dans le cours des onzième, douzième et treizième siècles, se partage en deux courants distincts.

Parmi les orateurs chrétiens, les uns se mêlent à tous les bruits du siècle, et parcourent les villes et les campagnes en appelant les peuples à la croisade; les autres s'isolent dans les cloîtres, et appellent les moines à l'anéantissement de la vie contemplative. Aux premiers rangs de ceux qui prêchent la croisade, se placent Pierre l'Hermite, d'Amiens, le pape Urbain II, de Clermont, saint Bernard, abbé de Clairvaux, Foulques, abbé de Neuilly et Jacques de Vitry, auteur d'une curieuse histoire des guerres saintes.

Saint Bernard, l'un des plus grands hommes du moyen âge, exerça par son éloquence une véritable fascination sur ses contemporains. Les églises, les places publiques elles-mêmes, ne suffisant point à contenir la foule qui se pressait autour de lui, il fut contraint de prêcher au milieu des champs, du haut d'un amphithéâtre de charpente. Devant les grands et les moines, il parlait en latin; devant le peuple, il parlait en langue vulgaire; et telle était l'autorité de ses discours, la renommée de ses vertus, l'éclair inspiré de son regard, que dans une mission qu'il fit en Allemagne, les habitants de ce pays qui ne comprenaient pas un mot de ses discours, se trouvaient saisis en l'écoutant d'une ardeur extraordinaire, et couraient aux armes avec le même enthousiasme que les Français.

Les discours prononcés à l'occasion des expéditions en terre sainte ne sont point parvenus jusqu'à nous; mais ceux qui ont été prononcés dans les cloîtres nous sont arrivés en assez grand nombre. Les plus importants portent les noms de saint Bernard, de Richard de Saint-Victor, d'Isaac, abbé de l'Étoile, de Maurice de Sully; mais saint Bernard s'élève à une grande hauteur au-dessus de tous les autres; son éloquence, tour à tour tendre et emportée, orageuse et calme, pleine de colère contre les pécheurs et de charité pour les malheureux, présente tous les contrastes que peut offrir le génie d'un grand homme égaré dans un siècle à demi barbare et soutenu par une foi surhumaine.

Dans la sphère de la pure abstraction, la philosophie soulève les plus redoutables problèmes. L'éternel combat du matérialisme et du spiritualisme se réveille, représenté par l'école dite des *nominaux* et celle des *réalistes*, entre Roscelin et saint Anselme. Abeilard proclame et affirme la liberté d'examen, et saint Bernard lui répond que dans les choses de la foi on ne peut admettre que l'entière soumission de la raison. La catholicité tout entière prend part à ces débats. Les écoles de Paris deviennent les premières écoles du monde, et les plus beaux génies de l'Italie, Albert le Grand et saint Thomas d'Acquin, tiennent à honneur d'y professer.

Durant la période dont nous venons de parler, c'est-à-dire durant les onzième, douzième et treizième siècles, la France a parcouru avec gloire les voies diverses ouvertes à son active intelligence. Elle a donné à la théologie, à la philosophie, à la morale, à l'éloquence, à l'histoire, à la poésie des hommes dont le nom a été protégé contre l'oubli par l'admiration des contemporains et le respect de la postérité. L'Europe s'est inspirée de ses poètes et de ses conteurs, car la France, par ses poëmes chevaleresques, a devancé les autres peuples dans l'épopée, comme elle les a devancés dans l'architecture ogivale ; et pour que rien ne manque à son rôle initiateur, elle a donné dans le *Miroir historial* de Vincent de Beauvais, la première des encyclopédies modernes.

V

Quoiqu'il soit difficile d'assigner en littérature une date précise aux principales évolutions de l'esprit humain, on peut affirmer cependant que le moyen âge proprement dit, le moyen âge mystique, féodal et poétique, ne s'étend pas au delà du règne de Philippe le Bel, c'est-à-dire au delà des premières années du quatorzième siècle. Les démêlés de ce prince avec le pape Boniface VIII ; les hérésies des bégards, des turlupins, des flagellants ; la translation du saint-siége dans le comtat Venaissin, et l'élection de deux papes, l'un à Avignon, l'autre à Rome, élection qui donna lieu au grand schisme d'Occident ; la guerre de cent ans contre l'Angleterre, les défaites de Crécy et de Poitiers, la captivité du roi Jean, les luttes des Bourguignons et des Armagnacs, la Jacquerie, la folie de Charles VI, précipitèrent la France sur la pente des derniers abîmes ; et pour la sauver de la ruine, il ne fallut rien moins que la sagesse de Charles V, l'épée de Du Guesclin, la mission providentielle de Jeanne d'Arc, le génie politique de Louis XI, et la foi inébranlable du pays tout entier, noblesse, clergé et tiers état, dans le triomphe de la cause nationale.

Au milieu de tant de désastres et d'agitations, la littérature ne put se maintenir à la hauteur où elle s'était élevée de la fin du onzième siècle à la fin du treizième ; le mysticisme replia ses ailes ; le souffle héroïque des temps chevaleresques se retira de la poésie, et à part quelques ouvrages qui portent le cachet d'un talent supérieur, tout se borne depuis Philippe le Bel jusqu'à François 1er à des compositions aussi médiocres sous le rapport de la pensée que sous le rapport du style.

Pendant les deux siècles dont nous venons d'indiquer les limites extrêmes, c'est dans le genre historique qu'il faut chercher les œuvres les plus importantes de la prose française. Les chroniqueurs, les auteurs de mémoires sont très-nombreux ; Christine de Pisan, Lefebvre de Saint-Remy, Juvénal des Ursins, archevêque de Reims, Bernard Guédon, Monstrelet, Enguerrand de Coucy, Jean Chartier, Jacques Duclercq, Olivier de la Marche, Jean de Troyes, nous ont laissé sur leur époque les renseignements les plus intéressants, et nous trouvons, à côté et au-dessus d'eux, dans Froissart et dans Philippe de Commines, des historiens vraiment dignes de ce nom, qui égalent parfois, dans le récit des faits et la peinture des caractères, les historiens de l'antiquité.

Les écrits d'Alain Chartier ; le traité de morale intitulé : le *Songe du vieil pèlerin*, par Philippe de Mézières ; le *Songe du vergier*, par Raoul de Presles, méritent aussi d'être mentionnés, non-seulement parce qu'ils témoignent d'un grand progrès dans la prose française, mais aussi parce qu'on y rencontre, sur le gouvernement, sur les devoirs de la vie civile, sur la liberté politique, des vues que ne désavoueraient point les écrivains les plus avancés de notre temps.

Quant à l'éloquence religieuse, elle est complétement transformée, et l'on peut dire qu'elle offre l'image du chaos dans lequel était tombée la société civile. Elle est tout à la fois théologique, politique et satirique. L'école éloquente et sévère des cloîtres, cette école illustrée par saint Bernard et Hugues de Saint-Victor, a fait place à une école populaire, et souvent triviale, représentée par Olivier Maillard, Guillaume Pépin, Robert Messier, Raulin, Menot, Thomas Connecte, qui appartiennent pour la plupart aux ordres mendiants, et qui vont de ville en ville s'attaquant avec une verve impitoyable à toutes les classes de la société.

Dans la philosophie et la théologie, les noms les plus célèbres sont ceux de Pierre d'Ailly et de Gerson, chancelier de l'Université de Paris; c'est à Gerson qu'on attribue généralement l'*Imitation de Jésus Christ*, et s'il n'est point prouvé d'une manière irrécusable qu'il en soit l'auteur, les autres ouvrages qui nous sont restés de lui, et dont l'authenticité n'est point douteuse, lui assurent encore un rang supérieur parmi les plus grands écrivains du christianisme. Ses traités *De la direction du cœur; De la pauvreté spirituelle; Des petits enfants à conduire devant le Christ*, sont dignes des plus beaux jours de l'Église; et il semble que l'auteur les ait écrits sous une inspiration divine, pour consoler ce pauvre peuple « dont l'estat, comme le dit un contemporain, estoit pire que celui des bestes. »

Dans la littérature dramatique, l'œuvre capitale, c'est le *Mystère de la passion*. Ce Mystère, ainsi que nous l'avons dit plus haut, embrasse la vie du Christ tout entière. Puis viennent en sous-œuvre *les Actes des apôtres, le Baptême de Clovis, les Miracles de Notre-Dame, le Sacrifice d'Abraham, le Mauvais Riche, l'Enfant prodigue*, etc. Quelques-unes de ces œuvres scéniques n'ont pas moins de quatre-vingt mille vers. On les représentait dans les carrefours ou sur les places publiques. Les nobles, les bourgeois, les ouvriers des corporations industrielles tenaient à honneur d'y remplir un rôle, car c'était pour eux une fête religieuse et nationale.

Comme la plupart des spectateurs étaient fort ignorants et qu'ils ne pouvaient se reconnaître au milieu des événements confus qui se passaient sous leurs yeux, les auteurs prenaient soin d'expliquer dans une espèce de prologue l'arrangement de la scène, et de suspendre sur le théâtre des pancartes qui indiquaient les principales situations.

Les trivialités les plus grossières se mêlaient dans ces compositions bizarres aux aspirations de la piété la plus fervente. Limite de temps et unité de lieu n'y étaient pas plus respectées que la vraisemblance où la vérité historique, et l'on y voyait figurer tout à la fois les personnages de la mythologie, les diables et les anges, les philosophes de l'antiquité, les grands hommes du paganisme et de l'histoire chrétienne. « Un seul soin, dit justement M. Sainte-Beuve, semble avoir préoccupé les auteurs, celui de retracer dans les choses et les hommes d'autrefois les scènes de la vie commune qu'ils avaient sous les yeux; » mais les bonnes gens du moyen âge s'inquiétaient peu de ces imperfections. Ce qu'ils cherchaient dans les mystères, ce n'était ni le jeu des acteurs ni la poésie, mais le tableau des grands événements de la religion, et cette puissance du drame sacré n'était pas un triomphe de l'art, mais un miracle de la croyance (1).

Les pièces tirées de l'Ancien ou du Nouveau Testament n'étaient point cependant les seules qui défrayaient notre ancien répertoire. Il y avait encore les *Moralités*, qui tenaient à la fois des mystères, parce qu'elles empruntaient leurs sujets à la vie des saints, et de la satire, parce que, sous prétexte de rendre les hommes meilleurs, elles traçaient un impitoyable tableau de leurs ridicules et de leurs vices; les *soties*, qui étaient plus particulièrement politiques; les *farces*, qu'on distinguait en *farces joyeuses, historiques, récréatives, facétieuses, enfarinées*, etc., et dont la plus célèbre est celle de *Maître Pathelin*, à laquelle Molière n'a point dédaigné de faire des emprunts. Ces diverses pièces, moralités, soties et farces, sont écrites en vers, et presque toujours en vers de huit syllabes.

Dans les poëmes comme au théâtre, ce qui domine généralement, c'est l'esprit satirique. Au premier rang de ces poëmes se placent les nombreux suppléments qui viennent s'ajouter à la rédaction première du *Roman du Renart* et le *Roman du cheval Fauvel*. Renart personnifie l'astuce, la malice, le triomphe de l'intelligence sur la force; Fauvel personnifie la vanité, la sottise doublée de la richesse, les ambitions désordonnées, et dans ces deux types, de même que dans les acteurs qui se groupent autour d'eux, se révèlent avec une vérité singulière les ridicules, les vices, les passions de toutes les classes de la société, depuis les paysans jusqu'aux princes et aux rois.

(1) Parmi les écrivains qui ont composé des mystères, les principaux sont, du douzième au quinzième siècle, Hilaire, disciple d'Abailard, Jean Bodel, Simon Gréban, Arnoul Gréban, Antoine Chevalet, de Grenoble, Jean d'Abondance, notaire royal du Pont-Saint-Esprit; Jacques Mirlet, étudiant ès lois à l'Université d'Orléans; le trouvère Rutebeuf; André de la Vigne, historiographe d'Anne de Bretagne; Jean Michel, d'Angers, l'écrivain dramatique le plus fécond du quinzième siècle; Louis Choquet.

L'allégorie n'est pas moins en faveur que la satire : les abstractions, les sentiments, les idées les plus fugitives prennent un corps et se transforment en personnages vivants. La réalité disparaît devant un monde de convention dont les habitants ne sont plus que des substantifs féminins ou masculins, tels que *Malheur, Tristesse, Désespérance, Amitié, Désir, Regret*, etc., et rien n'est plus fade, plus ennuyeux que cette littérature qui semble avoir dit son dernier mot dans le *Roman de la très doulce Mercy*, composé en 1457 par René d'Anjou, roi de Naples et de Sicile.

A part quelques passages du *Roman du Renart* où la verve satirique prend les allures de la haute comédie, les compositions les plus remarquables de la poésie du quatorzième siècle et du quinzième sont celles qui se produisent dans la forme brève et rapide de la ballade, du rondeau, de la chanson. Le Champenois Eustache Deschamps, Charles, duc d'Orléans, père du roi Louis XII, le Normand Olivier Basselin ; le Parisien Villon, sont des poëtes dans l'acception la plus brillante du mot, et malgré les imperfections de la langue, une juste renommée s'attache encore à leurs œuvres et les défend contre l'oubli.

VI

La découverte de l'imprimerie, la recherche et l'exhumation des écrits de la Grèce et de Rome, la réforme de Luther et de Calvin, tels sont dans l'ordre intellectuel les faits qui dominent au seuil même des temps modernes, et qui signalent le grand mouvement auquel on a donné le nom de *renaissance*. Ce mouvement commence à la fin du règne de Louis XII et se développe à travers le seizième siècle, en embrassant dans une immense révolution la philosophie, la politique, les lettres et les arts.

Le point de départ de la renaissance littéraire, c'est l'étude des monuments de l'antiquité grecque et latine. D'habiles philologues, tels que Robert Etienne, Despautère, Etienne Dolet, Alain Restaut, Mercier, Postel, publient de savantes éditions des auteurs classiques ; ils les traduisent, les commentent, les enrichissent de préfaces. Les grammaires, les dictionnaires, les prosodies, se multiplient en même temps que les éditions et les traductions. François 1er fonde le

Collége de France, ou *Collége des trois langues*, pour l'enseignement de l'hébreu, du grec et du latin. Les enfants des plus grandes familles de l'Europe viennent s'asseoir sur les bancs de cet établissement célèbre, et telle était l'ardeur d'apprendre qui à cette époque s'était emparée des esprits, qu'en 1560 on comptait en France dix-huit universités, et à Paris seulement soixante-douze colléges, suivis par plus de vingt mille élèves.

Les poëtes ne sont pas moins nombreux que les philologues. Les uns, versificateurs érudits sans inspiration originale et personnelle, composent des vers hébreux, grecs et latins; les autres, novateurs indépendants, tout en subissant encore l'influence antique, se livrent aux fantaisies de l'imagination, et abordent les genres les plus divers depuis la devise et l'épigramme jusqu'à l'épopée. On peut les diviser en deux écoles distinctes; l'une qui, au début même du siècle, a pour chef Clément Marot, et qui règne jusqu'en 1550; l'autre, qui a pour chef Ronsard et qui règne jusqu'à la réforme opérée par Malherbe. Autour de Marot et de Ronsard viennent se grouper Desportes, du Bellay, Remi Belleau, Baïf, Louise Labé, Bertaut, Dubartas, etc. Puis, dans un autre ordre d'inspiration, nous trouvons deux poëtes profondément originaux, qui ne sont d'aucune école et ne relèvent que d'eux-mêmes, le chef de huguenots Agrippa d'Aubigné, qui nous a laissé dans *Les tragiques* une invective violente et sombre contre les misères et la corruption de son temps, et le grand satirique Mathurin Regnier.

Prises dans leur ensemble, les œuvres des poëtes dont on vient de lire les noms laissent sans doute beaucoup à désirer sous le rapport du goût et de l'habileté de la composition, mais elles ne doivent pas moins occuper dans notre littérature une place très-honorable, car elles offrent, au milieu de leurs défauts, une imagination brillante, un sentiment profond de la nature, un style vif, animé, des peintures naïves du cœur humain, des grâces exquises dans l'expression et quelquefois une véritable grandeur.

Les compositions dramatiques du XVI siècle ne sont point à la hauteur des autres poésies.

Les premières tragédies et les premières comédies du théâtre de la renaissance sont des traductions de l'antiquité grecque ou romaine et des imitations de la littérature italienne. Elles ont pour principaux auteurs Baïf, Thomas Sibilet, Ronsard, Charles Estienne, Jean de La Taille, Pierre de Larivey, Jodelle, Garnier, Chantelouve, Adrien d'Amboise, Guillaume de la Grange, Jacques Grevin, etc. « Nulle invention dans les caractères, les situations et la conduite de la pièce; une reproduction scrupuleuse, une contrefaçon parfaite de formes grecques; l'action simple, les personnages peu nombreux, des actes fort courts, composés d'une ou deux scènes et entremêlés de chœurs; la poésie lyrique de ces chœurs bien supérieure à celle du dialogue; les unités de temps et de lieux observées moins en vue de l'art que par un effet de l'imitation ; un style qui vise à la noblesse et à la gravité, » voilà, d'après M. Sainte-Beuve, ce qui distingue le théâtre de Jodelle, et nous ajouterons que ces remarques si justes nous paraissent s'appliquer exactement, non-seulement à Jodelle mais à ses nombreux contemporains. La comédie ne vaut guère mieux que la tragédie, et sauf quelques scènes de Robert Garnier, de Larivey, de Duryer, il faut attendre Rotrou et Corneille, pour trouver des compositions dramatiques vraiment dignes de ce nom.

Au milieu de cette rénovation universelle, le vieux genre de la sotie se continuait encore, et des farceurs restés célèbres jusqu'à nos jours, Turlupin, Bruscambille, Gros-Guillaume, Gaultier Garguile, Guillot obtenaient à Paris auprès de la foule un succès de fou rire. Quant aux mystères, une ordonnance royale datée de 1547 en avait interdit la représentation, car on craignait que les trivialités dont ils étaient remplis ne fissent un fâcheux effet sur le peuple, déjà trop disposé à l'irrévérence et au scepticisme.

Même aux époques les plus brillantes de son épanouissement littéraire, le moyen âge n'avait guère produit parmi les ouvrages en prose que des écrits philosophiques et théologiques, des chroniques et des sermons. Au seizième siècle, outre les érudits, les philologues grecs et latins dont nous avons parlé plus haut, nous trouvons des grammairiens, des orateurs politiques, des économistes, des moralistes, des pamphlétaires, et peu s'en faut que nous n'y trouvions aussi des journalistes.

Ramus dans la philosophie; Montaigne et Charron dans la critique des mœurs et l'observation morale ; Jean Bodin, Hotmann, Hubert Languet, Etienne de la Boëtie dans le droit général ; les auteurs de la *Satire Ménippée* dans le pamphlet politique ; Rabelais dans le roman politique et satirique ; L'Hospital dans l'éloquence parlementaire et la discussion des principes du gouvernement ouvrent à l'intelligence des horizons entièrement nouveaux, et posent les prémisses de toutes les grandes questions débattues dans la société moderne. Le droit s'éclaire des magnifiques travaux de Cujas et de Dumoulin. Olivier de Serres crée l'économie rurale dans un livre qui est resté populaire ; Ambroise Paré, dans ses œuvres chirurgicales, fait faire un pas immense à la science et à la langue scientifique ; Amyot traduit Plutarque ; et dans le *Trésor de la langue grecque* Henri Estienne lègue à la postérité un dictionnaire que la philologie moderne n'a point encore fait oublier.

A partir du règne de Louis XII, les historiens et les auteurs de Mémoires deviennent chaque jour plus nombreux. De Thou écrit en latin une histoire universelle du seizième siècle qui se distingue, ainsi que l'a dit justement M. Villemain, par des qualités toutes modernes, l'impartialité consciencieuse, le sentiment du droit, le calme de la raison. Robert Gaguin et Nicole Gilles composent des résumés qui embrassent nos annales depuis Clovis jusqu'à Louis XII. Jean Bouchet, Claude de Seyssel, Robert de la Marck, Guillaume de Marillac, Brantôme, Palma Cayet, François de Rabutin, le baron de Villars, Marguerite de Valois, Blaise de Montluc, Agrippa d'Aubigné, François de la Noue, Sully, et bien d'autres encore reflètent l'image fidèle de leur époque dans des Mémoires où le talent de raconter et de peindre s'allie souvent à une grande pénétration politique.

L'éloquence civile, qui dans le cours du moyen âge avait eu rarement l'occasion de se produire, prend au moment de la renaissance un certain essor, et laisse quelques traces brillantes dans les états généraux, les conférences politiques et les parlements. Quant à l'éloquence religieuse, elle est jetée, par la réforme et les guerres civiles, dans des voies entièrement nouvelles, et elle se partage en deux écoles profondément hostiles et toujours en lutte, l'école protestante et l'école catholique. — « Je prêche aussi simplement que possible, disait Luther, car je veux que les hommes du commun, les enfants, les domestiques et les laboureurs me comprennent. »—Toute la rhétorique des prédicateurs de la réforme est contenue dans ces quelques mots. Leurs discours sont simples, clairs, méthodiques, mais dépourvus d'entraînement et de chaleur. Les prédicateurs du catholicisme ne sont guère plus brillants; les uns restent fidèles à la vieille et aride méthode scolastique, les autres tombent comme Maillard et Menot dans la trivialité la plus vulgaire ; d'autres, enfin, comme les sermonnaires de la Ligue, se jettent tête baissée au milieu de la mêlée des partis, et se font, comme on disait de leur temps, *les trompettes de la guerre civile;* enfin, dans la chaire protestante aussi bien que dans la chaire catholique qui devait plus tard briller d'un si vif éclat, nous trouvons à cette époque d'infatigables controversistes, des hommes ardents, âpres dans leurs discours, inflexibles dans leurs croyances, mais nous y cherchons vainement des orateurs.

VII

« Les deux grands mouvements qui ont agité le seizième siècle, la réforme religieuse et la renaissance des lettres antiques, se règlent enfin au terme de cette période et aboutissent à une double conciliation qui fait succéder la discipline à l'anarchie dans le monde politique et dans ce qu'on est convenu d'appeler la république des lettres. Dans l'ordre politique un roi s'établit glorieusement : c'est Henri IV; dans l'ordre littéraire un dictateur s'impose, c'est Malherbe. Avec eux et par eux commencent réellement les temps modernes. » Ces paroles, que nous empruntons à M. Géruzez, marquent de la manière la plus exacte le point de départ de la révolution littéraire qui signala les dernières années du seizième siècle, et qui fut le prélude du règne de Louis XIV.

Autour de Malherbe viennent se grouper, dans la première moitié du dix-septième siècle, une foule de poëtes, tels que Racan, Maynard, Théophile de Viaud, Scudéry, Chapelain, Saint-Amand, Gombaud, Desmarets de Saint-Sorlin, qui s'essayent dans les genres les plus divers, l'ode, la satire, l'épigramme, la pastorale et l'épopée. Honoré d'Urfé et mademoiselle de Scudéri mettent à la mode un genre entièrement nouveau, le roman historique ; Guillaume du Vair, garde des sceaux sous Louis XIII, Balzac, Voiture, Sarrazin, saint François de Sales, donnent à la prose une netteté et une clarté jusqu'alors inconnues. Un cercle littéraire, rendez-vous des beaux-esprits du temps, s'établit à Paris dans l'hôtel de la marquise de Rambouillet, et devient comme le berceau de notre société polie ; le goût des choses de l'esprit se répand dans toutes les classes; le cardinal de Richelieu seconde ce mouvement et fonde, en 1639, l'Académie française, avec mission spéciale de veiller à la pureté de la langue et de travailler à son perfectionnement. Un an plus tard, Descartes fait paraître le *Discours de la méthode;* Corneille fait jouer le Cid, et à dater de cette époque, le dix-septième siècle entre de plain-pied dans sa gloire.

Jamais, on peut le dire avec un légitime orgueil, jamais à aucune autre époque, pas même au siècle d'Auguste, d'aussi beaux génies n'ont illustré le règne d'un même prince. Descartes, en prenant l'homme pour sujet de ses études, et le témoignage de la conscience pour base de la certitude, entreprend l'une des plus grandes réformes philosophiques des temps modernes, et fonde la doctrine à laquelle il donne son nom, le *cartésianisme*. Malebranche, dans la *Recherche de la vérité;* Bossuet dans le *Traité de la connaissance de Dieu et de soi-même;* Fénelon, dans le *Traité de l'existence de Dieu*, concilient dans un accord magnifique la foi et la raison ; la Bruyère, la Rochefoucauld, Nicole, portent jusqu'aux dernières limites de la finesse et de la vérité l'observation du cœur humain, l'analyse et la critique de nos passions. Pascal, dans ses *Pensées*, sonde les mystères les plus profonds de l'être et de la vie ; il place l'homme entre ce double infini de grandeur et de petitesse qui est l'essence même de sa nature, et après avoir analysé toutes les contradictions qui sont en nous, après avoir interrogé toutes les philosophies, il démontre dans un style incomparable que la religion chrétienne peut seule expliquer l'énigme de notre destinée.

Dans l'éloquence de la chaire, Bossuet, Bourdaloue, Fléchier, Fénelon, rappellent les plus beaux jours de la primitive église; la controverse religieuse nous donne son chef-d'œuvre dans l'*Histoire des Variations;* et des querelles du jansénisme, que nous ne rappelons ici qu'au point de vue littéraire, sortent les écrits polémiques d'Arnauld, et les *Provinciales* de Pascal, l'un des ouvrages les plus parfaits de la prose française.

Le célèbre avocat Patru, en introduisant, en 1640, l'usage des discours de réception à l'Académie française, cette académie elle-même en instituant des concours pour des ouvrages en prose et en vers, créent un nouveau genre d'éloquence qui reçoit, des circonstances même où elle se produit, le nom d'*éloquence académique*, et dont Fontenelle est resté le représentant le plus célèbre.

L'éloquence du barreau, quoique bien au-dessous de l'éloquence de la chaire et même de l'éloquence académique, offre çà et là dans les œuvres de Lemaître et de Patru des morceaux remarquables; mais en général elle manque de mesure et de goût; elle s'égare dans un dédale d'érudition pédantesque, de comparaisons boursouflées et presque toujours elle perd de vue son objet essentiel qui est d'émouvoir et de persuader.

Ce n'est point seulement par l'élévation et la correction de ses grands écrivains que le siècle de Louis XIV se distingue de tous ceux qui l'ont précédé; c'est aussi par l'extrême variété des sujets, par le caractère de perfection dont il marque tous les genres, par les horizons nouveaux qu'il ouvre à l'esprit humain. Les lettres familières, sous la plume de madame de Sévigné et de madame de Maintenon; les contes de fées et les contes badins, sous la plume de Perrault et d'Hamilton, deviennent autant de chefs-d'œuvre. Le *Télémaque*, de Fénelon, *Zaïde* et la *Princesse de Clèves*, de madame de Lafayette, élèvent le roman au niveau des plus attrayantes et des plus nobles productions. La Bruyère, Fénelon, le père Bossu, Boileau, Perrault, Molière en certains passages de ses comédies, Corneille dans ses préfaces, nous donnent des modèles achevés de critique littéraire, de bon sens et de bon goût. La philologie, enfermée par le seizième siècle dans les études grecques et latines, embrasse avec d'Herbelot, Claude Duret, Samuel Bochart, Galland, l'arabe, le syriaque, l'hébreu, toutes les langues de l'Orient. Les RR. PP. jésuites Jean de Fontaney, Gerbillon, Visdelou, Bouvet, Lecomte, pénètrent au cœur même de la Chine, et les premiers, parmi les représentants de l'Europe savante, ils nous font connaître la langue et la littérature de ce mystérieux empire. Nos missionnaires portent les lumières de l'Évangile aux extrémités les plus reculées du globe, et le récit de leurs voyages, leurs observations et leurs études forment ce vaste recueil, œuvre admirable de la science et de la piété, qu'on appelle les *Lettres édifiantes*. Enfin, Nicolas Sanson et Pierre Duval reprennent en sous-œuvre les travaux des géographes de l'antiquité et de la renaissance; ils les contrôlent, les rectifient et posent les bases de la géographie moderne. Au milieu de ce mouvement qui entraînait tous les esprits, l'érudition et l'histoire ne devaient point rester en arrière, et, comme le dit Voltaire, c'est aux savants du grand règne qu'appartient le mérite tout nouveau d'avoir tiré de dessous terre les décombres du moyen âge. A côté des écrivains qui forment le cortége du grand roi, vivent, isolés dans la solitude des cloîtres, des hommes modestes qui font de l'étude une pénitence austère et passionnée, et qui exhument l'antiquité sacrée et profane, sans autre ambition que celle d'édifier et d'instruire leurs contemporains. L'ordre des jésuites, l'abbaye de Port-Royal-des-Champs, la congrégation des bénédictins de Saint-Maur, la Sorbonne, le chapitre de Notre-Dame-de-Paris, donnent à l'érudition Launoy, Ellies Dupin, Claude Joly, Michel Germain, Thierry Ruinart, Thomassin, Lenain de Tillemont, Edmond Martène, l'illustre Mabillon, et grâce aux efforts de ces infatigables savants toutes les antiquités du monde chrétien sortent de leurs ruines. Du Cange accomplit le même travail pour la société civile, et dans le *Glossaire* il reconstruit le moyen âge tout entier par ses lois, sa langue, son gouvernement et ses mœurs.

L'histoire proprement dite n'est pas moins féconde que l'érudition. Mézeray, Adrien de Valois, l'abbé Fleury, Lenain de Tillemont, Rollin, embrassent dans le vaste ensemble de leurs travaux les annales de la Grèce et de Rome, celles de l'Église et de la France; puis, au-dessus d'eux, apparaît Bossuet, qui dans le *Discours sur l'histoire universelle*, résume en quelques pages admirables toute la vie de l'humanité, et nous montre Dieu gouvernant le monde.

Les *Mémoires* écrits par les contemporains sur les événements de leur temps forment sans contredit l'une des branches les plus importantes de la littérature du dix-septième siècle; il suffit de citer ceux du cardinal de Retz, du duc de la Rochefoucauld, de la duchesse de Nemours, de Brienne, de madame de Motteville, de madame de Lafayette, d'Omer Talon, de mademoiselle de Montpensier et du duc de Saint-Simon, qui a tracé des portraits dignes de la plume de Tacite.

Louis XIV lui-même nous a laissé sur l'administration et les faits les plus notables de son règne un travail qu'il destinait à l'instruction de son fils, et qui est digne, à bien des égards, des meilleurs écrivains de son époque.

Dans la littérature dramatique, Corneille, Molière, Racine égalent toujours, surpassent souvent les plus beaux génies de l'antiquité; et au-dessous d'eux, Regnard, le premier parmi les auteurs de second ordre, Quinault, le créateur de notre opéra, Dancourt, Dufresny, Brueys et Palaprat assurent encore à la scène française une supériorité incontestée.

La Fontaine dans la fable, le poëme élégiaque et philosophique, Boileau dans l'épître, la satire, la poésie railleuse et badine, sont restés jusqu'ici sans rivaux, et jamais la raison, la morale et la malice n'ont parlé une langue plus séduisante et plus parfaite.

Si les écrivains du dix-septième siècle ont acquis tant de gloire, ce n'est pas seulement parce qu'ils forment une école de style, mais encore une école de sagesse et de grandeur. Ils sont tous de la même famille; la source de l'inspiration est la même pour tous, et elle se trouve dans ces trois mots que la Bruyère a rapprochés pour la première fois : *Le beau, le vrai, le bien*. Le but qu'ils poursuivent, n'est-ce pas, en effet, la recherche de la vérité dans l'ordre purement humain, comme dans l'ordre surnaturel, l'étude de l'homme et la peinture du monde, l'éducation de l'esprit et l'éducation du cœur (1). Les œuvres de ces grands hommes, si diverses qu'elles soient, s'éclairent et se complètent l'une par l'autre, et elles offrent entre elles une harmonie si parfaite qu'elles sont inséparables.

Cette unité qui distingue leur talent distingue également leur caractère. Ils ont tous la même simplicité, le même désintéressement, et ils cherchent la perfection pour leurs œuvres plutôt que la gloire et le bruit pour leur nom. Ce sont des gens de bon sens, des gens de bien, droits, sincères, vivant de cette vie commune dont les natures saines et fortes savent seules s'accommoder. Bossuet s'isole au milieu de Versailles, dans les allées solitaires du parc, pour lire la Bible, en compagnie de la Bruyère et de Fleury. Boileau n'a point de plus chères distractions que le jeu de

---

(1) Voir dans le *Magasin de librairie* le travail que nous avons publié sous ce titre : *De l'unité littéraire au dix-septième siècle*, numéro du 10 mars 1859, p. 124.

quilles. Racine s'amuse à faire des processions avec ses enfants, et sa femme ne sait pas même les titres de ses pièces. Molière, à bout de forces et déjà mourant, reste au théâtre, malgré les prières de ses amis, pour donner du pain aux acteurs de sa troupe. Corneille, marguillier de l'église Saint Sauveur de Rouen, tient pendant trente ans les comptes de sa paroisse avec la régularité d'un greffier. La Bruyère cache si bien sa vie qu'elle reste à peu près ignorée. Emprisonné par la souffrance dans la chambre qui le verra mourir, Pascal ne pense pas même à sauver de la destruction le manuscrit des *Pensées*, qui ne se conserve que par hasard, et, comme les saints du moyen âge, il meurt sous le cilice, en ne songeant qu'à Dieu. Soumis dans leur conduite aux règles souveraines qu'ils ont tracées dans leurs œuvres, tous ces grands hommes semblent justifier ce mot de Boileau : « La fierté de l'esprit est le vice des sots, et la fierté du cœur la vertu des honnêtes gens. » Ils ont le sentiment de leur force, jamais la vanité de leur talent ; on les aime, on les respecte autant qu'on les admire, et c'est là le secret de leur popularité.

VIII

« L'esprit humain, a dit le célèbre diplomate M. de Talleyrand, quoique entraîné sans cesse par sa nature vers de nouvelles découvertes, semble néanmoins procéder par crises. Il est des époques où il se sent particulièrement tourmenté du besoin d'enfanter et de produire; d'autres où, satisfait de ses conquêtes, il paraît plus occupé de mettre ordre à ses richesses que de les accroître. Le dix-septième siècle fut une de ces époques fortunées : l'esprit humain, entouré des trésors que l'imprimerie avait mis à sa disposition, s'arrêta pour jouir de ce magnifique héritage. Tout entier à la culture des lettres et des arts, il mit sa gloire et son bonheur à embellir un ordre social qui suffisait à ses vues. Mais après que le siècle de Louis XIV eut épuisé cette mine féconde où s'étaient retrouvées toutes les richesses de l'antiquité, il fallut chercher ailleurs de nouveaux aliments à l'activité de l'esprit humain. » Rien n'est plus juste que cette remarque, et pour préciser le caractère du dix-huitième siècle, on peut dire qu'au lieu d'être la continuation de l'âge précédent, il en fut au contraire la négation la plus complète ; les grands écrivains du règne de Louis XIV, lors même qu'ils se montrent le plus indépendants, restent conservateurs ; les écrivains du règne de Louis XV, au contraire, sont toujours et partout profondément novateurs. En philosophie, en politique, ils continuent l'œuvre de la renaissance, et préparent l'œuvre de la révolution française.

C'est surtout dans la philosophie que se dessine cette contradiction entre les deux époques. Avec Descartes et Malebranche, le dix-septième siècle est spiritualiste et chrétien. Avec Condillac et ses disciples, le dix-huitième est sensualiste, c'est-à-dire qu'il fait de la sensation la source de l'entendement, et que par là il réduit l'âme, cette substance simple, immatérielle, impérissable, dont l'essence est la pensée pure, à n'être plus que l'esclave du corps, et à ne se manifester que sous l'impulsion du monde extérieur et pour ainsi dire sous le choc de la matière ; — il est radicalement matérialiste et athée avec Lamettrie et le baron d'Holbach ; — avec Voltaire et Rousseau, il est déiste ; il n'admet d'autre autorité que celle de la raison, d'autre religion que la religion naturelle ; et ce qui domine au fond de tous ces systèmes, c'est pour les uns, comme pour Condillac, la négation des théories fondamentales de la psychologie chrétienne ; pour les autres, comme Voltaire et Rousseau, la négation de la révélation, et pour quelques-uns, comme d'Holbach et Lamettrie, la négation de l'âme et de Dieu.

Ces tristes et désolantes doctrines portaient avec elles leur condamnation, et c'est l'honneur de notre temps de les répudier de toute la force de sa conscience, et de replacer la philosophie dans les voies lumineuses du spiritualisme chrétien. Mais si le déisme et l'incrédulité du dix-huitième siècle appellent une sévère et légitime réprobation, il n'en est pas moins juste de reconnaître que les penseurs de cette époque ont exercé sur la réforme des lois, l'économie politique, les principes du droit général et privé, une grande influence, et en bien des points une influence salutaire ; car en combattant ce qu'on appelle aujourd'hui *les abus de l'ancien régime*, ils ont pressenti et préparé le grand mouvement de 89. C'est là leur gloire et le secret de leur prestige, et si nous insistons sur ce fait, si nous cherchons à faire ici la juste part du blâme et de l'éloge, c'est qu'en général, quand il s'agit des philosophes du dix-huitième siècle, la plupart des historiens ou des critiques poussent les choses à l'extrême, en condamnant sans circonstances atténuantes, ou en glorifiant sans réserves.

Trois hommes, Voltaire, Jean-Jacques Rousseau et Montesquieu (1) dominent l'époque qui nous occupe.

Voltaire, intelligence prodigieuse, esprit universel, aborde tous les genres de littérature, la tragédie, la poésie épique, la poésie légère, dans laquelle il est resté sans rival, l'épître, la satire, l'histoire, le roman, l'érudition, la critique littéraire; il est vif, abondant, limpide, éloquent, incisif comme Rabelais, savant comme Bayle; mais il se laisse trop souvent entraîner aux caprices de son humeur, aux témérités de sa raison, et le tort impardonnable de son génie, c'est de méconnaître et d'outrager la sainteté du christianisme, de faire peser sur la religion la responsabilité de faits odieux qui n'ont d'autre cause que la barbarie des temps ou l'incorrigible perversité des hommes, et d'oublier, quand il parle au nom de la justice, de la pitié, de la tolérance, du respect de la vie et de la liberté humaines de l'égalité des devoirs et des droits, que tous ces grands principes ont été révélés au monde par le divin crucifié du Calvaire, et que la charité chrétienne est de dix-huit siècles en avance sur la philanthropie philosophique.

Génie solitaire, isolé de tous ceux qui l'ont précédé et de tous ceux qui l'ont suivi, Rousseau, malgré ses tendances à la déclamation, est, sans contredit, le plus éloquent des prosateurs français de son époque. Il possède au plus haut degré l'éclat dans l'originalité, et le naturel même dans le paradoxe. Profondément touché des beautés de la nature, il excelle à les peindre; il a l'amour de la vertu, de la vérité; mais, par malheur, ses œuvres présentent les mêmes inconséquences et les mêmes contradictions que sa vie. Le vrai et le faux s'y mêlent à chaque page. Malgré son immense talent, malgré la justesse et la hauteur de quelques-unes de ses vues, il prend place, comme l'a dit justement M. Vinet, parmi les plus dangereux sophistes, et c'est lui qui a légué à notre temps cette religiosité vague qui affirme Dieu

---

(1) Nous nous dispensons d'énumérer ici les principaux ouvrages de ces écrivains célèbres; on en trouvera l'indication dans les notices placées en tête des morceaux que nous leur avons empruntés.

et nie le dogme, cet orgueil ombrageux et maladif qui s'en prend à la société des malheurs et des fautes de l'individu, et ces théories politiques qui, sous prétexte de progrès, voudraient absorber l'homme dans l'État et constituer, au nom de l'intérêt général, la plus étouffante des tyrannies.

Le premier parmi les grands écrivains français, Montesquieu a formulé la philosophie de la politique et de la législation ; dans l'un de ses livres il expose les causes de la grandeur et de la décadence de Rome; dans un autre, il embrasse d'un vaste coup d'œil l'ensemble des lois qui ont régi l'humanité, et dans l'analyse des gouvernements de tous les peuples, il égale Machiavel par la profondeur et l'étendue de la pensée, mais il se place bien au-dessus de lui par la grandeur morale, car il donne pour base à la politique la vertu, l'honneur, la liberté et la justice, tandis que Machiavel n'y cherche que l'art de réussir.

Bien des noms, célèbres à divers titres, s'ajoutent aux grands noms que nous venons de citer ; d'Alembert écrit la préface de l'*Encyclopédie*; Diderot prodigue sa verve étincelante et désordonnée dans une foule de productions disparates, drames, romans et pamphlets; Buffon, dans son *Histoire naturelle,* se place à côté d'Aristote et de Pline ; Bernardin de Saint-Pierre annonce par ses *Études* et ses *Harmonies de la nature* ce retour aux idées religieuses qui signalera les premières années du dix-neuvième siècle ; Florian habille à la française, avec une grâce charmante, en les pomponnant de rubans, les bergers de la pastorale italienne, et dans quelques pages de ses poëmes en prose, *Numa Pompilius* et *Gonzalve de Cordoue,* il rappelle le *Télémaque.* Vauvenargues et Duclos continuent, dans l'observation morale et la critique des mœurs, les traditions de la Bruyère et de la Rochefoucauld ; et Thomas, dans ses *Éloges,* fait de la vie des grands hommes une école de nobles sentiments.

Dans la critique littéraire, la Motte, Marmontel, Diderot, Clément, Fréron, la Beaumelle, l'abbé Batteux, la Harpe et Grimm mettent en circulation des théories nouvelles, et apprennent le public à raisonner ses jugements.

Dans le roman, Lesage, l'abbé Prevost et Bernardin de Saint-Pierre attachent leur nom à trois chefs-d'œuvre, *Gil*

Blas,—*Manon Lescaut*,—*Paul et Virginie* ; et Mercier, dans le *Tableau de Paris*, trace de cette ville une peinture étrange, pleine de vie et d'animation, éloquente et brutale, véritable panorama photographié sur la borne d'un carrefour.

Ce besoin d'innovations et de réformes, qui est un des caractères du dix-huitième siècle, a produit, à côté de Montesquieu, une école de publicistes et d'économistes, parmi lesquels on compte l'abbé de Saint-Pierre, le plus doux et le plus inoffensif des rêveurs, l'auteur d'un projet de paix perpétuelle; Quesnay, le médecin de madame de Pompadour, le chef des *physiocrates*, qui étudie le problème de la richesse des nations dans le but de faire disparaître la misère ; Turgot, l'illustre et vertueux ministre de Louis XVI ; Mirabeau; et enfin, au seuil même de la révolution, l'abbé Syéyès, l'auteur de la célèbre brochure *Qu'est-ce que le tiers?* qui parut au moment de la convocation des états-généraux avec cette épigraphe caractéristique : *Les grands ne sont grands que parce que nous sommes à genoux : levons-nous.*

L'éloquence civile, qui devait jouer un si grand rôle dans les assemblées de la Révolution, ne se manifeste durant la dernière période de l'ancienne monarchie que dans quelques plaidoyers, les mémoires judiciaires du comte de Lally-Tolendal et de Beaumarchais, et un certain nombre de discours prononcés par des membres de la haute magistrature devant les parlements, entre autres les discours du chancelier d'Aguesseau.

Dans l'éloquence religieuse, Massillon forme la transition entre le règne de Louis XIV et le règne de Louis XV. Il a l'onction, la profondeur, un admirable sentiment de la réalité, une clairvoyance politique qui lui révèle les dangers de cette société que la corruption entraîne à sa ruine, et il est resté, par le *Petit carême*, le plus populaire de nos orateurs sacrés. Il faut rappeler aussi le P. Cheminais, le P. de Larue et le missionnaire Bridaine.

L'impulsion imprimée sous le règne Louis XIV à l'étude des langues, à l'orientalisme et à l'histoire, se continue avec éclat. Le *Monde primitif* de Court de Gébelin crée la philologie comparée. Les intrépides missionnaires Fouquet, Régis, Prémare, Amiot, Gaubil éclairent d'une lumière nouvelle les régions les plus reculées de l'Orient. Anquetil Duperron devance les Anglais dans l'étude des idiomes et des antiquités de l'Inde; et Fourmont naturalise en France l'usage du chinois.

Les monuments de notre vieille littérature, nos romans et nos fabliaux, dédaignés du dix-septième siècle, commencent à sortir de l'oubli, grâce aux recherches de Barbazan, de Legrand d'Aussy, de l'évêque de la Ravallière. Lacurne de Sainte-Palaye publie d'intéressantes recherches sur l'*Ancienne chevalerie*. L'*Histoire littéraire de la France*, des bénédictins, le *Recueil des ordonnances des rois de la troisième race*, la *Collection des historiens* de dom Bouquet, les *Monuments de la monarchie française* de Montfaucon résument dans un majestueux ensemble tout le passé de notre glorieuse patrie; les savantes dissertations des Fréret, des Foncemagne, des de Laurière, des Bréquigny, des Secousse, nous révèlent notre ancien droit public, et mademoiselle de Lézardière, le comte de Boulainvilliers, l'abbé de Mably, l'abbé Dubos, cherchent dans l'étude de la conquête franque et des origines de notre monarchie le secret de nos institutions et de notre organisation sociale.

Si vastes qu'ils soient, les travaux d'érudition et de critique que nous venons de mentionner sont encore loin cependant de représenter toute la littérature historique du dix-huitième siècle. Dans cette littérature, c'est encore Voltaire qui domine et nous rencontrons à ses côtés dans un rang inférieur, mais honorable encore, Mallet, Rulhière, Gaillard, le père Bougeant, le président Hénault, l'abbé Millot, Anquetil, de Guignes, sans compter les auteurs de *Mémoires*, tels que le maréchal de Villars, le duc de Noailles, le marquis de Torcy, madame de Staal, madame d'Épinay, etc.

C'est par ses prosateurs, bien plus que par ses poètes, que brille le dix-huitième siècle. Cependant la source des belles inspirations n'est point aussi complètement tarie que l'affirment quelques critiques. La *Henriade*, malgré ses imperfections et sa froideur, renferme de magnifiques tableaux, des vers d'un grand éclat, des portraits admirablement tracés, et dans l'*épître*, le *conte*, l'*épigramme*, la *satire*, la *poésie légère*, Voltaire s'élève à la hauteur d'Horace. Jean-Baptiste Rousseau, Lebrun, Lefranc de Pompignan, Gilbert, dans la poésie lyrique, atteignent quelquefois à la véritable beauté. Le nom de Gresset rappelle avec le souvenir de *Vert-Vert* un modèle accompli de grâce et de badinage; les *fables* d'Aubert et de Florian se font lire, même après celles de la Fontaine ; la *Religion* de Louis Racine, les *Fastes* de Lemierre, les *Saisons* de Saint-Lambert, les *Mois* de Roucher, les poésies de Malfilâtre, rachètent par quelques passages vigoureux ou brillants leur froideur didactique. Colardeau n'est pas non plus sans éclairs, et Dorat lui-même, au milieu de ses fadaises, rencontre parfois des vers agréables et bien tournés. Enfin, au déclin même du siècle, sous le couteau de la guillotine, André Chénier réveille la muse antique dans toute sa grâce et toute sa pureté.

Dans la comédie, les successeurs de Molière ne sont jamais ses rivaux, mais Regnard et Lesage le rappellent encore quelquefois. Destouches, dans le *Glorieux*, Piron, dans la *Métromanie*, Gresset dans le *Méchant*, Sédaine dans le *Philosophe sans le savoir* se distinguent par la force de l'observation, la finesse des détails, le naturel et la verve du dialogue. Marivaux, la Chaussée, Palissot ont aussi un véritable talent, mais ils le gâtent, Marivaux par la recherche outrée de l'esprit, la Chaussée par le pathétique fade, Palissot par le scandale des personnalités. Avec Lanoue, Laujon, l'abbé de Voisenon, la comédie ne s'élève plus au-dessus du badinage ; mais en 1784 elle reprend ses plus fières allures dans le *Mariage de Figaro*, de Beaumarchais, véritable prologue de la Révolution, qui déversait sur la société tout entière le sarcasme et l'insulte.

Un genre nouveau, le drame, né de l'imitation anglaise, fit son avénement sur notre théâtre avec le *Père de Famille* de Diderot, et il eut pour interprètes d'Arnaud Baculard, Saurin, Mercier, madame de Graffigny, Beaumarchais et Fenouillot de Falbert.

Quant à la tragédie, si elle trouve encore l'émotion et de nobles accents avec Crébillon, Lafosse, Guimond de Latouche, elle devient faussement classique avec Lagrange-Chancel, Campistron, Lefranc de Pompignan, Lemierre, Poinsinet de Sivry, la Harpe lui-même ; et c'est à Voltaire seul qu'appartient l'honneur de lui avoir rendu la vie, l'intérêt, l'action, et d'avoir donné à la France le troisième de ses grands tragiques.

On le voit par les noms et les œuvres que nous venons de citer : le dix-huitième siècle a été fécond, laborieux, audacieux entre tous. Il a touché à tous les grands problèmes ; il a tout analysé, tout discuté, mais il a confondu dans un égal anathème ce qu'il fallait combattre et ce qu'il fallait respecter; emporté par l'instinct et la passion de grandes réformes, il s'est fait l'apôtre de l'humanité, mais il a oublié Dieu; et dans la rénovation sociale qui a marqué son déclin, il a résumé toutes ses grandeurs par le mouvement de 89, tous ses excès par le nivellement sanglant de 93.

VIII

Les soixante-quinze ans qui s'étendent de la révolution française jusqu'à notre temps même peuvent se partager en trois périodes distinctes, correspondant, la première à la Révolution, la seconde au Consulat et à l'Empire, la troisième à la Restauration et aux divers gouvernements qui lui ont succédé. Ces trois périodes s'enchaînent d'une façon si intime, que nous n'avons pas cru devoir les séparer.

Au début même de la Révolution, nous trouvons parmi les poètes et au premier rang, Lebrun Ducis, Delille, les deux Chénier. Lebrun, dans la poésie lyrique, continue l'école de Jean-Baptiste Rousseau; Delille représente le genre didactique et descriptif, c'est-à-dire la principale tradition du dix-huitième siècle, tandis qu'André Chénier, esprit profondément original et novateur, s'abreuve aux sources antiques pour rajeunir et revivifier notre langue, que l'esprit analytique du dix-huitième siècle avait pour ainsi dire desséchée. Ducis et Marie-Joseph Chénier ont travaillé particulièrement pour le théâtre, et leurs premiers succès sont antérieurs à la Révolution. Ducis, dès 1769, avait essayé de naturaliser chez nous le théâtre de Shakspeare, et si les imitations qu'il en a données sont restées bien au-dessous de l'original, elles ont cependant assuré à son nom une renommée durable. Quant à Marie-Joseph Chénier, il appartient avant tout à la tradition républicaine et révolutionnaire. Sa tragédie de *Charles IX*, jouée le 4 novembre 1789, fut une protestation violente contre l'ancienne monarchie. Avant le lever du rideau, un orateur du parterre demanda que tout perturbateur fût livré à la justice du peuple. Mirabeau, de sa loge, donna le signal des applaudissements, et Danton s'écria aux dernières scènes : « Si *Figaro* a tué la noblesse, *Charles IX* « tuera la royauté. » La Terreur, à son tour, ne tarda pas à tuer l'art dramatique; la scène devint une annexe des clubs, et l'on peut juger de l'esprit des pièces jouées dans les dernières années du siècle par ces titres seuls : *Mucius Scœvola, les Victimes cloîtrées, les Rigueurs du Cloître, le Tribunal de l'Inquisition dévoilé.* Ainsi la Révolution qui avait tout changé fut stérile pour le théâtre, et il n'existe pas dans l'histoire de l'art une époque où il soit resté plus inertement stationnaire, plus éloigné de l'esprit d'innovation, et surtout plus déclamatoire.

Une nouvelle génération dramatique se produisit sous le Consulat et se continua sous l'Empire et les premières années de la Restauration. C'est à cette génération que se rattachent Picard, Alexandre Duval, Andrieux, Étienne, Roger, Mazères, Empis, qui obtinrent dans la comédie de mœurs et de caractère de légitimes succès; Lemercier, qui a créé dans *Pinto* la comédie historique, et qui a fait entendre dans *Agamemnon* comme un dernier écho du drame antique; Raynouard, qui rappelle par *les Templiers* quelques-unes des belles traditions de l'école Cornélienne; Luce de Lancival et Delrieux, dans les œuvres tragiques, ne sont pas non plus sans mérite.

Dans les premières années de la Restauration, le théâtre resta ce qu'il était sous l'Empire; la tragédie classique se continua par Soumet, Ancelot, Davrigny, de Jouy, Arnault fils, jusqu'au moment où Casimir Delavigne vint la rajeunir par un jeu de scène plus animé et la simplicité d'un style élégant et pur. Enfin, vers 1829, on vit paraître un nouveau genre auquel on a donné le nom de *drame moderne.* C'est à ce genre qu'appartiennent *Lucrèce Borgia, Hernani, Henri III, Richard Darlington, la Tour de Nesle, Chatterton.* Ces drames, signés des noms de Victor Hugo, Alexandre Dumas, Alfred de Vigny, ont obtenu au moment de leur apparition un très grand succès, mais le premier enthousiasme s'est vite refroidi, et tout en reconnaissant qu'ils offrent de grands effets de scène et de véritables beautés, on les critique aujourd'hui encore plus qu'on ne les admire, parce qu'ils sont presque toujours en dehors de la vérité, et trop souvent aussi en dehors de la morale.

Dans la comédie de mœurs, de caractère ou d'intrigue, les succès vraiment littéraires ont été obtenus de notre temps par Casimir Delavigne, Scribe, Alexandre Dumas, Émile Augier, Octave Feuillet, etc., sans parler des vaudevillistes et des improvisateurs qui ont dépensé en *vaude-*

villes, comédies-vaudevilles, pochades, beaucoup plus de talent qu'il n'en eût fallu pour produire des œuvres durables.

La fécondité de notre littérature scénique est si grande, grâce aux bénéfices qu'elle assure à ceux qui la cultivent, qu'on porte à plus de huit cents le nombre des écrivains qui travaillent pour le théâtre, et que de 1835 à 1845, c'est-à-dire dans l'espace de dix ans, on n'a pas joué moins de 3,022 pièces nouvelles. Notre répertoire défraye aujourd'hui tous les théâtres de l'Europe, et chaque pièce qui réussit à Paris fait le tour du monde.

Parmi les poëtes du premier Empire, nous trouvons quelques noms qui se rattachent à l'ancienne monarchie, en traversant la Révolution : Marie-Joseph Chénier, Ducis et Delille. Nous trouvons également des noms nouveaux : dans la poésie descriptive et philosophique M. de Fontanes ; dans l'élégie Millevoye, qui forme comme une transition entre André Chénier et M. de Lamartine. Madame Dufrénoy, Arnault, Gingené, Baour-Lormian, Victorin Fabre, publient des élégies, des fables, des épîtres, des poëmes, des traductions justement estimés ; et bientôt sous la Restauration apparaît une école nouvelle, dont quelques-uns des représentants les plus illustres sont encore parmi nous. Cette école est philosophique, politique, religieuse, sceptique, monarchique ou républicaine ; elle parcourt tout le dédale humain, en sondant comme Dante les profondeurs de l'abîme, en s'élevant comme lui jusqu'aux sphères lumineuses ; elle s'inspire de la Grèce antique et de l'Europe moderne, de Biron et de Gœthe, des malheurs et des gloires de la patrie ; et malgré des égarements regrettables, elle vivra comme une des gloires de notre temps, car elle compte dans ses rangs Lamartine, Victor Hugo, Béranger, Sainte-Beuve, Casimir Delavigne, Alfred de Musset, Hégésippe Moreau.

L'éloquence politique, nous l'avons vu dans les précédents chapitres, n'occupe dans la littérature de l'ancienne monarchie qu'une place restreinte ; mais la révolution et plus tard le gouvernement représentatif devaient lui rendre pour

(1) Malgré le reproche de prosaïsme adressé à notre temps, la poésie n'a jamais été cultivée avec une pareille ardeur ; car de 1830 à 1841, il n'a pas été publié moins de 4,833 éditions de poésies nouvelles, et quelques-unes de ces œuvres ont fait à leurs auteurs une réputation méritée.

ainsi dire les échos du forum. Dès l'ouverture des états généraux, Mirabeau donne un rival aux plus grands orateurs de l'antiquité, et bientôt la révolution, dans sa marche irrésistible, enfante pour la défendre ou la combattre, pour la flétrir ou la glorifier, Montlosier, Siéyès, Barnave, Robespierre, Danton, Vergniaud, Saint-Just, Duport, Camille Desmoulins, Cazalès, Brissot, Gensonné, Guadet, Boyer, Pétion, Barbaroux, Valazé, noms à jamais célèbres, glorieux ou sinistres, qui résument par le royalisme la Gironde et la Montagne, tout le mouvement social de 89 et de 93, ses patriotiques grandeurs et sa démagogie sanglante.

A la tribune révolutionnaire, qui n'était que le marchepied de l'échafaud, succède la tribune constitutionnelle, illustrée par Royer-Collard, le général Foy, Benjamin Constant, Martignac, Manuel et Casimir Périer.

L'éloquence religieuse, étouffée par la Terreur, renaît avec le consulat, et, pour ne parler que des morts, elle nous rend avec l'abbé Frayssinous, le père Ravignán et le père Lacordaire, les belles traditions de la chaire chrétienne.

Éclairée par le spectacle des plus grands événements du monde moderne, l'histoire, dans les premières années du dix-neuvième siècle, prend tout à coup le plus magnifique essor; elle embrasse, dans ses investigations fécondes, tous les souvenirs du passé, et se divise en quatre grandes écoles. L'une, l'école érudite et critique qui exhume les textes, vérifie les faits connus, les éclaire et les complète; — l'autre, l'école narrative et pittoresque, qui s'attache à raconter, en reproduisant la physionomie des temps et des lieux; — la troisième, l'école philosophique, qui s'occupe moins des événements que de leurs causes, de leurs effets, de leur enchaînement nécessaire, des lois qui les régissent, des principes généraux auxquels on peut les rapporter; — la quatrième, enfin, qu'on peut appeler l'école des faits contemporains, et qui a pour chef illustre M. Thiers.

S'il fallait rappeler ici tous les hommes qui ont apporté leur pierre à ce vaste édifice de restauration historique, nous aurions plusieurs pages à remplir, car les noms se pressent sous la plume; mais pour faire apprécier l'importance et la valeur de cette renaissance qui sera l'une des gloires de notre temps, il nous suffira de citer Fauriel, Daunou, Raynouard, de Montlosier, Augustin et Amédée Thierry, Guérard, de Sismondi, Michelet, de Barante, Guizot,

Chateaubriand, Daru, Philippe de Ségur, le général Foy, Mignet, etc.

Les sciences qui se rattachent à la science du passé, la géographie, la numismatique, l'ethnographie, l'archéologie, marchent du même pas que l'histoire générale, et cette histoire, déjà si riche et si variée, se complète par les monographies des provinces, des villes, et quelquefois même des simples villages.

La philologie, à laquelle nos missionnaires avaient rendu de si grands services sous Louis XIV, la Régence et Louis XV, étend ses conquêtes jusqu'aux époques les plus reculées de l'antiquité, jusqu'aux dernières limites du monde moderne. Champollion, par une intuition merveilleuse, retrouve le sens des hiéroglyphes égyptiens. Silvestre de Sacy, Abel Rémusat, Chézy, E. Quatremère, Jaubert, Garcin de Tassy, Reinaud, Julien, popularisent chez nous le tatar-mandchou, le thibétain, l'hindoustani, le chinois le javanais, l'arabe, l'arménien, le turc, le sanscrit, cette langue antique et primitive, morte depuis dix-neuf siècles, et qui, descendue des plateaux de l'Asie, nous apparaît comme la langue-mère de la plupart des idiomes européens. Enfin Eugène Burnouf crée l'étude du pâli, ou langue sacrée de la presqu'île au delà du Gange ; il retrouve la langue zende de Zoroastre, et restitue les textes religieux du bouddhisme, avec une telle sûreté de critique que ses livres, publiés à Paris, sont adoptés aujourd'hui comme les seuls orthodoxes dans l'île de Ceylan, l'Hindoustan et une partie de l'Indo-Chine.

La philosophie, qui occupe à côté des sciences historiques une très-grande place dans le développement intellectuel de notre temps, se divise en trois principales écoles, qui sont : *l'école sensualiste*, qui continue, par Cabanis et Destutt de Tracy, la tradition du dix-huitième siècle ; 2° *l'école éclectique*, ou *spiritualiste rationnelle*, représentée par Victor Cousin, Maine de Biran et Royer-Collard ; 3° *l'école catholique*, qui prend pour point de départ la révélation et l'infaillibilité de l'Église, et dont les chefs les plus illustres sont : de Bonald, Joseph de Maistre, et de notre temps même le père Gratry, de l'Oratoire.

Quant à la politique et au journalisme, nous n'avons pas à nous en occuper, car il s'est produit tant de systèmes, la lutte des partis depuis cinquante ans a enfanté une masse si effrayante d'écrits de toutes sortes, que plusieurs volumes ne suffiraient pas à les analyser même sommairement ; et ce n'est point de ce côté que nous devons chercher, pour en finir avec l'époque contemporaine, des œuvres éminentes et durables ; il faut les demander à la littérature de l'imagination, du sentiment et de l'idéal ; aux rêveurs, aux humoristes, aux critiques, aux moralistes, aux romanciers. Sans doute, au milieu de la production incessante et hâtive qui est l'un des caractères de notre époque, l'inspiration s'est égarée souvent dans le gigantesque, l'invraisemblable et l'impossible ; elle a puisé aux sources les plus troublées, mais quels qu'aient été ses erreurs ou ses défaillances, elle s'est encore élevée assez haut dans les genres les plus divers pour que la France du dix-neuvième siècle n'ait rien à envier aux autres peuples ; et à ceux qui parlent de décadence, elle peut répondre en nommant Chateaubriand, Joseph et Xavier de Maistre, madame de Staël, de Bonald, Ballanche, Joubert, Paul Louis Courier.

Le grand homme qui domine le siècle par sa gloire militaire, ses institutions politiques et son règne, Napoléon Ier, marche comme écrivain en tête des plus illustres. Il est à la fois orateur, historien, publiciste, jurisconsulte, critique littéraire ; il porte dans son style, dans sa pensée, les qualités qui rappellent les plus grands maîtres, la concision et l'éclat, la simplicité et la grandeur. On dit avec raison que ses mémoires et ses écrits militaires égalent la profondeur de Tacite, la majesté de Bossuet, l'entraînante rapidité des commentaires de César. Par un glorieux privilège de sa dynastie, le continuateur de son œuvre, l'empereur Napoléon III, joint comme lui le génie des lettres au génie de la politique, et la France est fière de compter parmi ses publicistes et ses historiens le vainqueur de Solférino à côté du vainqueur d'Austerlitz.

Dans cette longue route de dix-huit siècles que nous venons de parcourir si rapidement, nous avons vu se dérouler à nos yeux des horizons bien divers, et si rapide que soit le tableau que nous venons de présenter à nos lecteurs, il suffira, nous le pensons, à leur montrer combien, à toutes les époques de notre histoire, le génie français a été fécond et varié. C'est à la variété, à la fécondité de ce génie, que la France doit cette autorité, « toujours respectée, même par ses rivaux, toujours reconnue, même par ses ennemis, » qu'elle n'a jamais cessé d'exercer en Europe depuis Charlemagne :

« Dans le cours du moyen âge, dit justement M. de
« Bonald, les vertus et les lumières de son clergé, la dignité
« de sa magistrature, la renommée de sa chevalerie, la
« science de ses universités, la sagesse de ses lois, la dou-
« ceur de ses mœurs, le caractère de ses habitants, l'avaient
« élevée en Europe à un rang qui n'était pas contesté. Rien
« de grand dans le monde politique ne se faisait sans la
« France ; elle était dépositaire de toutes les traditions de
« la grande famille et de tous les secrets d'État de la chré-
« tienté ; rien de grand, j'ose le dire, ne se fera sans elle.
« Et ce qui lui assure à jamais cette prééminence, c'est
« l'universalité de sa langue ; sorte de domination la plus
« douce à la fois et la plus forte qu'un peuple puisse créer
« sur d'autres peuples. »

Arrêtons nous sur ces mots de M. de Bonald, et laissons parler, en les écoutant avec le respect qu'on doit aux ancêtres, les morts illustres dont nous venons d'évoquer la mémoire.

CH. LOUANDRE.

Il a été publié un grand nombre de travaux relatifs soit à l'histoire de la langue française, soit à l'histoire de notre littérature ; voici l'indication des principaux :

J.-J. Ampère, *Histoire de la formation de la langue française ;* — F. Génin, *Des variations de la langue française ;* — Raynouard, *Grammaire comparée des langues de l'Europe latine.*

Histoire littéraire de la France ; commencé dans le dernier siècle par les bénédictins de la congrégation de Saint-Maur, et continué de notre temps par l'Académie des inscriptions et belles-lettres, cet important ouvrage est arrivé aujourd'hui à son vingt-quatrième volume. *Cours de littérature de La Harpe.*— *Histoire de la littérature française avant le* XIIe *siècle*, par M. J.-J. Ampère ; — *Discours et mélanges littéraires ; Tableau de la littérature française au* XVIIIe *siècle ; Tableau de la littérature française au moyen âge*, par M. Villemain ; — *De la littérature française pendant le* XVIIIe *siècle*, par M. de Barante ; — *Histoire de la littérature française au* XVIIIe *siècle*, par M. Vinet ; — *Histoire de la littérature française depuis son origine jusqu'à la révolution*, par M. E. Géruzez; — *Histoire de la littérature française*, par M. Nisard; — *Histoire de la civilisation en France*, par M. Guizot; ouvrage qui renferme les appréciations les plus élevées sur la situation intellectuelle de la France pendant les premiers siècles de la monarchie; *Tableau de la poésie française au XVIe siècle; Critiques et portraits littéraires; Causeries du lundi; Port Royal*, par M. Sainte-Beuve.

Bien d'autres noms s'ajoutent encore à ceux que nous venons de citer; mais nous avons ici indiqué l'essentiel. Le grand nombre d'ouvrages dont notre littérature nationale est chaque jour le sujet, témoigne de sa popularité toujours croissante. On ne saurait trop se féliciter de ce fait, car notre littérature n'est pas seulement un charme pour l'esprit, elle est aussi, dans les ouvrages des maîtres, un enseignement moral, une lumière pour la conduite de la vie, une école de grandeur et de patriotisme. C'est surtout à ce titre qu'il importe d'en répandre la connaissance, et d'en opposer les chefs-d'œuvre aux productions médiocres ou malsaines que la sottise, la vanité ou la spéculation offrent en pâture à des lecteurs trop prompts à se laisser séduire.

LES PROSATEURS.

GRÉGOIRE DE TOURS.

Cet historien, qu'on a surnommé l'*Hérodote de la France*, naquit le 30 novembre 539, en Auvergne. Il fut élu évêque de Tours en 573, et joua un rôle important dans les démêlés qui éclatèrent à la fin du vi^e siècle entre les divers membres de la famille mérovingienne. Fidèle au rôle de médiation et de paix que lui imposait sa qualité d'évêque, il protégea Mérovée, le fils de Chilpéric, contre les émissaires de Frédégonde qui voulaient l'arracher au sanctuaire de Saint Martin-de-Tours où il s'était réfugié. Il défendit devant le concile de Paris l'archevêque de Rouen, Prétextat et prit une part active au traité signé en 587 entre Sigebert, Brunehaut et Gontran. Mêlé à tous les événements politiques de son temps, témoin des crimes sans nombre qui souillaient cette époque, Grégoire de Tours les raconte avec un calme et une impassibilité qui les rendent plus terribles encore ; et c'est dans ses ouvrages qu'il faut, comme on l'a dit, chercher le fond de notre histoire sous la première race. Il nous a laissé divers écrits relatifs à la vie des martyrs et des saints, aux miracles de saint Julien, de saint Martin, de saint André ; mais son œuvre capitale est l'*Histoire ecclésiastique des Francs*, qui comprend, dans les trois premiers livres, un résumé des annales du monde alors connu, depuis la création jusqu'à l'an 547. Les sept derniers livres s'étendent de 547 à 591. C'est à l'*Histoire ecclésiastique des Francs* que nous empruntons les fragments qu'on va lire. Nous n'avons pas besoin d'ajouter que tous ces ouvrages sont écrits en latin.

LE VASE DE SOISSONS (1).

L'armée de Clovis pilla un grand nombre d'églises, parce que ce prince était encore plongé dans un culte idolâtre. Des soldats

---

(1) Nous reproduisons la traduction de M. Guizot. — L'anecdote relatée dans ce fragment se rapporte à l'année 486. Pour bien com-

avaient enlevé d'une église un vase d'une grandeur et d'une beauté étonnante, ainsi que le reste des ornements du saint ministère. L'évêque de cette église envoya vers lui des messagers pour lui demander que, s'il ne pouvait obtenir de recouvrer les autres vases, on lui rendît au moins celui-là. Le roi, ayant entendu ces paroles, dit au messager : « Suis-moi jusqu'à « Soissons, parce que c'est là qu'on partagera tout le butin ; « et lorsque le sort m'aura donné ce vase, je ferai ce que de-« mande le pontife. » Étant arrivés à Soissons, on mit au milieu de la place tout le butin, et le roi dit : « Je vous prie, mes « braves guerriers, de vouloir bien m'accorder, outre ma part, « le vase que voici, » en montrant le vase dont nous avons parlé ci-dessus. Les plus sages répondirent aux paroles du roi : « Glorieux roi, tout ce que nous voyons est à toi : nous-mêmes « nous sommes soumis à ton pouvoir. Fais donc ce qui te « plaît ; car personne ne peut résister à ta puissance. » Lorsqu'ils eurent ainsi parlé, un guerrier présomptueux, jaloux et emporté, éleva sa francisque et en frappa le vase, s'é-criant : « Tu ne recevras de tout ceci rien que ce que te « donnera vraiment le sort. » A ces mots tous restèrent stupé-faits. Le roi cacha le ressentiment de cet outrage sous un air de patience. Il rendit au messager de l'évêque le vase qui lui était échu, gardant au fond du cœur une secrète colère. Un an s'étant écoulé, Clovis ordonna à tous ses guerriers de venir au Champ de Mars revêtus de leurs armes, pour faire voir si elles étaient

prendre ce récit, il faut se rappeler que les rois francs n'avaient nullement le caractère d'autorité qu'implique la royauté moderne. C'étaient avant tout des chefs militaires, choisis dans une famille privilégiée, que distinguait et que consacrait en quelque sorte une longue chevelure que les ciseaux ne devaient jamais toucher, ce qui leur avait fait donner le nom de *rois chevelus*. L'obéissance que leur prêtaient leurs soldats était plus volontaire qu'obligatoire, ce qui est nettement indiqué dans le récit de Grégoire de Tours par le refus que fait le guerrier franc de céder le vase à Clovis; mais celui-ci aspirait à fonder un pouvoir plus fort et plus respecté, et c'est pour marquer son ascendant sur ses compagnons d'armes qu'il tua de sa main le soldat qui s'était opposé à son désir. Ajoutons, pour compléter le commentaire, que les rois francs n'avaient d'autre liste civile, comme on dirait de nos jours, qu'une part dans le butin fait à la guerre, et que cette part était tirée au sort. Les guerriers leur payaient, en outre, à titre de don volontaire, quelques tributs, qui consistaient surtout en armes et en chevaux.

brillantes et en bon état. Tandis qu'il examinait tous les soldats en passant devant eux, il arriva auprès de celui qui avait frappé le vase, et lui dit : « Personne n'a des armes aussi mal tenues « que les tiennes, car ni ta lance, ni ton épée, ni ta hache ne « sont en bon état ; » et lui arrachant sa hache, il la jeta à terre. Le soldat s'étant baissé un peu pour la ramasser, le roi, levant sa francisque, la lui abattit sur la tête en lui disant : « Voilà ce que tu as fait au vase de Soissons. » Celui-ci mort, il ordonna aux autres de se retirer. Cette action inspira pour lui une grande crainte.

LE BAPTÊME DE CLOVIS.

La reine (1) ne cessait de supplier le roi de reconnaître le vrai Dieu et d'abandonner les idoles ; mais rien ne put l'y décider, jusqu'à ce qu'une guerre s'étant engagée avec les Allemands, il fut forcé, par la nécessité, de confesser ce qu'il avait jusquelà voulu nier. Il arriva que les deux armées, se battant avec un grand acharnement, celle de Clovis commençait à être taillée en pièces ; ce que voyant, Clovis éleva les mains vers le ciel, et, le cœur touché et fondant en larmes, il dit : « Jésus-Christ, « que Clotilde affirme être Fils du Dieu vivant, qui, dit-on, « donne du secours à ceux qui sont en danger et accorde la « victoire à ceux qui espèrent en toi, j'invoque avec dévotion « la gloire de ton secours ; si tu m'accordes la victoire sur mes « ennemis et que je fasse l'épreuve de cette puissance dont le « peuple, consacré à ton nom, dit avoir reçu tant de preuves, « je croirai en toi et me ferai baptiser en ton nom ; car j'ai « invoqué mes dieux, et, comme je l'éprouve, ils se sont éloi« gnés de mon secours ; ce qui me fait croire qu'ils ne pos« sèdent aucun pouvoir, puisqu'ils ne secourent pas ceux qui « les servent. Je t'invoque donc, je désire croire en toi ; seule« ment que j'échappe à mes ennemis. »

Comme il disait ces paroles, les Allemands, tournant le dos, commencèrent à se mettre en déroute ; et voyant que leur roi était mort, ils se rendirent à Clovis, en lui disant : « Nous te

(1) La reine Clotilde, fille de Chilpéric, roi des Bourguignons. Elle avait épousé Clovis en 493. Après la mort de ce roi elle se retira dans le monastère de Saint-Martin de Tours, où elle mourut en 545.

« supplions de ne pas faire périr notre peuple, car nous som-
« mes à toi. » Clovis, ayant arrêté le carnage et soumis le
peuple, rentra en paix dans son royaume, et raconta à la reine
comment il avait obtenu la victoire en invoquant le nom du
Christ.

Alors la reine manda en secret saint Rémi, évêque de Reims,
le priant de faire pénétrer dans le cœur du roi la parole du
salut. Le pontife, ayant fait venir Clovis, commença à l'engager
secrètement à croire au vrai Dieu, créateur du ciel et de la
terre, et à abandonner ses idoles qui n'étaient d'aucun secours,
ni pour elles-mêmes, ni pour les autres. Clovis lui dit : « Très-
« saint père, je t'écouterai volontiers ; mais il reste une chose :
« c'est que le peuple qui m'obéit ne veut pas abandonner ses
« dieux ; j'irai à eux et je leur parlerai d'après tes paroles. »
Lorsqu'il eut assemblé ses sujets, avant qu'il eût parlé, et par
l'intervention de la puissance de Dieu, tout le peuple s'écria
unanimement : « Pieux roi, nous rejetons les dieux mortels, et
« nous sommes prêts à obéir au Dieu immortel que prêche
« saint Rémi. »

On apporta cette nouvelle à l'évêque qui, transporté d'une
grande joie, ordonna de préparer les fonts sacrés. On couvre
de tapisseries peintes les portiques intérieurs de l'église ; on
les orne de voiles blancs ; on dispose les fonts baptismaux ;
on répand des parfums. Les cierges brillent de clarté, tout le
temple est embaumé d'une odeur divine, et Dieu fit descendre
sur les assistants une si grande grâce qu'ils se croyaient trans-
portés au milieu des parfums du paradis. Le roi pria le pontife
de le baptiser le premier. Le nouveau Constantin s'avance vers
le baptistère pour s'y faire guérir de la vieille lèpre qui le souil-
lait, et laver dans une eau nouvelle les taches hideuses de sa
vie passée. Comme il s'avançait vers le baptême, le saint de
Dieu lui dit de sa bouche éloquente : « Sicambre, abaisse hum-
« blement ton cou : adore ce que tu as brûlé, brûle ce que tu
« as adoré. »

Le roi, ayant donc reconnu la toute-puissance de Dieu dans
la Trinité, fut baptisé au nom du Père, du Fils et du Saint-
Esprit, et oint du saint chrême avec le signe de la croix ; plus
de trois mille hommes de son armée furent baptisés.

SAINT CÉSAIRE D'ARLES.

Né à Châlon sur Saône en 470, saint Césaire, qu'on a justement appelélé *Fénelon de la barbarie*, est l'un des types les plus accomplis des évêques de la primitive église des Gaules. Il prit d'abord l'habit monastique dans le couvent que saint Honorat avait fondé en 410, dans une des îles françaises de la Méditerranée, dites *îles de Lérins*. Après avoir passé quelques années dans ce couvent, il alla s'établir aux environs d'Arles, et il y vivait dans la retraite la plus profonde, uniquement occupé de prières et de bonnes œuvres, quand il fut appelé, en 501, au siége épiscopal de cette ville par les vœux unanimes du peuple et du clergé; car, à cette époque reculée, c'était le suffrage universel qui nommait les évêques. Saint Césaire, après avoir assisté en 529 au concile d'Orange, fut nommé par le pape Symmaque vicaire du saint-siége dans la Gaule et l'Espagne, et il justifia cette haute distinction par ses vertus et sa charité. Au milieu d'une société violente qui ne reconnaissait d'autre droit que celui de la force, il enseigna la mansuétude et la pitié; il travailla avec un zèle admirable à l'affranchissement des esclaves, et il eut la gloire de fonder le premier des hôpitaux de la Gaule. Il mourut en 542; ses œuvres se composent de *Sermons* écrits en latin, où respire le plus pur esprit du christianisme. Son éloquence est simple, sa morale douce et persuasive, et le morceau suivant donne une idée exacte de sa manière et de ce qu'était la prédication française au vie siècle.

COMMENT IL FAUT SE COMPORTER A L'ÉGLISE.

Quoiqu'en beaucoup de sujets, mes très-chers frères, nous ayons souvent à nous réjouir de vos progrès dans la voie du salut, il y a cependant certaines choses dont nous devons vous avertir, et je vous prie d'accueillir volontiers, selon votre usage, nos observations. Je me réjouis et je rends grâce à Dieu de ce que je vous vois accourir fidèlement à l'église pour entendre les lectures divines; venez-y de meilleure heure. Vous le voyez, les tailleurs, les orfévres, les forgerons se lèvent de bonne heure afin de pourvoir aux besoins du corps; et nous, nous ne pourrions pas aller avant le jour à l'église pour y solliciter le pardon de nos péchés?... Venez donc de bonne heure, je vous en prie..., et une fois arrivés tâchons, avec l'aide de Dieu, qu'aucune pensée étrangère ne se glisse au milieu de nos prières,

---

(1) Traduction de M. Guizot.

de peur que nous n'ayons autre chose sur les lèvres, autre chose dans le cœur, et que nous ne nous détournions sur toutes sortes de sujets... Si tu voulais soutenir auprès de quelque homme puissant quelque affaire importante pour toi, et que tout à coup, te détournant de lui et interrompant la conversation, tu t'occupasses de je ne sais quelles puérilités, quelle injure ne lui ferais-tu pas! quelle ne serait pas contre toi sa colère! Si donc, lorsque nous nous entretenons avec un homme, nous mettons tous nos soins à ne point penser à autre chose, de peur de l'offenser, n'avons-nous pas honte, lorsque nous nous entretenons avec Dieu par la prière, lorsque nous avons à défendre devant sa majesté si sainte les misères de nos péchés, n'avons-nous pas honte de laisser notre esprit errer çà et là, et se détourner de sa face divine? — Tout homme, mes frères, prend pour son Dieu ce qui absorbe sa pensée au moment de la prière et semble l'adorer comme son seigneur. Celui-ci, tout en priant, pense à la place publique : c'est la place publique qu'il adore ; celui-là a devant les yeux la maison qu'il construit ou répare : il adore ce qu'il a devant les yeux ; un autre pense à sa vigne, un autre à son jardin... — Que sera-ce, si la pensée qui nous occupe est une mauvaise pensée, une pensée illégitime? Si, au milieu de notre prière, nous laissons notre esprit se porter sur la cupidité, la colère, la haine, la luxure, l'adultère?... Je vous en conjure donc, mes frères chéris, si vous ne pouvez éviter complétement ces distractions de l'âme, travaillons de notre mieux et avec l'aide de Dieu pour n'y succomber que le plus tard qu'il se pourra.

SAINTE RUSTICULE.

Les Vies des Saints, nous l'avons dit dans notre introduction, forment dans les premiers siècles de la monarchie française l'une des branches les plus importantes de notre littérature. Le nombre en est considérable, et elles nous offrent, à côté de récits pleins d'intérêt et de charme, l'enseignement moral le plus élevé. Les saints, véritables héros d'une épopée divine, donnent l'exemple de toutes les vertus. Leur inépuisable charité s'étend à tous les êtres de la création; ils sont les défenseurs des faibles, les consolateurs des malheureux, les soutiens des pauvres; et si leur vie est un modèle de pureté et de dévouement, leur mort est un modèle de résignation et de sérénité. Le passage suivant, emprunté à la vie de sainte Rusticule, date du VIIIe siècle; il nous fournit un récit touchant de l'une de ces morts chrétiennes qui sont comme le triomphe suprême de la foi, et qui surpassent en simplicité et en grandeur les plus belles morts de l'antiquité.

LES DERNIERS MOMENTS DE SAINTE RUSTICULE (1).

Il arriva un certain jour de vendredi qu'après avoir chanté selon son habitude les vêpres avec ses filles, Rusticule, se sentant fatiguée, alla au-dessus de ses forces, en faisant la lecture accoutumée, car elle savait qu'elle n'en irait que plus vite au Seigneur. Le samedi matin elle eut un froid et perdit toute la force de ses membres. Se couchant alors dans son petit lit, elle fut prise d'une grande fièvre ; elle ne cessa pourtant pas de louer Dieu, et, les yeux fixés au ciel, elle lui recommanda ses filles qu'elle laissait orphelines, et consola d'une âme ferme celles qui pleuraient autour d'elle. Elle se trouva plus mal le dimanche ; et comme c'était son habitude qu'on ne fît son lit qu'une fois l'an, les servantes de Dieu lui demandèrent de se permettre une couche un peu moins dure, afin d'épargner à son corps une si rude fatigue ; mais elle ne voulut pas y consentir. Le lundi, jour de saint Laurent, martyr, elle perdit encore des forces, et sa poitrine faisait grand bruit. A cette vue, les tristes vierges du Christ se répandirent en pleurs et gémissements. Comme c'était la troisième heure du jour et que, dans son affliction, la congrégation psalmodiait en silence, la sainte mère, mécontente, demanda pourquoi elle n'entendait pas la psalmodie ; les religieuses répondirent qu'elles ne pouvaient chanter à cause de leur douleur. « Ne chantez que plus haut, dit-elle, afin que j'en « reçoive du secours, car cela m'est très doux. » Le jour suivant, tandis que son corps n'avait presque plus de mouvement, ses yeux, qui conservaient leur vigueur, brillaient toujours comme des étoiles ; et regardant de tous côtés et ne pouvant parler, elle imposait silence de la main à celles qui pleuraient et leur donnait de la consolation. Lorsqu'une des sœurs toucha ses pieds pour voir s'ils étaient chauds ou froids, elle dit : « Ce n'est pas encore l'heure. » Mais à peu près à la sixième heure du jour, d'un visage serein, avec des yeux brillants et comme en souriant, cette glorieuse âme bienheureuse passa au ciel et s'associa aux chœurs innombrables des saints.

(1) Traduction de M. Guizot.

ALCUIN.

L'un des hommes les plus savants de son époque, Alcuin fut le plus actif promoteur de la renaissance littéraire et artistique qui signala le règne de Charlemagne. Il naquit en Angleterre, dans la ville d'York, en 735, et remplit dans sa patrie les fonctions d'abbé du monastère de Cantorbéry, centre brillant de cette civilisation anglo-saxonne qui formait un si grand contraste avec la barbarie de la Gaule franque. Charlemagne qui, suivant le mot d'un contemporain, dépeuplait de savants l'Europe chrétienne pour en peupler son empire, appela Alcuin à sa cour, le chargea de diriger l'école du palais, se plaça lui-même sous sa direction, pour se perfectionner dans l'étude des lettres sacrées et profanes, et lui donna plusieurs abbayes, entre autres celle de Saint-Martin de Tours, dans laquelle Alcuin mourut en 804. Toutes les connaissances qui avaient survécu dans le naufrage du monde païen étaient familières au célèbre abbé de Saint-Martin. C'était, à proprement parler, le grand encyclopédiste de son temps. Versé dans l'étude du grec, du latin et de l'hébreu, il cultivait également avec succès la théologie, la philosophie, les mathématiques. Il était orateur, poète, historien, et l'empereur Charlemagne le consultait constamment. Un jour entre autres il lui envoya un messager pour savoir ce qu'était devenue la planète de Mars, qu'il ne trouvait plus dans le firmament. Malgré les éloges que lui ont décernés les contemporains, il ne faut pas cependant se faire illusion sur la science du précepteur de Charlemagne. Cette science, plus apparente que réelle, était tout ce qu'elle pouvait être au VIIIe siècle. Elle se payait de mots plutôt qu'elle ne s'élevait aux idées. On peut la juger d'après le fragment qu'on va lire, et que nous avons choisi de préférence, parce qu'il montre comment les hommes les plus distingués de l'époque carlovingienne comprenaient l'enseignement.

DIALOGUE ENTRE PÉPIN ET ALCUIN (1).

Pépin. Qu'est-ce que l'écriture? — *Alcuin.* La gardienne de l'histoire. — *P.* Qu'est-ce que la parole? — *A.* L'interprète de l'âme. — *P.* Qu'est-ce qui donne naissance à la parole? — *A.* La langue. — *P.* Qu'est-ce que la langue? — *A.* Le fouet de l'air. — *P.* Qu'est-ce que l'air? — *A.* La conservation de la vie. — *P.* Qu'est-ce que la vie? — *A.* Une jouissance pour les heureux, une douleur pour les misérables, l'attente de la mort. — *P.* Qu'est-ce la mort? — *A.* Un événement inévitable, un voyage

(1) Trad. de M. Guizot. Pépin était le 2e. fils de Charlemagne.

incertain, un sujet de pleurs pour les vivants, la confirmation des testaments, le larron des hommes. — *P.* Qu'est-ce que l'homme? — *A.* L'esclave de la mort, un voyageur passager, hôte dans sa demeure..... — *P.* Comment l'homme est-il placé? — *A.* Comme une lanterne exposée au vent. — *P.* Où est-il placé? — *A.* Entre six parois. — *P.* Lesquelles? — *A.* Le dessus, le dessous, le devant, le derrière, la droite, la gauche..... — *P.* Qu'est-ce que le sommeil? — *A.* L'image de la mort. — *P.* Qu'est-ce que la liberté de l'homme? — *A.* L'innocence. — *P.* Qu'est-ce que la tête.— *A.* Le faîte du corps.— *P.* Qu'est-ce que le corps?— *A.* La demeure de l'âme.— *P.* Qu'est-ce que le ciel? — *A.* Une sphère mobile, une voûte immense. — *P.* Qu'est-ce que la lumière? — *A.* Le flambeau de toutes choses. — *P.* Qu'est-ce que le jour? — *A.* Une provocation au travail. — *P.* Qu'est-ce que le soleil? — *A.* La splendeur de l'univers, la beauté du firmament, la grâce de la nature, la gloire du jour, le distributeur des heures. — *P.* Qu'est-ce que la terre? — *A.* La mère de tout ce qui croît, la nourrice de tout ce qui existe, le grenier de la vie, le gouffre qui dévore tout. — *P.* Qu'est-ce que la mer? — *A.* La chemin des audacieux, la frontière de la terre, l'hôtellerie des fleuves, la source des pluies. — *P.* Qu'est-ce que l'hiver? — *A.* L'exil de l'été. — *P.* Qu'est-ce que le printemps? — *A.* Le peintre de la terre. — *P.* Qu'est-ce que l'été? — *A.* La puissance qui vêt la terre et mûrit les fruits. — *P.* Qu'est-ce que l'automne? — *A.* Le grenier de l'année. — *P.* Qu'est-ce que l'année? — *A.* Le quadrige du monde. — *P.* Maître, je crains d'aller sur mer. — *A.* Qu'est-ce qui te conduit sur mer? — *P.* La curiosité. — *A.* Si tu as peur, je te suivrai partout où tu iras. — *P.* Si je savais ce que c'est qu'un vaisseau, je t'en préparerais un, afin que tu vinsses avec moi. — *A.* Un vaisseau est une maison errante, une auberge partout, un voyageur qui ne laisse pas de trace..... — *P.* Qu'est-ce que l'herbe? — *A.* Le vêtement de la terre. — *P.* Qu'est-ce que les légumes? — *A.* Les amis des médecins, la gloire des cuisiniers. — *P.* Qu'est-ce qui rend douces les choses amères? — *A.* La faim. — *P.* De quoi les hommes ne se lassent-ils point? — *A.* Du gain.

GEOFFROY DE VILLEHARDOUIN.

Geoffroy de Villehardouin, sénéchal de Champagne, naquit dans un château non loin de Bar-sur-Aube, en 1167. Il fut envoyé comme député à Venise, pour demander le passage des croisés en terre sainte sur des vaisseaux vénitiens, prit part à la quatrième croisade, et se trouva à la prise de Constantinople. Il nous a laissé le récit de cette expédition, sous le titre de : *Histoire de la conquête de Constantinople*, qui s'étend de 1198 à 1207.

« Ce qu'il faut chercher dans les récits de Villehardouin, c'est la
« franchise du chevalier et la simplicité du chrétien ; c'est cette sin-
« cérité d'un narrateur qui ne parle que de ce qu'il a vu, ou qui
« nomme et compte ses témoignages quand il raconte sur ouï-dire.
« Sa morale, c'est la volonté de Dieu qui châtie les péchés par les
« revers, et qui fait réussir tous ceux qu'il veut aider. Esprit pratique,
« allant droit au but, si Villehardouin n'a pas la profondeur de
« vues que nous demandons à l'histoire d'une société plus avan-
« cée, il n'a pas non plus les illusions de celle où il a vécu.

« De là cette franchise de langage, ce cours naturel de son style,
« selon l'expression si juste de M. Daunou ; de là ce récit d'une
« clarté si égale et si soutenue, que le tour de la phrase y fait deviner
« le sens des mots.

« Si ces mémoires ne sont pas le plus ancien monument de la
« prose française, c'est du moins le premier ouvrage marqué des
« qualités qui font durer les livres. L'esprit et la langue en sont si
« conformes au génie de notre pays, qu'après tant de changements
« survenus dans la syntaxe et le vocabulaire de notre langue, la
« lecture en est relativement facile. »   (NISARD.)

PRISE DE CONSTANTINOPLE.

L'empéreres Morchuflex (1) s'ere venuz herbergier devant l'assaut e une place à tot son pooir : et ot tendues ses vermeilles tentes.

TRADUCTION DE DU CANGE.

L'empereur Murzuphle s'était venu loger en une place avec toutes ses forces, devant le lieu où l'on devait donner l'assaut, et y avait fait dresser ses tentes et pavillons d'écarlate. D'autre part, le lundi arrivé,

---

(1) C'est-à-dire *dont les sourcils se rejoignent*. C'est le surnom de l'empereur de Constantinople Alexis V. L'armée qui s'empara de Constantinople était composée de Français et de Vénitiens.

Ensi dura cil afaires trosque à lundi matin : et lors furent armé cil des nés et des vissiers, et cil des galies. Et cil de la ville les dotérent plus que il ne firent à premiers. Si furent si esbaudi, que sor les murs et sor les tors ne paroient se genz non. Et lors comença li assaus fiers et merveilleus. Et chascuns vaissiaus assailloit endroit lui. Li huz de la noise fu si granz, que il sembla que terre fondist. Ensi dura li assauls longuement, tant que nostre Sires lor fist lever un vent, que on appelle Boire. Et bota les nés et les vaissiaus sor la rive plus qu'il n'estoient devant. Et deux nés qui estoient liées ensemble, dont l'une avait nom la Pelerine, et li autre li Paravis, aprochiérent à la tor l'une d'une part, et l'altre d'autre, si com Diex et li venz li mena, que l'eschiéle de la Pelerine se joint à la tor, et maintenant uns Venitiens et un chevalier de France qui avoit nom André d'Urboise, entrérent en la tor, et autre genz commence à entrer après als, et cil de la tor se desconfissent, et s'en vont.

Quant ce virent li chevalier qui estoient és vissiers si s'en issent à la terre, et drecent eschiéle à plain del mur, et montent contremont le mur par force. Et conquistrent bien quatre des tors : et il comencent assaillir des nés et des vessiers et des

les nôtres qui estaient dans les navires, les palandries et les galères, prirent tous les armes, et se mirent en état de faire une nouvelle attaque ; ce que voyant ceux de la ville, ils commencèrent à les craindre plus que devant : mais d'ailleurs les nôtres furent étonnés de voir les murailles et les tours remplies d'un si grand nombre de soldats, qu'il n'y paraissait que des hommes. Alors l'assaut commença rude et furieux ; chaque vaisseau faisait son effort à l'endroit où il était : et les cris s'élevèrent si grands, qu'il semblait que la terre dût s'abîmer. Cet assaut dura longtemps, et jusqu'à ce que notre Seigneur fit lever une forte bize, qui poussa les navires plus près de terre qu'ils n'étaient auparavant : en sorte que deux d'entre eux qui étaient liés ensemble, l'un appelé la Pèlerine, l'autre le Paradis, furent portés si près d'une tour, l'un d'un côté l'autre de l'autre, que, comme Dieu et le vent les conduisit là, l'échelle de la Pèlerine s'alla joindre contre la tour. Et à l'instant un Vénitien et un chevalier français, appelé André d'Urboise, y entrèrent, suivis incontinent après de nombre d'autres, qui tournèrent en fuite ceux qui la gardaient, et les obligèrent à l'abandonner.

Les chevaliers qui étaient dans les palandries, ayant vu que leurs compagnons avaient gagné la tour, sautèrent à l'instant sur le rivage ; et ayant planté leurs échelles au pied du mur, montèrent contremont à vive force, et conquirent encore quatre autres tours. Les galies, qui ainz ainz, qui miclz miclz, et depeçent bien trois des portes et entrent enz, et commencent à monter. Et chevauchent droit à la herberge de l'empereor Morchuflex. Et il avait ses batailles rangies devant ses tentes. Et cùm il virent venir les chevaliers à cheval, si se desconfissent. Et s'en va l'Empereres fuiant par les rues à chastel de Boukelion. Lors veissiez griffons abatre, et chevaus gaignier, et palefroi, muls et mules, et autres avoirs. La ot tant des morz et des navrez, qu'il ne n'ére ne fins ne mesure. Grant partie des halz homes de Grèce guenchirent às la porte de Blaquerne, et vespres i ére jà bas, et furent cil de l'ost laissé de la bataille et de l'ocision, et si comencent à assembler en une place granz qui estoit dedenz Constantinoble. Et pristrent conseil, que il se herbergeroient près des murs et des tors, que il avoient conquises, que il ne cuidoient mie que il eussent la ville vaincue en un mois, les forz yglises, ne les forz palais, et le pueple qui ére dedenz. Ensi com il fu devisé si fu fait.

Ensi se herbergiérent devant les murs et devant les tors près de lor vaissials. Li cuens Baudoins de Flandres et de Hennaut se herberja és vermeilles tentes l'empereor Morchuflex, qu'il

autres, animés du même exemple, commencèrent de leurs navires, palandries et galères, à redoubler l'attaque à qui mieux mieux, enfoncèrent trois des portes de la ville, entrèrent dedans, et ayant tiré leurs chevaux hors des palandries, montèrent dessus et allèrent à toute bride au lieu où l'empereur Murtzuphle était campé. Il avait rangé ses gens en bataille devant ses tentes et pavillons; lesquels, comme ils virent les chevaliers montés sur leurs chevaux de combat venir droit à eux, se mirent en fuite, et l'empereur même, s'en alla courant dans les rues, et fuyant au château ou palais Bucoléon. Lors vous eussiez vu abattre Grecs de tous côtés; les nôtres gagner chevaux, palefrois, mulets et autre butin, et tant de morts et de blessés, qu'ils ne se pouvaient compter. La plupart des principaux seigneurs grecs se retirèrent vers la porte de Blaquerne. Comme le soir approchait déjà, et que nos gens étaient las et fatigués du combat et du carnage, ils sonnèrent la retraite, se ralliant en une grande place, qui était dans l'enceinte de Constantinople, puis avisèrent de se loger cette nuit près des murailles et des tours qu'ils avaient gagnées, n'estimant pas que d'un mois entier ils pussent conquérir le reste de la ville, tant il y avait d'églises fortes, de palais et autres lieux où l'on se pouvait deffendre, outre le grand nombre de peuple qu'il y avait dans la ville.

Suivant cette résolution, ils se logèrent devant les murs et les tours près de leurs vaisseaux. Le comte Baudouin de Flandres s'alla avait laissées tendues, et Henris ses frères devant le palais de Blaquerne. Bonifaces li marchis de Monferrat, il et la soe gent, devers l'espès de la ville. Ensi fu l'oz herbergié com vos avez oï, et Constantinoble prise le lundi de Pasque florie (1).

loger dans les tentes d'écarlate de l'empereur Murtzuphle, qu'il avait laissées toutes tendues : Henri, son frère, devant le palais de Blaquerne, et le marquis de Montferrat, avec ses gens, dans le quartier le plus avancé de la ville. Ainsi l'armée prit ses logements, et Constantinople fut prise d'assaut, le lundi de Pâque fleurie.

MORT DU MARQUIS DE MONTFERRAT (2).

Quant li marchis fu à Messinople, ne tarda mie plus de cinq jorz que il fit une chevauchie par le conseil as Greu de la terre, en la montaigne de Messinople, plus d'une grant jornée loing, et com il ot esté en la terre, et vint al partir, li Bougres de la terre se furent assemblés, et virent que li marchis furent à pou de gent, et viennent de totes parz, si s'assemblèrent as l'arrière-garde. Et quand li marquis oï li cri, si sailli en un cheval tôt desarmez, un glaive en sa main. Et com il vint là où il estoient assemblé às l'arrière-garde, si lor corrut sus, et les chaça une grant pièce arrière. La fu feruz le marquis Boniface de Monferrat parmi le gros del braz desoz l'espaules mortelement, si que il començat à espandre del sanc. Et quant sa gent

TRADUCTION DE DU CANGE.

Le marquis eut à peine séjourné cinq jours à Messynople, qu'il s'engagea à la persuasion des Grecs du pays de faire une course en la montagne de Rhodope, éloignée de cette ville plus d'une grande journée. Mais comme il pensait s'en retourner, les Bulgares de ces quartiers là s'assemblèrent de toutes parts et prirent les armes, et voyant que le marquis avait peu de gens, vinrent fondre sur son arrière-garde. Sitôt que le marquis eut ouï le bruit, il sauta promptement sur son cheval, tout désarmé, la lance au poing, et vint en diligence à son arrière-garde, où les ennemis s'étaient déjà attachés, et leur courut sus, leur donnant la chasse bien avant. Mais le mal-

(1) 12 avril 1204.
(2) Boniface III, marquis de Montferrat, d'une grande famille de Lombardie, chef de la quatrième Croisade. L'événement ici raconté eut lieu en 1207.

virent ce, si ce comencièrent à esmaier et à desconforter, et a mavaisement maintenir. Et cil qui furent entor le Marchis le sostindrent, et y perdi mult del sanc, si se comença à spameir. Et quant ses genz virent que il n'auroient nulle aie de lui, si se comenciérent a esmaier, et le comencent à laissier. Ensi si furent desconfiz par mesaventure. Et cil qui remestrent avec lui furent morz, et li marchis Boniface de Monferrat ot la teste colpée. Et la gent de la terre envoièrent à Johannis la teste : et ce fu une des grant joies que il aust onques.

heur voulut qu'il reçut là un coup mortel dans le gros du bras sous l'épaule, en sorte qu'il commença à jeter du sang en quantité. Ce que ses gens apercevant furent ébranlés, et prirent l'épouvante, ne faisant plus leur devoir comme de coutume. Alors ceux qui étaient le plus près de lui le soutinrent, commençant à tomber en pamoison de la perte de son sang. Enfin, ses gens voyant bien qu'ils ne devaient plus espérer aucun secours de lui, tous éperdus et effrayés, le quittèrent là, et prirent la fuite. Ainsi cette insigne infortune causa cette défaite, ceux qui ne voulurent l'abandonner furent tués sur la place : quant au Marquis, les Bulgares lui coupèrent la tête, laquelle ils envoyèrent au roi de Bulgarie, et ce fut le coup le plus important et le plus avantageux qui lui arriva jamais.

JOINVILLE.

Jean, sire de Joinville, célèbre historien français, né en 1224, mort en 1319. Il prit part à la première croisade de saint Louis et l'accompagna dans cette expédition. Après la mort de ce prince, il écrivit son *Histoire de saint Louis*, qu'il divisa en deux parties. Dans la première, il fait un éloquent tableau des vertus de ce prince, et raconte dans la seconde ses exploits en terre sainte. « Le portrait, « nous dit M. Sainte-Beuve, que Joinville a tracé de saint « Louis, monarque justicier et paternel, restera à jamais celui sous « lequel la postérité se plaira à le révérer..... Joinville est peintre ; « au milieu de toutes ses inexpériences premières, il a un senti- « ment vif qui le sert souvent avec bonheur, et il montre comme « écrivain de ravissants commencements de talent. Il a l'image par- « faitement nette et qui joue à l'œil, la comparaison à la fois natu- « relle et poétique. »

SAINT LOUIS.

En nom de Dieu le tout puissant, je Jehan, sire de Joyngville, seneschal de Champaigne, faiz escrire la vie nostre saint Looys, ce que je vi et oy par l'espace de six anz, que je fu en sa compaignie ou pelerinage d'outre-mer, et puis que nous revenimes. Et avant que je vous conte de ses grans faiz et de sa chevalerie, vous conterai je que vi et oy de ses saintes paroles et de ses bons enseignemens, pour ce qu'ils soient trouvez l'un après l'autre, pour edefier ceux qui les orront. Ce saint home ama Dieu de tout son cuer et ensuivi ses œuvres ; et y apparut en ce que, aussi comme Dieu morut pour l'amour que li avoit en son peuple, mist il son cors en avantur par plusieurs foiz pour l'amour qu'il avoit à son peuple, et s'en feust bien soufers se il vousist, si comme vous orrez ci-après. L'amour qu'il avoit à son peuple parut à ce qu'il dit à son ainsné filz en une moult grant maladie que il ot à Fontenne Bliaut : « Biau filz, fest-il, « je te pri que tu te faces amer au peuple de ton Royaume ; « car vraiement je ameraie miex que un Escot venist d'Escosse « et gouvernast le peuple du royaume bien et loialement, que « tu gouvernasses mal apertement. » Le saint ama tant vérité que neis aux Sarrazins ne voult il pas mentir de ce qu'il leur avoit en convenant, si comme vous orrez ci-après. De la bouche fu il si sobre, que onques jour de ma vie je ne ly oi deviser nulles viandes, aussi comme maint richez homes font ; ançois

TRADUCTION DE DU CANGE.

Au nom de Dieu tout puissant, moi Jean sire de Joinville, sénéchal de Champagne, fais écrire la vie de notre saint Louis, et ce que je vis et ouïs par l'espace de six ans que je fus en sa compagnie, au voyage d'outre mer et depuis que nous fûmes revenus. Et avant que je vous raconte ses grands faits et sa chevalerie, je vous conterai ce que j'ai vu et ouï de ses saintes paroles et de ses bons enseignements, pour qu'ils se trouvent ici dans un ordre convenable, afin d'édifier ceux qui les entendront. Ce saint homme aima Dieu de tout son cœur et agit en conformité de cet amour. Il y parut bien en ce que, de même que Dieu mourut pour l'amour qu'il avait pour son peuple, de même le roi mit son corps en aventure de mort, et qu'il eût bien évité s'il l'eût voulu, comme on verra ci-après. L'amour qu'il avait pour son peuple parut dans ce qu'il dit à son fils aîné, en une grande maladie qu'il eut à Fontainebleau : « Beau « fils, lui dit-il, je te prie que tu te fasses aimer du peuple de ton « royaume, car vraiment j'aimerais mieux qu'un Ecossais vînt « d'Ecosse et gouvernât le peuple du royaume bien et loyalement, « que tu le gouvernasses mal à point. » Il aima tant la vérité qu'il ne voulut pas refuser, même aux Sarrazins, ce qu'il leur avait promis, comme vous le verrez plus loin. Il fut si sobre sur sa bouche, que jamais de ma vie je ne l'entendis ordonner de lui servir nulles manjoit pacientment ce que ses queus li appareilloient devant li. En ses paroles fu il attrempez ; car onques jour de ma vie je ne li oy mal dire de nullui, ne onques ne li oy nommer le dyable, lequel nous est bien espandu par le royaume ce que je croy qui ne plait mie à Dieu. Son vin trempoit par mesure, selonc ce qu'il véoit que le vin le pooit soufrir. Il me demanda en Cypre pourquoi je ne metoie de l'yaue en mon vin, et je li diz que ce me fesoient les phisiciens qui me disoient que j'avoie une grosse teste et une froide fourcelle, et que je n'en avoie pooir de enyvrer. Et il me dist que il me decevoient ; car se je ne l'aprenoie en ma jœnesce, et je le vouloie temprer en ma vieillesse, les goutes et les maladies de fourcelle me prenroient, que jamez n'auroie santé ; et si je bevoie le vin tout pur en ma vieillesse, je m'enyvreroie touz les soirs ; et ce estoit trop laide chose, de vaillant homme de soy enyvrer.

Il me demanda, si je vouloie estre honorez en ce siècle et avoir paradis à la mort, et je li diz : oyl, et il me dit : « Don-« ques vous gardez que vous ne faistes ne ne dites à vostre « escient nulle riens, que se tout le monde le savoit, que vous « ne peussiez congnoistre, je ai ce fait, je ai ce dit. »

..... Il m'apela une foiz et me dist : « Je n'ose parler à vous

viandes, comme font maints riches hommes ; mais il mangeait patiemment ce que ses cuisiniers lui apportaient devant lui. Il fut modéré dans ses paroles, car jamais de ma vie je ne l'ouïs dire mal de personne, ni jamais l'entendis nommer le diable dont le nom est si répandu dans le royaume, ce qui, je crois, ne plait point à Dieu. Il trempait son vin en proportion de ce qu'il voyait que le vin pouvait lui faire mal ; il me demanda un jour dans l'île de Chypre pourquoi je ne mettais pas de l'eau dans mon vin, et je lui dis que les médecins me l'ordonnaient, en me disant que j'avais une grosse tête et un estomac froid, et que je ne pouvais m'enivrer ; et le roi me dit qu'ils me trompaient ; car, si je ne le trempais dans ma jeunesse et que je le voulusse faire dans ma vieillesse, la goutte et les maux d'estomac me prendraient, que jamais je n'aurais de santé ; et que si je buvais le vin tout pur en ma vieillesse, je m'enivrerais tous les jours, et que c'était une trop vilaine chose pour un vaillant homme de s'enivrer.

Il me demanda si je voulais être honoré dans ce siècle et avoir le paradis après la mort. Je lui dis : Oui ; et il reprit : « Gardez-« vous donc de ne faire, de ne dire à votre escient aucune chose « que vous ne puissiez avouer, si tout le monde la savait, et ne « puissiez dire : J'ai fait cela, j'ai dit cela. »

Il m'appela une fois et me dit : « Je n'ose vous parler, à cause

« pour le soutil sens dont vous estes, de choses qui touche à
« Dieu ; et pour ce ai je apelé ces freres qui ci sont, que je
« vous veil faire une demande. » La demande fut tele ; « Se-
« neschal, fist-il, quel chose est Dieu ? » et je li diz : « Sire,
« ce est si boné chose que meilleur ne peut estre. Vraiment,
« fist-il, c'est bien répondu ; que ceste response que vous avez
« faite, est escripte en cest livre que je tieng en ma main. Or
« vous demande je, fist-il, lequel vous ameries miex, ou que
« vous feussiés mesiaus, ou que vous eussiés fait un péchié
« mortel ? » Et je qui oncques ne li menti, li respondi que je
en ameraie miex avoir fait trente que estre mesiaus. Et, quand
les frères s'en furent partis, il m'apela tout seul et me fist seoir
à ses piez, et me dit : « Comment me deistes-vous hier ce ?. »
Et je li diz que encore li disoie je, et il me dit : « Vous
« deistes comme hastiz musarz : car nulle si laide meselerie
« n'est comme d'estre en péchié mortel, pource que l'âme qui est
« en péchié mortel, est semblable au dyable ; parquoy nulle si
« laide meselerie ne peut estre. Et bien est voir que quand
« l'omme meurt, il est gueri de la meselerie du cors ; mès
« quant l'omme qui a fait le péchié mortel meurt, il ne scict
« pas, ne n'est certeins que il ait eu tele repentance que Dieu
« ne li ait pardonné ; parquoy grant poour doit avoir que celle

« de l'esprit subtil dont vous êtes doué, de chose qui touche à Dieu ;
« et pour cela j'ai appelé ces frères qui sont ici ; car je vous veux
« faire une demande. » La demande fut celle-ci : « Sénéchal, dit-il,
« qu'est-ce que Dieu ? et je répondis : Sire, c'est si bonne chose que
« meilleure ne peut être. — Vraiment ? reprit le roi, c'est bien ré
pondu, car cette réponse que vous avez faite est écrite en ce livre
« que je tiens en main. Or, je vous demande, dit-il, lequel aimeriez
« mieux ou d'être lépreux, ou d'avoir fait un péché mortel ? » Et
moi qui jamais ne lui mentis, je répondis que j'aimerais mieux en
avoir fait trente que d'être lépreux. Et quand les frères furent partis, il m'appela tout seul, me fit asseoir à ses pieds et me dit :
« Comment m'avez-vous dit cela ? » Et je lui dis qu'encore je le
disais ; et il reprit : « Vous parlez sans réflexion, comme un étour-
« di ; car il n'y a si vilaine lèpre comme celle d'être en péché
« mortel, parce que l'âme qui y est est semblable au diable d'enfer.
« C'est pourquoi nulle lèpre ne peut être si laide. Et bien est vrai
« que quand l'homme meurt, il est guéri de la lèpre du corps ; mais
« quand l'homme qui a fait le péché mortel meurt, il ne sait pas ni
« n'est certain qu'il ait eu tel repentir que Dieu lui ait pardonné.
» Aussi grande peur doit-il avoir que cette lèpre lui dure autant que
« Dieu sera en paradis. Ainsi, je vous prie, ajouta t-il, tant que je

4.

« meselerie li dure tant comme Diex yert en paradis. Ci vous
« pri, fist-il, tant comme je puis, que vous metés votre cuer à
« ce pour l'amour de Dieu et de moi, que vous amissiez miex
« que tout meschief avenit au cors, de meselerie et de toute
« maladie, que ce que le péchié mortel venist à l'ame de
« vous. »

Il ama tant toutes manieres de gens qui Dieu créoient et
amoient, que il donna la conestablie de France à monseigneur
Gilles le Brun qui n'estoit pas du royaume de France, pource
qu'il estoit de grant renommée de croire Dieu et amer. Et je
croy vraiment que tel fu il.

Maintes foiz avint que en esté il aloit seoir au bois de Vinciennes après sa messe, et se acostoioit à un chesne et nous
fesoit seoir entour li ; et touz ceulz qui avoient à faire venoient
parler à li, sanz destourbier de huissier ne d'autre. Et lors il
leur demandoit de sa bouche : « A yl ci nullui qui ait partie ? »
Et cil se levoient qui partie avoient, et lors il disoit : « Taisiez-
« vous touz et en vous deliverra l'un apres l'autre. » Et lors il
appeloit monseigneur Pierre de Fonteinnes et monseigneur
Geoffroy de Villette, et disoit à l'un d'eulz : « Délivrez-moi
« ceste partie. » Et quant il véoit aucune chose à amender en
la parole de ceulz qui parloient pour autrui, il meismes l'amen-
doit de sa bouche. Je le vi aucune foiz en esté, que pour délivrer sa gent, il venoit au jardin de Paris, une cote de chamelot

« puis, que vous ayez à cœur, pour l'amour de Dieu et de moi,
« d'aimer mieux que tout mal de lèpre et toute autre maladie advienne
« à votre corps, plutôt que le péché mortel advienne à votre âme. »

Le roi aima tant toutes manières de gens qui croient en Dieu et
qui l'aiment, qu'il donna la conétablie de France à monseigneur
Gilles Lebrun, qui n'était pas du royaume de France, parce qu'il
avait grande renommée de croire en Dieu et de l'aimer. Et je crois
vraiment que tel fut-il.

Maintes fois il advint qu'en été il allait s'asséoir au bois de Vincennes, après la messe, et s'appuyait à un chêne, et nous faisait
asseoir autour de lui; et tous ceux qui avaient à faire venaient lui
parler, sans empêchement d'huissier ni d'autres. Alors il leur demandait lui-même : « Y a-t-il ici quelqu'un qui ait partie? » Et ceux
qui avaient partie se levaient, et lors il disait : « Taisez-vous tous
« et on vous expédiera l'un après l'autre. » Et lors il appelait monseigneur Pierre de Fontaines et monseigneur Geoffroy de Villette, et
disait à l'un d'eux : « Expédiez-moi cette partie. » Et quand il voyait
quelque chose à amender dans le discours de ceux qui parlaient
pour autrui, lui-même il l'amendait. Je le vis aucune fois, en été,

vestue, un seurcot de tyreteinne sanz manches, un mantel de cendal noir entour son col, moult bien pigné et sanz coife, et un chapel de paon blanc sur sa teste, et faisoit estendre tapis pour nous séoir entour li. Et tout le peuple qui avoit à faire par devant li, estoit entour li en estant, et lòrs il les faisoit délivrer, en la manière que je vous ai dit devant du bois de Vinciennes.

La leaulté du Roy peut l'en veoir ou fait de monseigneur de Trie qui au saint unes lettres, lesquiex disaient que le Roy avoit donné aus hoirs la contesce de Bouloingne, qui morte estoit nóvellement, la conté de Danmartin en gouere. Le seau de la lettre estoit brisié, si que il n'y avoit de remenant fors que la moitié des jambes de l'ymage du seel le Roy, et l'eschamel sur quoy li Roys tenoit ses piez ; et il le nous monstra à touz qui estions de son conseil, et que nous li aidissons à conseiller. Nous deismes trestuit sanz nul descort, que il n'estoit de riens tenu à la lettre mettre à exécution. Et lors il dit à Jehan Sarrazin, son chamberlain, que il li baillast la lettre que il li avoit commandée. Quant il tint la lettre, il nous dit : « Seigneurs, « veez ci seel de quoy je usoy avant que je alasse outremer, « et voit-on cler par ce seel que l'empreinte du seel brisée est « semblable au seel entier ; par quoy je n'oseroie en bone con-

venir pour expédier ses gens au jardin de Paris, vêtu d'une cotte de camelot, d'un surtout de tyreteine (laine) sans manches, d'un manteau de taffetas noir autour du cóu, très-bien peigné et sans coiffe, et un chapel de plume de paon blanc sur sa tête ; il faisait étendre un tapis pour nous faire asseoir autour de lui ; et tous ceux qui avaient affaire à lui se tenaient debout devant lui, et alors il les faisait expédier de la manière que je vous ai dit qu'il faisait au bois de Vincennes.

La loyauté du roi parut bien au fait de monseigneur de Trie, qui remit au saint roi des lettres, lesquelles disaient que le roi avait donné aux héritiers de la comtesse de Boulogne, nouvellement morte, le comté de Dammartin. Le sceau des lettres était brisé ; il ne restait que la moitié des jambes de la figure du sceau du roi et le marche-pied sur lequel le roi tenait ses pieds, et il le montra à nous tous qui étions de son conseil, et nous demanda que nous l'aidassions de notre avis. Nous dîmes tous unanimement qu'il n'était point tenu à mettre les lettres à exécution ; et lors il dit à Jean Sarrasin, son chambellan, qu'il lui baillât la lettre qu'il avait commandée. Quand il tint cette lettre : « Seigneurs, nous dit-il, voici « le sceau dont je me servais avant que j'allasse outre-mer, et on « voit clair par ce sceau que l'empreinte du sceau brisé est semblable « au sceau entier ; c'est pourquoi je n'oserais, en bonne conscience,

« science ladite contée revenir. » Et lors il appela monseigneur Renaut de Trie, et li dist : « Je vous rent la contée. »

« retenir le dit comté. » Et lors il appela monseigneur Renaut de Trie, et lui dit : « Je vous rends le comté. »

LES BEDUYNS

Les Beduyns ne demeurent en villes, ne en cités, n'en chastiaus, mèz gisent adès aus champs; et leur mesnies, leur femmes, leur enfans fichent le soir de nuit, ou de jours quant il fait mal tens, en unes manieres de herberges que il font de cercles de tonniaus loiés à perches, aussi comme les chers à ces dames sont; et sur ces cercles getent piaus de moutons que l'en appelle piaus de Damas, conrées en alun : les Beduyns meismes en ont grans pelices qui leur cuevrent tout le cors, leur jambes et leur piés. Quant il pleut le soir et fait mal tens de nuit, il s'encloent dedens leur pelices, et ostent les frains à leur chevaus et les lessent pestre delez eulz. Quant ce vient lendemain, il r'estendent leur pelices au solleil et les conroient, ne jà n'i perra chose que eles aient esté moillées le soir. Leur créance est tele que nul ne peut morir que à son jour, et pour ce ne se veulent il armer; et quant il maudient leur enfans, si leur dient : « Ainsi soies tu maudit, comme le Franc qui s'arme

TRADUCTION.

Les Bédouins ne demeurent ni dans des villes ni dans des cités, ni dans des châteaux, mais sont toujours aux champs. Leurs ménages, leurs femmes et leurs enfants logent le soir de nuit, ou de jour quand il fait mauvais temps, dans des manières de pavillons qu'ils soutiennent avec des cercles de tonneaux liés à des perches, comme sont les chars des dames, et sur ces cercles ils jettent des peaux de moutons qu'on appelle peaux de Damas, corroyées dans l'alun. Les Bédouins eux-mêmes s'en font de grandes pelisses qui leur couvrent tout le corps, les jambes et les pieds. Quand il pleut le soir et fait mauvais temps la nuit, ils s'enveloppent dans leurs pelisses et ôtent les freins à leurs chevaux et les laissent paître près d'eux. Quand revient le lendemain, ils étendent leurs pelisses au soleil et les frottent et corroient, et bientôt il ne paraît plus qu'elles aient été mouillées le soir. Leur croyance est que nul ne peut mourir qu'à son jour, et pour cela ils ne se veulent armer; et, quand ils maudissent leurs enfants, ils leur disent : « Ainsi, sois-tu maudit comme le pour poour de mort: » En bataille il ne portent riens que l'espée et le glaive. Presque touz sont vestus de seurpeliz; aussi comme les prestres; de touailles sont entortillées leur testes, qui leur vont par dessous le menton, dont lèdes gent et hydeuse sont à regarder; car les cheveus des testes et des barbes sont touz noirs. Il vivent du let de leur bestes et achetent les pasturage ès berries aus riches hommes, de quoy leur bestes vivent. Le nombre d'eulz ne saurait nulz nommer; car il en a ou réaume d'Egypte, ou réaume de Jerusalem et en toutes les autres terres des Sarrazins et des mescréans à qui ils rendent grant tréus chascun an (1).

« Franc qui s'arme par peur de mort. » Dans les batailles ils ne portent que l'épée et le glaive. Presque tous sont vêtus de surplis comme nos prêtres. Leurs têtes sont entortillées de longues toiles qui leur vont par-dessous le menton; aussi sont-ils laides et hideuses gens à regarder, car les cheveux de leurs têtes et leurs barbes sont tout noirs. Ils vivent du lait de leurs bêtes et achetent les pâturages des prairies qui appartiennent aux riches, desquels pâturages leurs bêtes vivent. Nul ne saurait dire le nombre des Bédouins, car il y en a au royaume d'Égypte, au royaume de Jérusalem, et en toutes les autres terres des Sarrasins et des mécréants auxquels ils payent chaque année de grands tributs.

JEAN FROISSART.

Ce chroniqueur, l'un des plus célèbres et des plus intéressants du moyen âge, est né en 1333 et est mort en 1410; il nous a conservé le souvenir des principaux épisodes de cette longue guerre entre la France et l'Angleterre qui a reçu, à cause de sa durée, le nom de guerre de *cent ans*. Attaché tour à tour à la personne du roi d'Angleterre Édouard III, au prince de Galles, au duc de Clarence, au duc de Brabant, au comte de Blois, Froissart traversa tous les partis et suivit des causes bien diverses, ce qui a fait mettre en doute, avec juste raison, son impartialité et sa véracité; mais quoi qu'il en soit de ce reproche, son ouvrage intitulé : *Chronique de France, d'Angleterre, d'Écosse et d'Espagne*, n'en est pas moins le travail historique le plus important que nous ait légué le quatorzième siècle. A

(1) Ce passage peut faire juger de l'exactitude avec laquelle Joinville décrit les choses qui l'ont frappé. On croirait voir les cavaliers arabes de nos jours, car depuis le treizième siècle ils sont restés les mêmes, et il est impossible d'en faire une peinture plus exacte.

une époque où les communications étaient lentes et difficiles entre les diverses parties du royaume, où l'on ne pouvait multiplier, sans de grands frais, la copie des manuscrits, le souvenir des événements ne se conservait pour ainsi dire que par la tradition orale ; le mérite de Froissart fut de parcourir quelques-uns des principaux États de l'Europe, et de mettre par écrit les renseignements qu'il avait pu recueillir. Sa *Chronique* commence en 1422 et s'arrête aux dernières années du quatorzième siècle. Elle n'a rien de la précision rigoureuse que l'on demande aujourd'hui aux travaux du même genre. Elle marche au hasard, à travers toutes les digressions et toutes les aventures, mais ce désordre même est un de ses principaux attraits. L'auteur fait preuve, jusque dans les moindres détails, d'un merveilleux talent de description, et il excelle dans l'art de faire vivre ses personnages et de les mettre en scène.

Le morceau suivant se rattache à l'un des événements les plus tristes de notre histoire, à la bataille de Poitiers, perdue, le 19 décembre 1356, par le roi de France, Jean II dit le Bon, contre les Anglais, commandés par le prince de Galles, fils d'Édouard III. Le désastre de Poitiers, postérieur de dix années au désastre de Crécy, fut causé, comme ce dernier, par le défaut complet d'organisation militaire, l'aveugle indiscipline de la noblesse française et l'excès même de son courage. Le roi Jean y fut fait prisonnier ; sa captivité précipita le royaume dans un abîme de malheurs, et Jean ne recouvra sa liberté qu'en payant pour sa rançon trois millions d'écus d'or, et en abandonnant à l'Angleterre, par le funeste traité signé le 8 mai 1360, dans le village de Brétigny, situé à quelques lieues de Chartres, l'Aquitaine, le Poitou, la Saintonge, l'Aunis, l'Agénois, le Périgord, le Limousin, le Quercy, le territoire de Calais, tristes concessions que ne compensait point la renonciation d'Édouard III à la couronne de France.

COMMENT LE ROY IEHAN FUT PRINS A LA BATAILLE DE POICTIERS.

Ainsi adviennent souvent les fortunes en armes et en amours, plus heureuses et plus merveilleuses, qu'on ne les pourroit penser, ne souhaiter. Au vray dire, ceste bataille (qui fut assez pres de Poictiers, es champs de Beauvoir et de Maupertuis) fut moult (1) grande et perilleuse. Si y advindrent moult de beaux faits-d'armes qui ne vindrent mie à cognoissance, et y souffrirent les combattans, d'un costé et d'autre, moult de peine. Là fit le roy Iehan, de sa main, merveilles d'armes : et tenoit une hache de guerre, dont bien se deffendoit et combattoit. A la

---

(1) Très grande. — Moult est pris aussi dans le sens de beaucoup.

presse rompre et ouvrir (1), furent prins, assez pres de luy, le comte de Tancarville, messire Iaques de Bourbon, comte de Ponthieu, et monseigneur Iehan d'Artois, comte d'Eu : et d'autre part, un petit en fus dessous (2) la bannière du Captal fut prins messire Charles d'Artois, et moult d'autres chevalliers et escuyers. La chace de la déconfiture dura iusques ès portes de Poictiers : et là, eut grande occision (3), et grand abattis de gens et de chevaux, car ceux de Poictiers fermerent leurs portes : et ne laissoyent nul entrer dedans. Pour ce y eut sur la chaussee, devant la porte, grand'horribleté de gens occis, navrés (4) et abattus : et se rendoyent les François, de tant loing qu'ils pouvoyent choisir un Anglois : et y eut plusieurs Anglois archers, qui eurent là quatre, ou cinq, ou six prisonniers. Le sire de Pons, un grand baron de Poictou, fut là occis, et moult d'autres chevaliers et escuyers : et prins le vicomte de Rochouart, le sire de Dompuanement, le sire de Partenay et de Xainctonge, le sire de Montendre : et messire Iehan de Saintre y fut aussi prins : qui tant y fut battu, qu'oncques (5) puis il n'y eut santé, si le tenoit on pour le meilleur chevalier de France. Et là fut laissé pour mort, entre les morts, monseigneur Richard d'Angle, qui bien s'estoit combattu cette iournée : et se combattit vaillamment, assez près du roy, monseigneur de Chargny. Si estoit toute la presse sur luy (6) : pour ce qu'il portoit la souveraine banniere du roy. Et il mesme avoit sa banniere sur les champs : qui estoit de gueulles, à trois escussons d'argent. Tant y survindrent Anglois et Gascons de toutes parts, que par force ils ouvrirent la presse de la bataille du roy : et furent les François si meslez entre leurs ennemis, qu'il y avoit bien telle fois cinq hommes sur un gentil-homme. Là fut prins le seigneur de Pompadour, et monseigneur Barthelemy de Brunes : et fut occis monseigneur Geoffroy de Chargny, la banniere de France entre ses mains : et le comte de Dampmartin, de monseigneur Régnaut de Gobeghen. Là eut adonc trop grand'presse, pour la convoitise (7) de prendre le roy Iehan : et lui crioyent ceux qui le

(1) C'est-à-dire parmi ceux qui vouloient écarter la foule pour arriver auprès du roi.
(2) A peu de distance de la bannière.
(3) Massacre.
(4) Blessés.
(5) Jamais.
(6) Les ennemis se portaient en foule de son coté.
(7) Le désir.

congnoissoyent, et qui plus pres de luy estoyent, rendez-vous, rendez-vous, ou autrement vous estes mort. Là avoit un chevalier de la nation de Sainct-Omer : et estoit retenu (1) du roy d'Angleterre à gages : et appeloit on iceluy Denis de Morebeque : qui par cinq ans avoit servi les Anglois : pourtant qu'il avoit, des sa ieunesse, forfaict le royaume de France (2) par guerre d'amis, et d'un homicide qu'il avoit fait à Sainct-Omer. Si cheut adonc si bien audit chevalier qu'il estoit delez (3), le roy de France, et le plus prochain qui y fust, quand on tiroit ainsi à le prendre. Si se lança en la presse, à force de bras et de corps (car il estoit grand et fort) et disoit au roy, en bon françois (ou (4) le roy s'arresta, plus qu'aux autres,) sire, sire, rendez vous. Le roy (qui se veoit en dur parti) demanda, en regardant le chevalier : à qui me rendray-ie ? à qui ? où est mon cousin le prince de Galles ? si ie le veoye, ie parleroye. Sire (respondist messire Denis) il n'est pas icy : mais rendez-vous à moy, et ie vous meneray devers luy. Qui estes-vous ? dit le roy. Sire, ie suis Denis de Morebeque, un chevalier d'Artois : mais ie ser le roy d'Angleterre : pource que ie ne puis estre (5) au royaume de France : pourtant que i'ay forfait tout le mien. Lors luy bailla le roy son dextre gand (6), disant, ie me ren à vous. Là eut grande presse, et grand tireurs empres le roy. Car chacun s'efforçoit de dire, ie l'ay prins : et ne pouvoit le roy aller avant, ne monseigneur Philippe, son moins aisné fils. Le prince de Galles (qui estoit courageux, et cruel comme un lyon,) print ce iour grand plaisir à combattre, et chacer ses ennemis. Messire Ichan Chandos (qui estoit delez luy, n'oncques de tout ce iour ne l'avoit laissé, n'aussi ne tendoit à prendre aucun prisonnier) luy dit sur la fin de la bataille : sire, c'est bon que vous vous arrestez icy, et mettez votre banniere haut sur ce buisson. Si se r'allieront voz gens qui sont durement espars. Car ie ne vois plus nulles bannieres, ne nuls pennons françois, ne conroy (7) entre eux, qui se peust r'allier. Si vous refreschissez un petit : car ie vous voy moult echauffé. Lors fut mise la banniere du

(1) Était au service.
(2) Il s'était rendu coupable en France du crime de forfaiture.
(3) Ce chevalier eut la chance d'être auprès du roi.
(4) Le roi fit plus d'attention à lui qu'aux autres.
(5) Je ne puis résider.
(6) Le gant de la main droite.
(7) Ni aucune troupe.

prince sur un haut buisson : et menestriers de corner, et trompettes et clerons faire leur devoir. Si osta le prince son bacinet. Tantost furent appareillézles chevaliers de son corps (1), et ceux de sa chambre : et fut illec tendu un petit pavillon vermeil : où le prince entra : et lui apporta on à boire, et aux seigneurs, qui estoyent en our luy, qui tousours multiplioyent (2), car ils reuenoyent de la chace (3). Si s'arrestoyent là, ou environ, et leurs prisonniers entour eux. Si tost que les deux mareschaux furent revenus, le prince leur demanda s'ils savoyent nulles nouvelles du roy de France. Sire, nenny, pas certaines : mais nous croyons qu'il soit mort ou prins, car il n'est point parti des batailles. Lors dit le prince au comte de Warvich et à messire Regnaut de Gobeghen : je vous prie que partez d'icy, et chevauchez si avant, que si (4) a vostre retour vous m'en sachez dire la vérité. Ces deux barons de rechef remonterent à cheval, et se partirent du prince, et monterent sur un tertre, pour veoir entour eux. Si apperceurent une flotte de gens d'armes, tous à pié : qui venoyent moult lentement. Là estoit le roy de France, tout à pié, en grand peril, car les Anglois et Gascons en estoyent les maistres : et l'avoyent tollu à messire Denis de Morcbeque, et moult élongné de luy : et disoyent les plus forts, je l'ay prins, je l'ay prins. Mais toutes fois le roy de France, pour echever (5) le peril, avoit dit, seigneurs, seigneurs, menez moi courtoisement, et mon fils aussi, devers le prince, mon cousin : et ne vous riotez (6) plus de ma prinse, car je suis assez grand seigneur, pour vous faire tous riches. Ces parolles, et autres, que le roy leur dit, les saoula un petit (7) : mais non pourtant tousiours recommençoyent leur riote : et n'alloyent pié de terre, qu'ils ne riotassent. Quand les deux barons dessusdits veirent celle foule de gens, si descendirent du tertre, et brocherent chevaux des esperons. Quand ils furent à la place, si demanderent, Qu'est ce cy? Et on leur dit, c'est le roy de France, qui est prins : et le veulent avoir, et chalan-

(1) Les chevaliers attachés à sa personne furent bientôt prêts à le servir.
(2) Dont le nombre augmentait sans cesse.
(3) De la poursuite.
(4) Qu'aussitôt que vous serez revenus.
(5) Pour échapper au danger.
(6) Ne vous disputez plus pour savoir qui m'a pris.
(7) Le calma un peu.

ger plus de dix chevaliers et escuyers. Adoncques les deux barons entrerent à force, en la presse : et firent toutes manières de gens tirer arriere : et leur commandèrent de par le prince, sur la teste, que tous se tirassent arriere, et que nul ne l'approchast, s'il n'y estoit ordonné et commis. Lors se tirent toutes gens, bien en sus du roy, et les deux barons, qui tantost descendirent à terre : et enclinerent le roy tout bas; puis le conduirent, tout en paix, devers le prince de Galles.

JEANNE D'ARC.

C'est avec un respect profond et une émotion patriotique que nous transcrivons ici ce nom qu'entoure une impérissable auréole. Nous n'essayerons point, après tant d'autres, de redire la vie de cette noble femme, qu'ont sanctifiée toutes les vertus et toutes les gloires, et nous laissons parler l'un de nos vieux historiens, Mézeray, qui va raconter le miracle de notre histoire :

« Son nom, dit Mézeray, était Jeanne, ses père et mère, Jacques d'Arc, laboureur, et Isabeau Gautier (1) : le lieu de sa naissance, une ferme au village de Domrémy, sur la rivière de Meuse, tout contre le Bois-Chenu et proche de Vaucouleurs. Ses parents, gens de bien, l'instruisaient soigneusement à la dévotion et au service de Dieu, auquel elle s'adonna avec une ferveur incroyable, visitant souvent les églises voisines et l'ermitage de Notre-Dame de Beaumont, fréquentant les sacrements les jours de fête, et s'entretenant seule dans ses dévotes prières lorsqu'elle gardait ses brebis. Comme elle fut parvenue à l'âge de quatorze ans, Dieu, la trouvant disposée par ses vertus à ce qu'il voulait opérer, lui envoya le prince de la milice céleste, le gardien de cette monarchie, saint Michel, pour lui annoncer sa volonté et lui commander qu'elle allât trouver le roi, et qu'elle lui demandât hardiment de sa part hommes, armes et chevaux, pour aller délivrer la ville d'Orléans, et pour le conduire après à Reims afin de le faire sacrer; et qu'elle l'assurât encore que ces choses réussiraient à souhait; que les princes d'Orléans seraient mis en liberté, et les Anglais tout à fait chassés de la France.

« Ce commandement lui ayant été plusieurs fois réitéré par l'archange, et par les saintes Catherine et Marguerite, qui lui apparaissaient souvent et purifiaient son âme par des conversations célestes, à cause qu'elle les vénérait d'une particulière dévotion, elle pressa tant ses parents qu'ils la menèrent à Robert de Baudricourt, gouverneur de Vaucouleurs. Il s'en moqua, au commencement, comme

---

(1) Jeanne d'Arc est née en 1409 : elle a été brûlée à Rouen, par les Anglais, en 1431.

d'une folle; mais, ses visions ne lui donnant point de relâche, elle insistait plus fort, et lui racontait toutes les particularités du siége, entre autres la journée des Harengs : de sorte que, ce qu'elle disait se trouvant toujours véritable, il la fit conduire vers le roi par deux gentilshommes. En cette compagnie et celle de ses trois frères, elle arriva à Chinon, où était le roi. On dit qu'elle le reconnut parmi cinq ou six autres avec lesquels il s'était mêlé, bien qu'elle ne l'eût jamais vu et qu'il se cachât derrière ses gentilshommes pour l'expérimenter. Après qu'elle lui eut fait sa harangue, avec un grand sens et une contenance également assurée et modeste, afin de l'éprouver par toutes sortes d'examens, il la mit entre les mains des seigneurs de son conseil, puis entre celles des docteurs, et ensuite l'envoya au parlement de Poitiers. Tant de sages et vertueux personnages l'ayant interrogée, tournée et sondée, lui rapportèrent tous qu'ils reconnaissaient quelque chose de divin en elle, et que ce serait pécher contre le Saint-Esprit de retarder plus longtemps la gloire de Dieu.

« Partant, le roi lui fit dresser son équipage et lui donna armes et chevaux : elle le pria qu'il lui envoyât quérir une épée qui était enterrée avec les os d'un chevalier à Sainte-Catherine de Fierbois, sur laquelle il y avait cinq croix gravées. Ceux qu'on y envoya la trouvèrent dans l'endroit qu'elle avait spécifié ; et, pour second miracle, la rouille dont elle était toute couverte en tomba à l'instant qu'ils la prirent, si bien qu'elle parut plus claire que si on l'eût fourbie. Elle fit aussi faire un étendard sur lequel étaient les sacrés et salutaires noms de Jésus et de Marie, l'image du crucifix d'un côté, et de l'autre celle de la Vierge mère recevant la salutation angélique, tenant chacune un lis blanc dans la main. Étant ainsi prête de marcher au combat, elle envoya un héraut sommer les généraux anglais, de la part de Dieu, « de lever le siége, et de laisser la possession du royaume à Charles, le légitime héritier, ou que, autrement, elle les pourchasserait vivement l'épée dans les reins, qu'il n'en resterait pas un en France que de morts. » Les Anglais, recevant ce défi avec une longue risée, se moquèrent de Charles et de son conseil, comme si, étant au bout de leurs inventions, ils se fussent abandonnés à une ridicule rêverie. Mais d'ailleurs ils s'offensèrent si aigrement de ce qu'une bergère avait l'assurance de défier des princes, qu'ils pensèrent faire brûler le héraut et le mirent aux fers, où il fut encore trouvé quand les Français eurent fait lever le siége. Dès lors ils l'appelèrent la sorcière, et menacèrent de la faire brûler s'ils l'attrapaient jamais.

« Cependant le roi lui ayant fourni quelques troupes sous la charge de l'amiral de Culan, du maréchal de Rieux et du comte de Dunois, elle les exhorta tous à se préparer au combat par la repentance de leurs péchés et par l'invocation de l'aide divine. Cela fait, elle donna courageusement au travers des ennemis et entra dans Orléans avec forces et munitions, qui donnèrent cœur aux assiégés pour attendre de plus grands secours. Le lendemain, elle sortit et se retira à Blois, où nos plus fameux capitaines avaient assigné le rendez-vous de leurs troupes, dont ils voulaient former un gros pour faire un puissant effort. Son retour les ayant remplis de joie et de bonne espérance, ils chargèrent un grand convoi sur des bateaux, et sept mille hommes avec, pour le défendre. Au même temps qu'il approcha de la ville, elle assaillit les ennemis par terre avec cinq cents hommes d'armes, et les assiégés firent une furieuse sortie pour seconder son entreprise, tellement qu'elle et le convoi entrèrent dans la ville. Dunois, Xaintrailles, et tous les capitaines la vinrent recevoir, et le peuple se mettait à genoux devant elle par les rues, lui baisait les pieds, et même honorait le cheval sur lequel elle était montée. Depuis, chaque jour, les assiégés recevaient secours d'hommes et de vivres ; et, presque égaux aux assiégeants en force, mais beaucoup plus forts en courage, d'assaillis ils devinrent assaillants, et osèrent bientôt attaquer leurs forts. » Tel est dans sa simplicité héroïque et naïve le récit de Mézeray.

Les Anglais, malgré tous leurs efforts, furent contraints, le 8 mai 1429, de lever le siège d'Orléans. Jeanne d'Arc conduisit Charles VII à Reims, pour le faire sacrer, et confirmer ainsi, par la double autorité de la religion et de la volonté nationale, son titre de roi de France. Quand elle eut accompli, dans l'espace de quelques mois, toutes ces merveilles de courage et de patriotisme, elle voulut retourner dans son village, disant que sa mission était terminée ; mais on la supplia de rester. Elle céda à ces instances, se jeta dans Compiègne assiégée par les Bourguignons, alliés des Anglais, pour défendre cette ville comme elle avait défendu Orléans, et fut prise dans une sortie le 24 mai 1430. Jean de Luxembourg, qui commandait les Bourguignons, la vendit aux Anglais, moyennant 10,000 livres, et ceux-ci, pour venger leurs nombreuses défaites, la condamnèrent à être brûlée vive, comme sorcière. Cette odieuse sentence, rendue par des juges indignes, qui violèrent les plus simples notions de la justice et du droit, fut exécutée à Rouen, le 30 mai 1431.

L'histoire n'offre rien de comparable à la vie et à la mort de Jeanne d'Arc ; cette sainte et courageuse femme, unissait aux plus grandes inspirations de la foi le génie des armes et de la politique. La première, elle devina les grands principes de la guerre moderne, et elle porta, dans ses campagnes, une sûreté de coup d'œil et une rapidité d'exécution qui font pressentir la tactique des Turenne, des Condé, des Napoléon. Pendant son procès, elle se défendit avec une raison et une éloquence admirables, et la lettre qu'on va lire est sans contredit l'un des plus beaux monuments de notre littérature historique.

† JHESUS MARIA. †

Roi d'Angleterre, et vous duc de Bedfort, qui vous dites régent du royaume de France ; vous, Guillaume de la Poule, comte de Sulfort; Jehan, sire de Talebot; et vous, Thomas, sire d'Escales, qui vous dites lieutenants dudit Bedfort, faites raison au roy du ciel; rendez à la Pucelle, qui est envoyée de par Dieu, le roy du ciel, les clefs de toutes les bonnes villes que vous avez prises et violées en France. Elle est cy venue de par Dieu pour réclamer le sang royal (1). Elle est toute prete de faire paix, si vous voulez lui faire raison, par ainsi (2) que France vous mettrez jus et paierez ce que vous l'avez tenu. Et, entre vous, archers, compagnons de guerre, gentils (3) et autres, qui estes devant la ville d'Orléans, alez vous-en en votre païs, de par Dieu, et, si ne le faites, attendez les nouvelles de la Pucelle qui vous ira voir brièvement (4) à vos bien grands dommages. Roy d'Angleterre, se ainsi ne le faictes, je suis chief de guerre, et, en quelque lieu que je attcindrai vos gens en France, je les en feray aler, veuillent ou non veuillent. Et, si ne veullent obéir, je les feray tous occire. Je suis cy envoyée de par Dieu, le roy du ciel, corps pour corps, pour vous bouter hors de toute la France. Et, si veullent obéir, je les prendray à merci. — Et n'ayez point en vostre oppinion (5), quart vous ne tendrez point le royaume de France de Dieu, le roy du ciel, filz saincte Marie; mais le tendra le roy Charles, vray héritier, car Dieu, le roy du ciel, le veult, et lui est révélé par la Pucelle. Lequel entrera à Paris à bonne compaignie. — Si ne voulez croire les nouvelles de par Dieu et la Pucelle, en quelque lieu que vous trouverons, nous férirons (6) dedans, et y ferons un si grand hahai que encore y a-t-il mille ans qu'en France ne fut si grand, si vous ne faictes raison. Et croiez fermement que le roy du ciel enverra plus de force à la Pucelle que vous ne lui sariez mener de tous assaulz, à elle et à ses bonnes gens d'armes, et aux horions verra on qui ara meilleur droit de Dieu du ciel ou de vous. — Vous duc de Bedfort, la Pucelle vous prie et vous requiert que vous ne fassiez point détruire. Se vous lui faictes raison, encore pourrez vous venir en sa compagnie, là où les François feront le plus beau fait qui oncques (7) fut fait pour la chrestienté.

(1) C'est-à-dire pour rétablir le roi Charles VII dans son autorité.
(2) A condition que vous renoncicz à la France et que vous l'indemnisiez.
(3) Nobles.
(4) Sous peu.
(5) Ne vous obstinez point.
(6) Frapperons.
(7) Jamais.

Et faites response se vous voulez faire paix en la cité d'Orléans; et, se ainsi ne le faites, de vos bien grands dommages vous souviegne brievement. Escrit ce mardi semaine sainte (22 mars). »

PHILIPPE DE COMMINES.

Les *Mémoires* que nous a laissés cet écrivain ne sont point seulement curieux à étudier sous le rapport historique, mais encore sous le rapport littéraire, parce qu'ils marquent dans notre langue un progrès très-notable, qu'ils forment la transition entre le moyen âge et l'époque moderne, et qu'ils constatent une nouvelle manière d'écrire l'histoire : « Commines, dit M. Nisard (1), n'est plus le chroniqueur complaisant qui fait payer innocemment à la vérité les frais de l'hospitalité des princes qui l'hébergent, ni l'indiciaire officiel qui fait du récit un panégyrique; c'est un homme d'Etat qui juge les choses et les hommes, non sans se tromper, mais sans s'amuser de sa matière, comme Froissart, sans la travestir, comme Christine de Pisan... L'histoire, dans ses écrits, se révèle par quelques qualités dont s'est enrichi l'esprit français. Tracer d'une main impartiale les portraits des grands personnages, réfléchir sur les événements et les caractères des peuples, comparer leurs institutions, distinguer la bonne politique de la mauvaise, indiquer des progrès à faire, des réformes à opérer, enfin regarder l'histoire comme un enseignement, voilà ce qui donnait à Commines le droit de prendre le titre d'historien. »

Né en Flandre en 1445, Commines, au milieu des continuelles agitations de son époque, traversa plus d'un parti. Il fut successivement attaché à Philippe le Bon, duc de Bourgogne, à Charles le Téméraire, qu'il abandonna en 1472 pour passer au service de Louis XI. A la mort de ce prince, il fut admis dans les conseils de la régente Anne de Beaujeu; mais comme il avait prêté les mains aux projets du duc d'Orléans, qui était hostile à Anne de Beaujeu, celle-ci le fit enfermer à Loches dans une de ces cages de fer imaginées par Louis XI et que l'on appelait les *fillettes du roi;* mais il ne tarda point à rentrer en faveur. Charles VIII lui confia plusieurs missions importantes dont il s'acquitta avec succès. Sous Louis XII, il rentra dans la vie privée, pour se livrer tout entier à la composition de ses *Mémoires*, et il mourut à Argenton-le-Château en 1509. Tour à tour chambellan du roi Louis XI, sénéchal de Poitou, soldat, diplomate, ambassadeur, Commines prit part aux plus célèbres batailles et aux négociations les plus importantes de son époque. Ses *Mémoires* se rapportent plus particulièrement à Louis XI. Voici le portrait de

---

(1) *Histoire de la littérature française*. Paris, 1863, in-18, 3ᵉ édition, tome I, page 81.

ce prince tel que le trace Commines, en divers passages que nous réunissons dans un même cadre.

LOUIS XI.

Il estoit si heureux en tous ses faits, qu'il sembloit que toutes choses allassent à son plaisir ; mais aussi son sens aidoit bien à luy faire venir cet heur, car il ne mettoit rien à hazard et ne vouloit pour rien chercher les batailles.

Une grace luy fit Dieu; car, comme il l'avoit créé plus sage, plus libéral et plus vertueux en toutes choses que les autres princes qui régnoient avec luy et de son temps, et qui estoient ses ennemis et voisins, avec ce qu'il les passa en toutes choses, aussi les passa-t-il en longueur de vie : en luy avoit trop plus de choses appartenantes à office de roy et de prince, qu'en nul des autres.

Incessamment disoit quelque chose de sens : et devant sa maladie jamais n'avoit souffert de sa personne, mais tant avoit esté obéi, qu'il sembloit quasi que toute l'Europe ne fut faite que pour lui porter obéissance : parquoy le petit qu'il souffroit contre sa nature et accoustumance luy estoit plus grief à porter.

Oncques homme ne craignit plus la mort, et ne fit tant de choses pour y cuider mettre remède, comme luy : et avoit tout le temps de sa vie, à ses serviteurs, et à moy comme à d'autres, dit et prié, que si on le voyoit en nécessité de mort, que l'on ne luy dit, fors tant seulement, *Parlez peu* : et qu'on l'émeust seulement à soy confesser, sans luy prononcer ce cruel mot de la mort; car il luy sembloit n'avoir pas cœur pour ouïr une si cruelle sentence : toutesfois il l'endura vertueusement, et toutes autres choses, jusques à la mort, et plus que nul homme que jamais j'aye veu mourir...

Il est vray qu'il avoit fait de rigoureuses prisons, comme cages de fer, et autres de bois, couvertes de plaques de fer par le dehors et par le dedans, avec terribles ferrures, de quelques huict pieds de large, et de la hauteur d'un homme, et un pied plus...

Autresfois avoit fait faire à des Allemans des fers très-pesans et terribles pour mettre aux pieds : et y estoit un anneau, pour mettre au pied, fort mal-aisé à ouvrir, comme à un carquan, la chaine grosse et pesante, et une grosse boule de fer au bout, beaucoup plus pesante que n'estoit de raison, et les appelloit-on les fillettes du roy...

Ledit seigneur, vers la fin de ses jours, fit clorre tout l'entour sa maison du Plessis-les-Tours de gros barreaux de fer, en forme de grosses grilles ; et aux quatre coins de sa maison, quatre moineaux de fer, bons, grands et espais. Lesdites grilles estoient contre le mur, du costé de la place, de l'autre part du fossé : car il estoit à fonds de cuve, et y fit mettre plusieurs broches de fer, massonnées dedans le mur, qui avoient chacune trois ou quatre pointes, et les fit mettre fort près l'une de l'autre ; et davantage ordonna dix arbalestriers dedans lesdits fossez, pour tirer à ceux qui en approcheroient, avant que la porte fut ouverte ; et entendoit qu'ils couchassent ausdits fossez, et se retirassent ausdits moineaux de fer : il entendoit bien que cette fortification ne suffisoit pas contre grand nombre de gens, ne contre une armée ; mais de cela il n'avoit point de peur : seulement craignoit-il que quelque seigneur, ou plusieurs, ne fissent une entreprise de prendre la place de nuict, demy par amour et demy par force, avec quelque peu d'intelligence ; et que ceux-là prissent l'authorité, et le fissent vivre comme homme sans sens, et indigne de gouverner.

Pour tout plaisir il aimoit la chasse, et les oiseaux en leurs saisons ; mais il n'y prenoit point tant de plaisir comme aux chiens. Des dames il ne s'en est point meslé.

La chasse avoit quasi autant d'ennuy que de plaisir, car il y prenoit grande peine ; pourtant qu'il couroit les cerfs à force, et se levoit fort matin, et alloit aucunes fois loin, et ne laissoit point cela pour nul temps qu'il fist : et ainsi s'en retournoit aucunes fois bien las, et quasi tousiours courroucé à quelqu'un ; car c'est matière qui n'est pas tousiours au plaisir de ceux qui la conduisent : toutesfois il s'y cognoissoit mieux que nul homme qui ait régné de son temps, selon l'opinion de chacun.

Le plaisir qu'il prenoit estoit peu de temps en l'an : et estoit en grand travail de sa personne. Le temps qu'il reposoit, son entendement travailloit, car il avait affaire en moult de lieux : et se fut aussi volontiers empesché des affaires de ses voisins comme des siens, et mis gens en leurs maisons, et departy les authoritez d'icelles. Quand il avoit la guerre, il desiroit paix ou trefve : quand il avoit paix ou trefve, à grande peine les pouvoit-il endurer. De maintes menuës choses de son royaume se mesloit, dont il se fut bien passé ; mais sa complexion estoit telle, et ainsi vivoit. Aussi sa mémoire estoit si grande, qu'il retenoit toutes choses, et cognoissoit tout le monde, et en tous païs, et à l'entour de luy.

Je croy que depuis son enfance il n'eut jamais que tout mal

et travail jusques à la mort ; et suis certain que si tous les bons jours qu'il a eu en sa vie, esquels il eu plus de joie et de plaisir que de travail et d'ennuy, estoient bien nombrez, qu'il s'en trouveroit bien peu ; et croy qu'il s'en trouveroit bien vingt de peine et de travail, contre un de plaisir ou d'aise.

RABELAIS.

Un de nos vieux écrivains a dit, en parlant de Rabelais, qu'il était très-savant humaniste, profond philosophe, théologien, mathématicien, médecin, jurisconsulte, musicien, arithméticien, géomètre, astronome, voire même peintre et poëte tout ensemble. Ces mots résument parfaitement l'universalité des connaissances de Rabelais, qui passa sa vie à s'occuper de toutes les sciences, à courir le monde et à changer de condition. Né à Chinon, en 1483, Rabelais entra d'abord dans l'ordre des Cordeliers. Il obtint du pape Clément VII l'autorisation de passer de cet ordre dans celui de Saint-Benoît ; mais il ne tarda point à quitter son couvent pour aller étudier la médecine à Montpellier et s'y faire recevoir docteur; il alla ensuite à Rome, en qualité de médecin du cardinal du Bellay. A son retour, il publia le livre étrange qui a immortalisé son nom, c'est-à-dire le roman satirique et allégorique intitulé : *Les faits et dits du géant Gargantua et de son fils Pantagruel*. Rien n'est plus singulier que cette conception désordonnée, où les pensées les plus hautes se mêlent aux railleries les plus cyniques, où la société tout entière est passée en revue avec une verve impitoyable ; œuvre à la fois ténébreuse et grandiose, où la raison la plus élevée parle souvent le langage de la folie, et qui justifie de tout point le jugement qu'en a porté la Bruyère : « Où Rabelais est mauvais, il passe bien « loin au delà du pire ; c'est le charme de la canaille. Où il est bon, « il va jusqu'à l'exquis et à l'excellent, et il peut être un mets des « plus délicats. » Rabelais mourut à Paris en 1553.

Nous reproduisons ici les conseils de Gargantua à son fils Pantagruel. Nos lecteurs jugeront que dans ce passage Rabelais *va jusqu'à l'excellent*.

COMMENT PANTAGRUEL, ESTANT A PARIS, RECEUT LETTRES DE SON PÈRE GARGANTUA, ET LA COPIE D'ICELLES.

« Très cher fils, entre les dons, graces et prérogatives, desquelles le souverain plasmateur (1) Dieu tout puissant ha en-

(1) Créateur.

douaire (1) et aorné l'humaine nature à son commencement,
celle me semble singulière et excellente, par laquelle elle peult
en estat mortel acquérir espèce d'immortalité, et en décours de
vie transitoire perpétuer son nom et sa semence. Ce que est
faict par lignée issue de nous en mariage légitime, d'ond (2)
nous est aulcunement instauré (3) ce que nous fut tollu (4) par le
péché de nos premiers parents, esquels fut dict, que parce qu'ils
n'avoient esté obéissants au commandement de Dieu le créateur, ils mourroient, et par mort seroit réduite à néant ceste
tant magnifique plasmature, en laquelle avoit esté l'homme
créé. Mais, par ce moyen de propagation charnelle, demoure
ès (5) enfants ce qu'estoit déperdu ès parents, et ès nepveux ce
que dépérissoit ès enfants, et ainsi successivement jusques à
l'heure du jugement final, quand Jésus-Christ aura rendu à
Dieu le père son royaulme pacifique hors tout danger et contamination de péché : car alors cesseront toutes générations et
corruptions, et seront les éléments hors de leurs transmutations
continues, vu que la paix tant désirée sera consommée et parfaicte, et que toutes choses seront réduictes à leur fin et période.
Non doncques sans juste et équitable cause je rends graces à
Dieu mon conservateur, de ce qu'il m'ha donné povoir voir
mon antiquité chenue refleurir en ta jeunesse. Car, quand, par
le plaisir de lui qui tout régit et modère, mon âme laissera cette
habitation humaine, je ne me réputerai totalement mourir,
ains (6) passer d'un lieu en aultre, attendu que en toi et par toi
je demoure en mon image visible en ce monde, vivant, voyant,
et conversant entre gents d'honneur et mes amis, comme je soulois (7). Laquelle mienne conversation ha esté moyennant l'aide
et grâce divine, non sans péché, je le confesse (car nous péchons
touts, et continuellement requérons à Dieu qu'il efface nos
péchés) mais sans reproche. Parquoi, ainsi comme en toi
demoure l'image de mon corps, si pareillement ne reluisoient
les mœurs de l'ame, l'on ne te jugeroit estre garde et thrésor de
l'immortalité de nostre nom, et le plaisir que prendrois ce voyant

(1) A doté.
(2) D'où.
(3) Rétabli.
(4) Ravi.
(5) Dans.
(6) Mais.
(7) Comme j'avais coutume.

seroit petit, considérant que la moindre partie de moi, qui est le corps, demoureroit ; et la meilleure, qui est l'ame, et par laquelle demoure nostre nom en bénédiction entre les hommes, seroit dégénérante et abastardie. Ce que je ne di par deffiance que j'aie de ta vertus, laquelle m'ha esté ja par ci devant esprouvée, mais pour plus fort te encourager à proficter de bien en mieulx. Et ce que présentement t'escris, n'est tant à fin qu'en ce train vertueux tu vives, que de ainsi vivre et avoir vescu tu te resjouisses, et te rafraichisses en courage pareil pour l'advenir. A laquelle entreprinse parfaire et consommer, il te peult assez soubvenir comment je n'ai rien espargné : mais ainsi t'y ai-je secouru comme si je n'eusse aultre thrésor en ce monde que de te voir une fois en ma vie absolu et parfaict, tant en vertus, honesteté et preud'hommie, comme en tout sçavoir libéral et honeste, et tel te laisser après ma mort, comme un miroir représentant la personne de moi ton père, et si non tant excellent et tel de faict comme je te souhaite, certes bien tel en désir.

« Mais encores que mon feu père de bonne mémoire Grandgousier, eust adonné tout son estude à ce que je profictasse en toute perfection et sçavoir politique, et que mon labeur et estude correspondist très-bien, voire encores oultrepassast son desir : toutesfois, comme tu peulx bien entendre, le temps n'estoit tant idoine (1) ne commode és lettres comme est de présent, et n'avois copie de tels précepteurs comme tu as eu. Le temps estoit encores ténébreux, et sentant l'infélicité et calamité des Goths, qui avaient mis à destruction toute bonne littérature. Mais par la bonté divine, la lumière et dignité ha esté de mon âge rendue és lettres, et y voi tel amendement que de présent à difficulté seroi-je receu en la première classe des petits grimaulx, qui (2) en mon age virile estois, non à tort, réputé le plus savant dudict siècle.

« Ce que je ne di par jactance vaine (encores que je le puisse louablement faire en t'écripvant, comme tu as l'autorité de Marc Tulle (3) en son livre de *Vieillesse*, et la sentence de Plutarche au livre intitulé : *Comment on se peult louer sans envie*), mais pour te donner affection de plus hault tendre.

« Maintenant toutes disciplines sont restituées, les langues instaurées, grecque (sans laquelle c'est honte qu'une personne

(1) Propice.
(2) C'est-à-dire : moi qui en mon âge viril étais, etc.
(3) Marcus Tullius Cicéron.

se die sçavant), hébraïque, chaldaïque, latine : les impressions tant élégantes et correctes en usance, qui ont esté inventées de mon âge par inspiration divine, comme à contrefil l'artillerie par suggestion diabolique. Tout le monde est plein de gents sçavants, de précepteurs très-doctes, de librairies (1) très-amples ; et m'est advis que ni au temps de Platon, ni de Cicéron, ni de Papinian, n'estoit telle commodité d'estude qu'on y voit maintenant. Et ne se faudra plus doresenavant trouver en place, ni en compagnie, qui ne sera bien expoli (2) en l'officine de Minerve. Je voi les brigands, les bourreaulx, les adventuriers, les palefreniers de maintenant, plus doctes que les docteurs et prescheurs de mon temps.

« Que dirai-je ? Les femmes et filles ont aspiré à ceste louange et manne céleste de bonne doctrine. Tant y ha qu'en l'age où je suis, j'ai esté contrainct d'apprendre les lettres grecques, lesquelles je n'avois contemnées (3) comme Caton, mais je n'avois eu le loisir de comprendre en mon jeune age. Et voluntiers me délecte à lire les moraulx de Plutarche, les beaux dialogues de Platon, les monuments de Pausanias et antiquités de Athenœus, attendant l'heure qu'il plaira à Dieu mon créateur m'appeler, et commander issir de ceste terre.

« Parquoi, mon fils, je l'admoneste que employes ta jeunesse à bien proficter en estude et en vertus. Tu es à Paris, tu as ton précepteur Epistemon, dont l'un par vives et vocales instructions, l'autre par louables exemples te peult endoctriner. J'entends et veulx que tu apprennes les langues parfaictement : premièrement la grecque, comme le veult Quintillian ; secondement la latine ; et puis l'hébraïque pour les sainctes lettres ; et la chaldaïque et arabique pareillement ; et que tu formes ton style, quant à la grecque, à l'imitation de Platon ; quant à la latine, de Cicéron. Qu'il n'y ait histoire que tu ne tiennes en mémoire présente, à quoi t'aidera la cosmographie de ceux qui en ont escript. Des arts libéraulx, géométrie, arithmétique et musique, je t'en donnai quelque goust quand tu estois encores petit, en l'age de cinq à six ans ; poursui le reste, et d'astronomie saches-en touts les canons ? Laisse-moi l'astrologie divinatrice (4) et l'art

(1) Bibliothèques.
(2) Perfectionné.
(3) Dédaignées.
(4) C'est-à-dire l'astrologie judiciaire, qui jouissait encore au seizième siècle d'une grande vogue et qui prétendait deviner les choses futures par l'inspection des astres.

de Lullius, comme abus et vanités. Du droit civil, je veulx que sçaches par cœur les beaux textes et me les conféres avecques philosophie.

« Et quant à la cognoissance des faicts de nature, je veulx que tu t'y adonnes curieusement; qu'il n'y ait mer, rivière, ni fontaine, dont tu ne cognoisses les poissons : touts les oiseaulx de l'aer, touts les arbres, arbustes et frutices des forests, toutes les herbes de la terre, touts les métaulx cachés au ventre des abysmes, les pierreries de tout Orient et Midi, rien ne te soit incognu (1).

« Puis soigneusement revisite les livres des médecins grecs, arabes et latins, sans contemner les thalmudistes et cabalistes, et par fréquentes anatomies acquiers-toi parfaite cognoissance de l'aultre monde, qui est l'homme. Et par quelques heures du jour commence à visiter les sainctes lettres : premièrement, en grec, le Nouveau-Testament et Epistres des apostres ; et puis, en hébreu, le Vieulx-Testament. Somme, que je voie un abysme de science ; car, doresenavant que tu deviens homme et te fais grand, il te faudra issir de ceste tranquillité et repos d'estude, et apprendre la chevalerie et les armes pour deffendre ma maison, et nos amis secourir en touts leurs affaires contre les assaults des malfaisants. Et veulx que de brief tu essayes combien tu as proficté, ce que tu ne pourras mieulx faire que tenant conclusions en tout sçavoir publiquement envers touts et contre touts, et hantant les gens lettrés, qui sont tant à Paris comme ailleurs.

« Mais parce que, selon le sage Salomon, sapience n'entre poinct en ame malivole (2), et science sans conscience n'est que ruine de l'âme ; il te convient servir, aimer, et craindre Dieu, et en lui mettre toutes tes pensées, tout ton espoir, et par foi formée de charité estre à lui adjoinct, en sorte que jamais n'en sois desemparé par péché. Aie suspects les abus du monde. Ne mets ton cœur a vanité; car ceste vie est transitoire : mais la parole de Dieu demoure éternellement. Sois serviable à touts tes pro-

---

(1) Il est impossible, on le voit, de tracer un programme plus complet, et l'on peut s'étonner à bon droit que quand il s'agit d'éducation on cite toujours Rousseau, comme le grand réformateur. Il nous semble, quant à nous, que la priorité appartient à Rabelais, et que les conseils de Gargantua à son fils sont en bien des points supérieurs aux théories de *l'Emile*.

(2) Méchante.

chains, et les aime comme toi-même. Révère tes précepteurs, fui la compagnie des gents esquels tu ne veulx point ressembler; et les graces que Dieu t'a donnces, icelles (1) ne reçoips en vain. Et quand tu cognoistras que tu auras tout le sçavoir de par delà acquis, retourne vers moi, afin que je te voie, et donne ma bénédiction devant que mourir.

» « Mon fils, la paix et grace de Notre Seigneur soit avecques toi. Amen. De utopie (2), ce dix-septiesme jour du mois de mars, ton père Gargantua. »

LES MOUTONS DE PANURGE.

Panurge, ayant payé le marchand, choisit de tout le troupeau un beau et grand mouton, et l'emportoit criant et beslant, oyants touts les aultres et ensemblement beslants, et regardants quelle part (3) on menoit leur compagnon. Ce pendent le marchand disoit à ses moutonniers : « O qu'il ha bien sceu choisir, le challant ! Il s'y entend, le paillard. Vrayement, le bon vrayement, je le réservois pour le seigneur de Candale, comme bien cognoissant son naturel. Car de sa nature il est tout joyeux et esbaudi quand il tient une espaule de mouton en main bien séante et advenente, et avecques un cousteau bien tranchant, Dieu sçait comment il s'en escrime. »

Soubdain, je ne sçai comment (le cas feut subit, je n'eu loisir le considérer), Panurge, sans aultre chose dire, jecte en pleine mer son mouton criant et beslant. Touts les aultres moutons, criants et beslants en pareille intonation, commencerent soi jecter et saulter en mer après à la file. La foule estoit à qui premier y saulteroit après leur compagnon. Possible n'estoit (4) les en garder. Comme vous sçavez estre du mouton le naturel, tousjours suivre le premier, quelque part qu'il aille. Aussi le dict Aristoteles, lib. 9, de *Histor. anim.*, estre le plus sot et inepte animant du monde.

(1) Celles-ci.
(2) Utopie est un pays imaginaire, où tout était supposé parfait, les institutions, les hommes et les mœurs; delà le nom *d'Utopistes* donné aux écrivains et aux philosophes qui rêvent pour l'humanité une perfection à laquelle il ne lui est pas donné d'atteindre.
(3) A quel endroit.
(4) Il n'était pas possible de les en empêcher.

Le marchand, tout effrayé de ce que devant ses yeulx périr voyoit et noyer ses moutons, s'efforçoit les empescher et retenir de tout son povoir. Mais c'estoit en vain. Touts à la file saultoient dedans la mer et périssoient. Finablement, il en print un grand et fort par la toison sus le tillac de la nauf (1), cuidant (2) ainsi le retenir, et saulver le reste aussi conséquement Le mouton fut si puissant qu'il emporta en mer avec soi le marchand, et fut noyé, en pareille forme que les moutons de Polyphemus le borgne cyclope emportarent hors la caverne Ulysses et ses compagnons. Aultant en firent les aultres bergers et moutonniers, les prenants uns par les cornes, aultres par les jambes, aultres par la toison. Lesquels tous feurent pareillement en mer portés et noyés misérablement.

Panurge, à costé du fougon, tenant un aviron en main, non pour aider aux moutonniers, mais pour les engarder de grimper sus la nauf et évader le naufrage, les preschoit éloquentement comme si fust un petit frère Olivier Maillard, ou un second frère Jean Bourgeois (3), le remonstrant par lieux de rhétorique les misères de ce monde, le bien, et l'heur de l'aultre vie, affermant plus heureux estre les trépassés, que les vivants en ceste vallée de misère; et à un chascun d'eulx promettant ériger un beau cénotaphe et sépulchre honoraire au plus hault du mont Génis, à son retour de Lanternois (4); leur optant ce néanmoins, en cas que vivre entre les humains ne leur faschast, et noyer ainsi ne leur vinst à propos, bonne adventure et rencontre de quelque baleine, laquelle au tiers jour subséquent les rendist sains et saulves.

(1) De la nef, du navire.
(2) Pensant.
(3) Olivier-Maillard et Jean Bourgeois sont de célèbres prédicateurs du XVe siècle.
(4) Lanternois est l'un de ces pays imaginaires qui figurent en si grand nombre dans les romans de Rabelais, et qui cachent toujours une allusion satirique. *Lanternois*, dans la pensée de Rabelais, est le pays des badauds, la terre classique de la bêtise, ou l'on croit que des *vessies sont des lanternes.*

LA SATIRE MÉNIPPÉE.

Un poète antique du nom de Ménippe, originaire de Gadara, en Palestine, avait composé en prose et en vers des parodies des grands écrivains du paganisme, et, du nom qu'il portait lui-même, ces parodies prirent celui de *satires Ménippées*. Ce titre, après bien des siècles, reparut en France à la tête d'un pamphlet célèbre destiné à combattre la Ligue, et dont l'idée première appartient à Pierre Leroy, chanoine de Rouen.

Pendant le siège de Paris par Henri IV, en 1593, une assemblée des états généraux, dits *états de la ligue*, avait été tenue dans cette ville pour élire un roi; mais ces états, exclusivement parisiens et auxquels le reste du pays ne prit aucune part, ne pouvaient aboutir à aucun résultat sérieux, puisqu'ils ne représentaient en définitive que l'opinion des ligueurs, c'est-à-dire d'une minorité turbulente et factieuse, qui voulait briser la tradition monarchique en donnant la couronne soit à l'infante d'Espagne, soit au duc de Guise. Ce projet avait causé dans le pays une agitation profonde, et la *Satire Ménippée* fut composée dans le but de ridiculiser les députés qui l'avaient mis en avant. Les auteurs de la *Ménippée* font parler successivement dans leur livre les personnages les plus importants qui avaient figuré dans les états; ils placent dans leur bouche des harangues où ils couvrent de ridicule les prétentions des partis; et à ces harangues ils en opposent d'autres dans lesquelles ils s'appliquent à défendre les véritables intérêts du royaume, à tracer le tableau des malheurs dans lesquels les guerres civiles l'avaient plongé. Parmi ces harangues, la plus célèbre est celle que les auteurs attribuent à M. d'Aubray, député du tiers-état; nous en extrayons le fragment suivant, qui présente le tableau le plus animé de la misère où la Ligue avait réduit Paris. Il est impossible de montrer avec de plus vives couleurs les tristes résultats auxquels conduisent les emportements des partis et les calculs égoïstes des ambitieux qui égarent le peuple au nom de l'intérêt public, et qui ne cherchent les révolutions que pour pêcher comme on dit en eau trouble. En France où les esprits se laissent si facilement égarer, la harangue de d'Aubray aura toujours son actualité.

PARIS SOUS LA LIGUE.

O Paris qui n'est plus Paris, mais une spelunque (1) de bestes farouches, une citadelle d'Espagnols, de Wallons et Napoli-

---

(1) Une caverne.

tains; un asyle et seure retraicte de voleurs, meurtriers et assassinateurs, ne veux-tu jamais te ressentir de ta dignité, et te souvenir qui tu as esté, au prix de ce que tu es ? Ne veux-tu jamais te guerir de ceste frenesie, qui pour un légitime et gratieux roy, t'a engendré cinquante roytelets et cinquante tyrans (1)? Te voila aux fers, te voilà en l'inquisition d'Espagne, plus intolérable mille fois et plus dure à supporter aux esprits nez libres et francs, comme sont les François, que les plus cruelles morts, dont les Espagnols ne sçauroyent adviser. Tu n'as peu supporter une légère augmentation de tailles et d'offices, et quelques nouveaux edicts, qui ne t'importoyent nullement ; mais tu endures qu'on pille tes maisons, qu'on te rançonne jusques au sang, qu'on emprisonne tes sénateurs, qu'on chasse et bannisse tes bons citoyens et conseillers ; qu'on pende, qu'on massacre tes principaux magistrats : tu le vois, et tu l'endures : tu ne l'endures pas seulement, mais tu l'approuves et le loües, et n'oserois et ne sçaurois faire autrement. Tu n'as peu supporter ton roy débonnaire, si facile, si familier, qui s'estoit rendu comme concitoyen et bourgeois de ta ville (2), qu'il a enrichie, qu'il a embellie de somptueux bastiments, accreüe de forts et superbes remparts, ornée de privileges et exemptions honorables : que dis-je ? peu supporter ? c'est bien pis : tu l'as chassé de sa ville, de sa maison, de son lict : quoy chasssé ? tu l'as poursuivy : quoy poursuivy ? tu l'as assassiné ; canonizé l'assassinateur, et faict des feux de joye de sa mort. Et tu vois maintenant combien cette mort t'a profité, car elle est cause qu'un autre est monté en sa place (3), bien plus vigilant, bien plus laborieux, bien plus guerrier, et qui sçaura bien te serrer de plus près, comme tu as à ton dam (4) déjà expérimenté. Je vous prie, Messieurs, s'il est permis de jetter encore ces derniers abois en liberté, considérons un peu, quel bien et quel profit nous est venu de cette détestable mort que nos prescheurs nous faisoyent croire estre le seul et unique moyen pour nous rendre heureux. Mais je ne puis en discourir qu'avec trop de regret de veoir les choses en l'estat qu'elles sont, au prix qu'elles estoyent lors : chacun avoit encore en ce temps-là du bled en son grenier, et du vin en

(1) Les ligueurs pour faire triompher leurs projets s'étaient alliés aux Espagnols.
(2) Il s'agit ici de Henri III.
(3) Henri IV.
(4) A tes dépens.

sa cave ; chacun avoit sa vaisselle d'argent, et sa tapisserie, et ses meubles ; les femmes avoyent encor leur demiceint (1) ; les reliques estoyent entieres ; on n'avait point touché aux joyaux de la couronne : mais maintenant, qui se peut vanter d'avoir de quoy vivre pour trois semaines, si ce ne sont les voleurs, qui se sont engraissez de la substance du peuple, et qui ont pillé à toutes mains les meubles des presens et des absens. Avons-nous pas consommé peu à peu toutes nos provisions, vendu nos meubles, fondu nostre vaisselle, engagé jusque à nos habits pour vivoter bien chestivement ? Où sont nos sales et nos chambres tant bien garnies, tant diaprées et tapissées ? Où sont nos festins et nos tables friandes ? Nous voilà réduits au laict et au fromage blanc, comme les Suysses : nos banquets sont d'un morceau de vache pour tous metz : bien heureux qui n'a point mangé de chair de cheval et de chien, et bien heureux qui a toujours eu du pain d'avoine, et s'est passé de bouillie de son vendue, au coing des rues, aux lieux qu'on vendoit jadis les friandises de langues, caillettes et pieds de mouton, et n'a pas tenü à monsieur le légat, et à l'ambassadeur Mendosse, que n'ayons mangé les os de nos pères comme font les sauvages de la Nouvelle-Espagne. Peut-on se souvenir de toutes ces choses sans larmes et sans horreur ? Et ceux qui en leur conscience sçavent bien qu'ils en sont cause, peuvent-ils en ouyr parler sans rougir et sans appréhender la punition que Dieu leur réserve pour tant de maux dont ils sont autheurs ? Mesmement, quand ils se représenteront les images de tant de pauvres bourgeois qu'ils ont veus par les rues tomber tous roides morts de faim ; les petits enfants mourir à la mammelle de leurs meres allangouries, tirants pour neant et ne trouvants que succer ; les meilleurs habitants et les soldats marcher par la ville, appuyez d'un baston, pasles et foibles, plus blancs et plus ternis qu'images de pierre, ressemblants plus des fantosmes que des hommes : et l'inhumaine response d'aucuns, qui les accusoyent et menaçoyent, au lieu de les secourir ou consoler ; fut-il jamais barbarie ou cruauté pareille à celle que nous avons veüe et endurée ? Fut-il jamais tyrannie et domination pareille à celle que nous voyons et endurons ? Où est l'honneur de nostre Université ? Où sont les colléges ? Où sont les escholiers ? Où sont les leçons publiques, où l'on accouroit de toutes les parties du monde ?

(1) Ornement garni de bijoux que les femmes portaient à la ceinture.

Où sont les religieux estudiants aux couvents? Ils ont pris les armes. Les voilà tous soldats débauchez.

Où sont nos chasses? où sont nos précieuses reliques? Les unes sont fondues et mangées, les autres sont enfouyes en terre de peur des voleurs et des sacrileges? Où est la reverence qu'on portoit aux gens d'église et aux sacrez mystères? Chacun maintenant fait une religion à sa guise, et le service divin ne sert plus qu'à tromper le monde par hypocrisie. Où sont les princes du sang, qui ont toujours esté personnes sacrées, comme les colonnes et appuis de la couronne et monarchie françoise. Où sont les pairs de France, qui devroyent estre icy les premiers pour ouvrir et honorer les Estats? Tous ces noms ne sont plus que noms de faquins, dont on fait littiere aux chevaux de messieurs d'Espagne et de Lorraine. Où est la majesté et gravité du parlement, jadis tuteur des roys et médiateur entre le peuple et le prince? Vous l'avez mené en triomphe à la Bastille, et traîné l'authorité et la justice captive plus insolemment et plus honteusement que n'eussent fait les Turcs. Vous avez chassé les meilleurs, et n'avez retenu que la racaille passionnée ou de bas courage; encor, parmy ceux qui ont demeuré, vous ne voulez pas souffrir que quatre ou cinq disent ce qu'ils pensent, et les menacez de leur donner un billet, comme à des hérétiques ou politiques. Et néantmoins vous voulez qu'on croye que ce que ce que vous en faites, n'est que pour la conservation de la religion et de l'Estat.

MONTAIGNE.

Michel de Montaigne, l'un de nos plus grands écrivains et de nos plus profonds moralistes, naquit le dernier jour de février 1533, au château de Montaigne, près de Bergerac.

Son père donna le plus grand soin à son éducation, et, voulant « rallier » son fils avec le peuple, et « l'attacher à ceux qui ont besoin d'aides, » l'envoya chez l'un de ses pauvres villageois, où il passa sa première enfance, en prenant soin toutefois « d'élever son âme en « toute douceur et liberté, sans rigueur ni contrainte. » Son instruction ne fut pas non plus négligée, et il apprit à bégayer le latin au berceau, avec des précepteurs qui ne lui parlaient que cette langue, en sorte qu'à six ans il la connaissait déjà très-bien.

Cette solide étude dont il fut nourri et les principes libres et fermes qu'on lui inculqua influèrent beaucoup sur sa manière de vivre. Son séjour à la cour de Henri IV, en qualité de gentilhomme du roi, ses nombreux voyages, l'engagèrent, à l'âge de 38 ans, fatigué de l'agitation où il avait passé sa jeunesse, mûri par l'expérience et riche d'observations, à se retirer pour jouir du repos, et consacrer le reste de ses jours à l'étude, dans « l'aimable et paisible demeure de ses « ancêtres. »

C'est dans cette solitude qu'il commença à composer les *Essais*, livre « de bonne foy, » comme il le dit, écrit sans ordre apparent et sur tous les sujets, avec le charme de ce style dont il avait puisé les éléments dans la connaissance parfaite des anciens. « L'imagination, « dit M Villemain, est la qualité dominante du style de Montaigne. « Cet homme n'a point de supérieurs dans l'art de peindre par la « parole. Ce qu'il pense, il le voit; et par la vivacité de ses expres- « sions, il le fait briller à tous les yeux. Telle était la prompte sen- « sibilité de ses organes, et l'activité de son âme, qu'il rendait les « impressions aussi fortement qu'il les recevait. »

Moraliste comme Molière, il observa l'homme avec la même profondeur, se montra le censeur impitoyable de tous les vices du cœur de tous les travers de l'esprit, et ses *Essais* justifient pleinement le titre de : *Bréviaire des honnêtes gens*, qui leur a été donné.

Il a prêché la tolérance politique et religieuse aux partis toujours prêts à s'égorger; il a formulé un système d'éducation morale et rationnelle; enfin, il a pressenti, deviné ou appelé de ses vœux toutes les conquêtes de la civilisation moderne, et l'on peut dire avec raison que le sentiment qui aujourd'hui ramène sans cesse le lecteur vers son œuvre est non-seulement celui de l'admiration, mais encore celui de la reconnaissance. Jamais, en effet, la raison humaine, dans ses rapports avec la vie sociale et pratique, ne s'est élevée plus haut, et jamais la pensée ne s'est produite sous une forme plus originale et plus pénétrante.

L'AMITIÉ.

Ce que nous appelons ordinairement amis et amitiez, ce ne sont qu'accointances et familiaritez nouées par quelque occasion ou commodité, par le moyen de laquelle nos ames s'entretiennent. En l'amitié de quoy ie parle, elles se meslent et confondent l'une en l'aultre d'un meslange si universel, qu'elles effacent et ne retrouvent plus la cousture qui les a ioinctes. Si on me presse de dire pourquoy ie l'aymoys, ie sens que cela ne se peult exprimer qu'en respondant : « Parce que c'estoit luy; « parce que c'estoit moy (1). » Il y a, au delà de tout mon discours

(1) Ici Montaigne fait allusion à Étienne de la Boëtie, conseiller au parlement de Bordeaux, auteur de la *Servitude volontaire*, pour lequel il avait la plus vive affection.

et de ce que i'en puis dire particulierement, ie ne sçais quelle force inexplicable et fatale, médiatrice de cette union. Nous nous cherchions avant que de nous estre veus; et par des rapports que nous oyions l'un de l'aultre, qui faisoient en nostre affection plus d'effort que ne porte la raison des rapports ; ie croys par quelque ordonnance du ciel. Nous nous embrassions par nos noms ; et à nostre première rencontre, qui feut par hazard en une grande feste et compaignie de ville, nous nous trouvasmes si prins, si cogneus, si obligez entre nous, que rien dez lors ne nous fut si proche que l'un à l'aultre. Il escrivit une satyre latine excellente, qui est publiee, par laquelle il excuse et explique la précipitation de nostre intelligence si promptement parvenue à sa perfection. Ayant si peu à durer, et, ayant si tard commencé (car nous étions touts deux hommes faicts, et luy plus de quelque annee), elle n'avoit point à perdre temps; et n'avoit à se régler au patron des amitiez molles et regulieres, ausquelles il fault tant de precautions de longue et prealable conversation. Cette cy n'a point d'aultre idée que d'elle mesme, et ne se peult rapporter qu'à soy : ce n'est pas une speciale consideration, ny deux, ny troys, ny quatre, ny mille ; c'est ie ne sçay quelle quintessence de tout ce meslange, qui, ayant saisi toute ma volonté, l'amena se plonger et se perdre dans la sienne ; qui, ayant saisi toute sa volonté, la mena se plonger et se perdre en la mienne, d'une faim, d'une concurrence pareille : ie dis perdre, à la verité, ne nous reservant rien qui nous feust propre, ny qui feust ou sien, ou mien. Nos ames ont charié si uniement ensemble; elles se sont considerees d'une si ardente affection, et de pareille affection descouvertes iusques au fin fond des entrailles l'une de l'aultre, que non seulement ie coghoissoys la sienne comme la mienne, mais ie me feusse certainement plus volontiers fié à luy de moy, qu'à moy.

LA PHILOSOPHIE.

C'est grand cas que les choses en soyent là en nostre siecle, que la philosophie soit, iusques aux gents d'entendement, un nom vain et fantastique, qui se treuve de nul usage et de nul prix, par opinion et par effect. Ie croy que ces ergotismes en sont cause, qui ont saisi ses avenues. On a grand tort de la peindre inaccessible aux enfants, et d'un visage renfrogné, sourcilleux et terrible : qui me l'a masquee de ce faulx visage, pasle et hideux? Il n'est rien plus gay, plus gaillard, plus enioué, et à peu que ie ne die follastre; elle ne presche que feste et bon temps : une mine triste et transie montre que ce n'est pas là son giste.

L'ame qui loge la philosophie doibt, par sa santé, rendre sain encores le corps : elle doibt faire luire iusques au dehors son repos et son aise; doibt former à son moule le port extérieur, et l'armer, par consequent, d'une gratieuse fierté, d'un maintien actif et alaigre, et d'une contenance contente et debonnaire. La plus expresse marque de la sagesse, c'est une esiouïssance constante; son estat est, comme des choses au dessus de la lune, tousiours serein. Comment? elle faict estat de sereiner les tempeste de l'ame, et d'apprendre la faim et les fiebvres à rire, non par quelques epicycles imaginaires, mais par raisons naturelles et palpables : elle a pour son but la vertu, qui n'est pas, comme dict l'eschole, plantée à la teste d'un mont coupé, rabotteux et inaccessible : ceulx qui l'ont approchee la tiennent, au rebours, logée dans une belle plaine fertile et fleurissante, d'où elle veoid bien soubs soy toutes choses; mais si peult on y arriver, qui en sçait l'addresse, par des routes ombrageuses, gazonnees et doux fleurantes, plaisamment, et d'une pente facile et polie, comme est celle des voultes celestes. Pour n'avoir hanté cette vertu supreme, belle, triumphante, amoureuse, delicieuse pareillement et courageuse, ennemie professe et irreconciliable d'aigreur, de desplaisir, de crainte et de contraincte, ayant pour guide nature, fortune et volupté pour compaignes; ils sont allez, selon leur foiblesse, feindre cette sotte image, triste, querelleuse, despite, menaceuse, mineuse, et la placer sur un rochier à l'escart, emmy des ronces; fantosme à estonner les gents.

HENRI IV.

Nous n'avons point à retracer ici la vie politique de ce grand prince; il nous suffira de dire que son règne est l'un des plus glorieux de notre histoire, et qu'il prend place à côté de ces génies réparateurs qui se montrent à la suite des grandes crises politiques pour replacer la société sur ses bases, et assurer les grandeurs de l'avenir en cicatrisant les plaies du passé. Soldat héroïque, administrateur habile, politique profond, toujours occupé à maintenir à l'extérieur la prépondérance de la France, à l'intérieur le bien-être du peuple, Henri IV est de plus un éminent écrivain. Ses *Lettres* ont été recueillies de notre temps, dans la vaste *Collection des documents inédits*, publiée sous les auspices du ministère de l'instruction publique. Elles offrent toutes les qualités d'un esprit supérieur : la précision, la clarté, la force, et font connaître tout à la fois les grandes vues du souverain et les brillantes facultés de l'homme privé. Henri IV n'était pas moins remarquable comme orateur que comme épistolaire, et la harangue que nous publions ici en fournit la preuve. N'oublions pas non plus qu'on lui doit quelques vers très-gracieux, et qu'il a personnellement exercé sur les meilleurs auteurs de son temps, Charron, Régnier, saint François de Sales, une très-heureuse influence.

LETTRE A M. DE CRILLON (1).

20 septembre 1597.

Brave Crillon, pendés-vous de n'avoir esté icy pres de moy lundy dernier à la plus belle occasion qui se soit jamais veue et qui peut-estre ne se verra jamais. Croyés que je vous y ay bien désiré. Le cardinal nous vint voir fort furieusement, mais il s'en est retourné fort honteusement. J'espere jeudy prochain estre dans Amiens, où je ne sesjourneray gueres, pour aller entreprendre quelque chose, car j'ay maintenant une des belles armées que l'on sçauroit imaginer. Il n'y manque rien que le brave Crillon, qui sera toujours le bien venu et veu de moy. A Dieu. Ce xxe septembre, au camp devant Amiens.   HENRY.

A MADAME CATHERINE.

28 septembre 1597.

Ma chère sœur, il faut que les desplaisirs talonnent tousjours les contentemens. Vous pouvés penser quel (2) je debvois avoir du succès d'Amiens, et quel regret j'ay dans l'ame de voir le cours de ma bonne fortune arresté par un desbandement general de mon armée, qui, l'argent à la main, n'a sceu estre empesché, tant la legereté des François est grande ! Et l'exemple pernicieuse des grands a esté suivye. Je ne me plains de personne, mais je me loue de peu. S'ils disent que je leur ay

---

(1) Ce vaillant soldat, fidèle compagnon d'armes de Henri IV, n'avait pû assister à la bataille d'Arques, livrée auprès de Dieppe, par ce prince, à l'armée de la Ligue, le 4 septembre 1589. L'armée de la Ligue fut complètement battue ; c'est à l'occasion de cette victoire que fut écrite la lettre ci-dessus.

(2) Sous-entendu : contentement.

donné congé, me le debvoient-ils demander ? J'avois jeudy au soir cinq mille gentizlhommes ; samedy à midy je n'en ay pas cinq cens. De l'infanterie le desbandement est moindre, bien que tres-grand. Le conseil avoit esté bien tenu, les resolutions bien prinses, les subjects de bien faire tres beaux, les soldats ennemys estonnez, leurs villes effroyées ; mais qui, ainsy que Dieu, peut faire quelque chose de rien ? Pour avoir la cognoissance de tout ce que dessus plus que nul, et pour y estre plus interessé en l'honneur et au proffict que nul, j'en porte plus de regret. Je monte à cheval et vais faire revue de mes restes, puis prendre resolution de ce que j'auray à faire ; de quoy je vous advertiray. Bonjour, ma chere sœur. Ceulx qui n'ont point esté à Amiens doibvent estre bien honteux. Jugés que doibvent estre ceulx qui m'y ont laissé. Ce xxviij^e septembre.

HENRY.

HARANGUE DU ROY A L'ASSEMBLÉE DES NOTABLES TENUE A ROUEN (1).

Si je voulois acquérir le tiltre d'orateur, j'aurois apprins quelque belle et longue harangue, et la vous prononcerois avec assés de gravité ; mais, Messieurs, mon desir me poulse à deux plus glorieux tiltres, qui sont de m'appeller libérateur et restaurateur de cest Estat, pour à quoy parvenir, je vous ay assemblez. Vous sçavés a vos dépens, comme moy aux miens, que lorsque Dieu m'a appellé à ceste couronne, j'ai treuvé la France, non seulement quasy ruinée, mais presque toute perdue pour les François. Par la grace divine, par les prières et bons conseils de mes serviteurs qui ne font profession des armes, par l'espée de ma brave et genereuse noblesse (de laquelle je ne distingue point les princes, pour estre nostre plus beau tiltre, foy de gentilhomme), par mes peines et labeurs, je l'ay sauvée de la perte :

(1) La Ligue et les guerres contre l'étranger avaient épuisé la France, et les finances se trouvaient dans le plus triste état. Les impôts ordinaires ne pouvaient plus suffire, il fallait les augmenter ou en créer de nouveaux. C'est dans cette pénible circonstance que, le 4 novembre 1596, Henri IV adressa aux notables qui siégeaient à Rouen cette harangue où il les priait de lui donner un conseil, et de déterminer eux-mêmes les moyens qu'il fallait employer pour augmenter le budget, tout en évitant d'imposer au peuple de trop lourdes charges.

sauvons-la astheure (1) de la ruine. Participés, mes chers subjects, à cette seconde gloire avecque moy, comme vous avés faict à la première. Je ne vous ay point appellez, comme faisoient mes prédecesseurs, pour vous faire approuver leurs volontez; je vous ay assemblez pour recevoir vos conseils, pour les crere (2), pour les suivre, bref, pour me mettre en tutelle entre vos mains: envie qui ne prend gueres aux roys, aux barbes grises et aux victorieux. Mais la violente amour que je porte à mes subjets et l'extreme envie que j'ay d'adjouster ces deux beaux tiltres a celuy de roy me font treuver tout aysé et honorable. Mon chancelier vous fera entendre plus amplement ma volonté.

Prononcée par le roy, à Rouen, le lundy, après disner, le 4e novembre 1596.

CE QUE LE ROY A DIT A MESSIEURS DU PARLEMENT, LE 13e AVRIL 1597, A PARIS.

Messieurs, ce n'est pas seulement le soing de pourveoir à ma santé qui m'a faict revenir de la frontiere de Picardie, mais bien pour exciter un chacun de penser aux necessitez qui paroissent; estimant que nul ne pouvoit ny mieux ny avec plus de force représenter le mal et procurer les remedes. Vous avés, par vostre piété, secouru, l'année passée, infinis pauvres souffreteux qui estoient dans vostre ville; je vous viens demander l'aulmosne pour ceux que j'ay laissez sur frontière. Vous avés secouru des personnes qui estoient dans les rues sur les tabliers, ou accaignardez près du feu; je vous demande l'aulmosne pour des gens qui ont servi, qui servent nuict et jour, et employent leur vie pour vous tenir en repos. Je désire, Messieurs, qu'on tienne une assemblée generale en ceste ville mardy prochain, affin que, comme aultrefois, en pareilles occasions, on a fait un effort pour scourir l'Estat qui n'étoit si foible, ni si alanguy qu'il est à present, et, par consequent, la charité plus aisée, chacun contribue a ce besoing. J'ay esté sur la frontiere, j'ay fait ce que j'ay peu pour asseurer les peuples; j'ay treuvé, y arrivant, que ceulx de Beauvais s'en venoient en ceste ville, ceulx des environs d'Amiens à Beauvais. J'ay encouragé ceulx du plat pays; j'ai faict fortifier leurs clochers; et fault que vous die, Mes-

(1) A présent.
(2) Croire.

sieurs, que les oyant crier a mon arrivée, *vive le Roi!* ce m'estoit aultant de coups de poignard dans le sein, voyant que je serois constrainct de les abandonner au premier jour. Il n'y fit jamais plus beau sur la frontière : nos gens de guerre pleins de courage et d'ardeur, le peuple mesme, qui est entre Amiens et Doulens, plus voisins des ennemys, plus resolus, de s'opposer à leurs armes. Nous avons des nécessitez; nos ennemys n'en sont pas exempts ; c'est chose que nous avons apprins par leurs lettres mesmes. Ils n'ont encore eu moyen de jetter des hommes dans Amiens, et ce m'est un regret incroyable de voir perdre tant de belles occasions. J'ay tenté des entreprinses; nous y avons apporté tout ce qui estoit des hommes : Dieu ne l'a pas voulu : il a fallu subir à son ordonnance; encor est-ce beaucoup d'avoir essayé à les executer, et beaucoup de terreur à nos ennemys de l'avoir osé entreprendre. Messieurs, je feray ma diette à Saint-Germain, sans qu'elle m'empesche d'entendre les affaires generales, mais bien les particulières, à quoy on n'a que trop songé. Je vous prie, assemblés-vous, car, si on me donne une armée, j'apporteray gaiement ma vie pour vous sauver et relever l'Estat ; sinon, il faudra que je recherche des occasions, en me perdant, donner ma vie avec honneur, aimant mieux faillir à l'Estat que si l'Estat me failloit. J'ay assez de courage et pour l'un et pour l'aultre.

SAINT FRANÇOIS DE SALES.

Quand cet illustre saint écrivit les beaux livres qui sont le charme et la consolation des âmes pieuses, il n'appartenait point à la France, car il est né en 1567, au château de Sales, près d'Annecy en Savoie. Aujourd'hui nous pouvons, à bon droit, le réclamer comme un des nôtres, depuis que la Savoie est devenue un département français. Évêque, fondateur d'ordres religieux, écrivain mystique, François de Sales a donné l'exemple de toutes les vertus chrétiennes, et il a laissé dans ses œuvres le modèle achevé de cette littérature mélancolique et tendre qui est tout à la fois un soupir et une prière, et qui rapproche les âmes de Dieu, en les transportant au-dessus des agitations du monde dans les régions sereines de la méditation. Saint François de Sales est mort en 1622; il a été canonisé en 1665. Ses œuvres complètes ne forment pas moins de seize volumes in-8º. Son *Traité de l'amour de Dieu*, ses *Entretiens spirituels*, et surtout l'*Introduction à la vie dévote*, sont des chefs-d'œuvre d'onction et de grâce exquise, où l'auteur conduit, par la foi, l'homme à la perfection.

QUE LA DÉVOTION EST CONVENABLE A TOUTES SORTES DE VOCATIONS ET PROFESSIONS.

Dieu commanda en la création aux plantes de porter leurs fruicts chascune selon son genre ; ainsi commande-t-il aux chrestiens, qui sont les plantes vivantes de son Eglise, qu'ils produisent des fruicts de dévotion, un chascun selon sa qualité et vocation. La devotion doit estre differemment exercée par le gentilhomme, par l'artisan, par le valet, par le prince, par la vefve, par la fille, par la mariée; et non seulement cela, mais il faut accommoder la practique de la devotion aux forces, aux affaires et au devoir de chaque particulier. Je vous prie, seroit-il à propos que l'evesque voulust estre solitaire, comme les Chartreux ? Si l'artisan estoit tout le jour à l'église, comme le religieux, et le religieux toujours exposé à toutes sortes de rencontres pour le service du prochain comme l'esvesque, cette devotion ne seroit-elle pas ridicule, dereglée et insupportable ? Cette faute neantmoins arrive bien souvent, et le monde qui ne discerne pas, ou ne veut pas discerner entre la devotion et l'indiscretion de ceux qui pensent estre devots, murmure et blasme la devotion, laquelle neantmoins ne peut mais de ces desordres.

Non, la devotion ne gaste rien quand elle est vraye, ains elle perfectionne tout ; et lors qu'elle se rend contraire à la legitime vocation de quelqu'un, elle est sans doute fausse. L'abeille, dit Aristote, tire son miel des fleurs, sans les intéresser, les laissant entieres et fraisches, comme elle les a trouvées ; mais la vraye devotion fait encore mieux, car non seulement elle ne gaste nulle sorte de vocation ny d'affaires, ains au contraire elle les orne et embellit. Toutes sortes de pierreries jetées dedans le miel en deviennent plus esclatantes, chascune selon sa couleur ; et chascun devient plus agreable en sa vocation, la conjoignant à la devotion. Le soin de la famille en est rendu paisible, l'amour du mary et de la femme plus sincere, le service du prince plus fidele, et toutes sortes d'occupations plus suaves et aimables.

C'est une erreur, ains une heresie de vouloir bannir la vie devote de la compagnie des soldats, de la boutique des artisans, de la cour des princes, du menage des gens mariez. Il est vray, que la devotion purement contemplative, monastique et religieuse, ne peut estre exercée en ces vocations-là. Mais aussi, outre ces trois sortes de devotions, il y en a plusieurs autres propres à perfectionner ceux qui vivent és estats seculiers. Il est mesme arrivé que plusieurs ont perdu la perfection en la solitude, qui est neantmoins si desirable pour la perfection, et l'ont conservée parmy la multitude, qui semble si peu favorable à la perfection. Où que nous soyons, nous pouvons et devons aspirer à la vie parfaite.

LE PARADIS.

Considérez une belle nuict bien seraine, et pensez combien il fait bon voir le ciel avec cette multitude et varieté d'estoiles : et joignez maintenant cette beauté avec celle d'un beau jour, en sorte que la clarté du soleil n'empesche point la claire veuë des estoiles ny de la lune ; et puis après dites hardiment que toute cette beauté mise ensemble n'est rien au prix de l'excellence du grand paradis : ô que ce lieu est desirable et aimable ! que cette cité est precieuse !

Considérez la noblesse, la beauté et la multitude des citoyens et habitans de cet heureux pays : ces millions de millions d'anges, de cherubins et seraphins, cette troupe d'apostres, de martyrs, de confesseurs, de vierges, de sainctes dames, la multitude est innumerable. O que cette compagnie est heureuse ! Le moindre de tous est plus beau à voir que tout le monde ! Que sera-ce de les voir tous ? Mais, mon Dieu, qu'ils sont heureux ; tousjours ils chantent le doux cantique de l'amour eternel ; tousjours ils jouissent d'une constante allegresse ; ils s'entredonnent les uns aux autres des contentemens indicibles, et vivent en la consolation d'une heureuse et indissoluble societé.

Considérez enfin quel bien ils ont tous de jouir de Dieu, qui les gratifie pour jamais de son aimable regard, et par iceluy respand dedans leurs cœurs un abysme de délices. Quel bien d'estre à jamais uny à son principe ! Ils sont là comme des heureux oyseaux, qui volent et chantent à jamais dedans l'air de la divinité, qui les environne de toutes parts de plaisirs incroyables : là chascun à qui mieux mieux, et sans envie, chante les louanges du Créateur : benis soyez-vous à jamais, nostre doux et souverain createur et sauveur, qui nous estes si bon et nous communiquez si liberalement vostre gloire ; et reciproquement Dieu bénit d'une benediction perpetuelle tous ses saincts. Bénistes soyez-vous à jamais, dit-il, mes cheres creatures, qui m'avez servy, et me loürez eternellement avec un si grand amour et courage.

DESCARTES.

Métaphysicien, géomètre, physicien, anatomiste, physiologiste, Descartes est en même temps l'un de nos grands écrivains, et l'un de ces génies novateurs qui laissent dans les sciences une trace impérissable. Il naquit à la Haye, dans le département d'Indre-et-Loire, le 31 mars 1596 ; jusqu'en 1629 il suivit la carrière des armes, et fit preuve d'un grand courage dans toutes les actions de guerre auxquelles il prit part. A cette époque, il se retira en Hollande pour s'y livrer dans la solitude la plus profonde à l'étude et à la méditation. Après vingt ans de séjour dans ce pays, il se rendit en Suède sur l'invitation de la reine Christine, et mourut à Stockholm, en 1649, entouré de l'admiration universelle. Ses principaux ouvrages sont : le *Discours sur la méthode pour bien conduire sa raison et rechercher la vérité dans les sciences*, 1637 ; — les *Méditations métaphysiques*, 1641 ; — les *Principes de philosophie*, 1644 ; — les *Passions de l'âme*, 1649.

« De tous les grands esprits que la France a produits, celui qui
« me paraît avoir été doué au plus haut degré de la puissance créa-
« trice, est incomparablement Descartes. Cet homme n'a fait que
« créer : il a créé les hautes mathématiques par l'application de
« l'algèbre à la géométrie; il a montré à Newton le système du
« monde, en réduisant le premier toute la science du ciel à un pro-
« blème de mécanique ; il a créé la philosophie moderne, condamnée
« à s'abdiquer elle-même, ou à suivre éternellement son esprit et sa
« méthode; enfin, pour exprimer toutes ses créations, il a créé un
« langage digne d'elles, naïf et mâle, sévère et hardi, cherchant
« avant tout la clarté, et trouvant par surcroît la grandeur. »
Cousin.

DE LA MÉTHODE DANS LA RECHERCHE DE LA VÉRITÉ.

Sitôt que l'âge me permit de sortir de la sujétion de mes précepteurs, je quittai entièrement l'étude des lettres ; et, me résolvant de ne chercher plus d'autre science que celle qui se pourrait trouver en moi-même, ou bien dans le grand livre du monde, j'employai le reste de ma jeunesse à voyager, à voir des cours et des armées, à fréquenter des gens de diverses humeurs et conditions, à recueillir diverses expériences, à m'éprouver moi-même dans les rencontres que la fortune me proposait, et partout à faire telle réflexion sur les choses qui se présentaient que j'en pusse tirer quelque profit. Car il me semblait que je pourrais rencontrer beaucoup plus de vérité dans les raisonnements que chacun fait touchant les affaires qui lui importent, et dont l'événement le doit punir bientôt après s'il a mal jugé, que dans ceux que fait un homme de lettres dans son cabinet, touchant des spéculations qui ne produisent aucun effet, et qui ne lui sont d'autre conséquence sinon que peut-être il en tirera d'autant plus de vanité qu'elles seront plus éloignées du sens commun, à cause qu'il aura dû employer d'autant plus d'esprit et d'artifice à tâcher de les rendre vraisemblables. Et j'avais toujours un extrême désir d'apprendre à distinguer le vrai d'avec le faux, pour voir clair en mes actions et marcher avec assurance en cette vie.

Il est vrai que pendant que je ne faisais que considérer les mœurs des autres hommes, je n'y trouvais guère de quoi m'assurer, et que j'y remarquais quasi autant de diversité que j'avais fait auparavant entre les opinions des philosophes. En sorte que le plus grand profit que j'en retirais était que, voyant plusieurs choses qui, bien qu'elles nous semblent fort extravagantes et ridicules, ne laissent pas d'être communément reçues et approuvées par d'autres grands peuples, j'apprenais à ne rien croire trop fermement de ce qui ne m'avait été persuadé que par l'exemple et par la coutume ; et ainsi je me délivrais peu à peu de beaucoup d'erreurs qui peuvent offusquer notre lumière naturelle et nous rendre moins capables d'entendre raison. Mais, après que j'eus employé quelques années à étudier ainsi dans le livre du monde et à tâcher d'acquérir quelque expérience, je pris un jour résolution d'étudier aussi en moi-même et d'employer toutes les forces de mon esprit à choisir les chemins que je devais suivre ; ce qui me réussit beaucoup mieux, ce me semble, que si je ne me fusse jamais éloigné de mon pays ni de mes livres.

Mais, comme un homme qui marche seul et dans les ténèbres, je me résolus d'aller si lentement et d'user de tant de circonspection en toutes choses, que, si je n'avançais que fort peu, je me garderais bien au moins de tomber. Même je ne voulus point commencer à rejeter tout à fait aucune des opinions qui s'étaient pu glisser autrefois en ma créance sans y avoir été introduites par la raison, que je n'eusse auparavant employé assez de temps à faire le projet de l'ouvrage que j'entreprenais, et à chercher la vraie méthode pour parvenir à la connaissance de toutes les choses dont mon esprit serait capable.

Au lieu de ce grand nombre de préceptes dont la logique est composée, je crus que j'aurais assez des quatre suivants, pourvu que je prisse une ferme et constante résolution de ne manquer pas une seule fois à les observer.

Le premier était de ne recevoir jamais aucune chose pour vraie que je ne la connusse évidemment pour être telle ; c'est-à-dire d'éviter soigneusement la précipitation et la prévention, et de ne comprendre rien de plus en mes jugements que ce qui se présenterait si clairement et si distinctement en mon esprit, que je n'eusse aucune occasion de le mettre en doute.

Le second, de diviser chacune des difficultés que j'examinerais en autant de parcelles qu'il se pourrait, et qu'il serait requis pour les mieux résoudre.

Le troisième, de conduire par ordre mes pensées, en commençant par les objets les plus simples et les plus aisés à connaître, pour monter peu à peu comme par degrés jusques à la connaissance des plus composés, et supposant même de l'ordre entre ceux qui ne se précèdent point naturellement les uns les autres.

Et le dernier, de faire partout des dénombrements si entiers et des revues si générales, que je fusse assuré de ne rien omettre.

Et enfin, comme ce n'est pas assez, avant de commencer à rebâtir le logis où on demeure que de l'abattre, et de faire provision de matériaux et d'architectes ou s'exercer soi-même à l'architecture, et outre cela d'en avoir soigneusement tracé le dessin, mais qu'il faut aussi s'être pourvu de quelque autre où on puisse être logé commodément pendant le temps qu'on y travaillera ; ainsi, afin que je ne demeurasse point irrésolu en mes actions, pendant que la raison m'obligerait à l'être en mes jugements et que je ne laissasse pas de vivre dès lors le plus heureusement que je pourrais, je me formai une morale par provision, qui ne consistait qu'en trois ou quatre maximes dont je veux bien vous faire part.

La première était d'obéir aux lois et aux coutumes de mon pays, retenant constamment la religion (1) en laquelle Dieu m'a fait la grâce d'être instruit dès mon enfance, et me gouvernant en toute autre chose suivant les opinions les plus modérées et

---

(1) La religion catholique. Les croyances de Descartes ne se démentirent jamais, et il donna mille preuves de son ferme attachement à la religion chrétienne.

les plus éloignées de l'excès, qui fussent communément reçues en pratique par les mieux sensés de ceux avec lesquels j'aurais à vivre.

Ma seconde maxime d'être le plus ferme et le plus résolu en mes actions que je pourrais, et de ne suivre pas moins constamment les opinions les plus douteuses lorsque je m'y serais une fois déterminé, que si elles eussent été très-assurées : imitant en ceci les voyageurs, qui, se trouvant égarés en quelque forêt, ne doivent pas errer en tournoyant tantôt d'un côté, tantôt d'un autre, ni encore moins s'arrêter en une place, mais marcher toujours le plus droit qu'ils peuvent vers un même côté, et ne le changer point pour de faibles raisons, encore que ce n'ait peut-être été au commencement que le hasard seul qui les ait déterminés à le choisir ; car, par ce moyen, s'ils ne vont justement où ils désirent, ils arriveront au moins à la fin quelque part où vraisemblablement ils seront mieux que dans le milieu d'une forêt.

Ma troisième maxime était de tâcher toujours plutôt à me vaincre que la fortune, et à changer mes désirs que l'ordre du monde, et généralement de m'accoutumer à croire qu'il n'y a rien qui soit entièrement à notre pouvoir que nos pensées, en sorte qu'après que nous avons fait notre mieux touchant les choses qui nous sont intérieures, tout ce qui manque de nous réussir est au regard de nous absolument impossible. Et ceci seul me semblait être suffisant pour m'empêcher de rien désirer à l'avenir que je n'acquisse, et ainsi pour me rendre content ; car notre volonté ne se portant naturellement à désirer que les choses que notre entendement leur représente en quelque façon comme possibles, il est certain que si nous considérons tous les biens qui sont hors de nous comme également éloignés de notre pouvoir, nous n'aurons pas plus de regret de manquer de ceux qui semblent être dus à notre naissance, lorsque nous serons privés sans notre faute, que nous avons de ne posséder pas les royaumes de la Chine ou de Mexique ; et que faisant, comme on dit, de nécessité vertu, nous ne désirerons pas davantage d'être sains étant malades, ou d'être libres étant en prison, que nous faisons maintenant d'avoir des corps d'une matière aussi peu corruptible que les diamants, ou des ailes pour voler comme les oiseaux.

Enfin, pour conclusion de cette morale, je m'avisai de faire une revue sur les diverses occupations qu'ont les hommes en cette vie, pour tâcher à faire choix de la meilleure ; et, sans que je veuille rien dire de celles des autres, je pensai que je ne pouvais mieux que de continuer en celle-là même où je me trouvais, c'est-à-dire que d'employer toute ma vie à cultiver ma raison, et m'avancer autant que je pourrais en la connaissance de la vérité, suivant la méthode que je m'étais prescrite. J'avais éprouvé de si extrêmes contentements depuis que j'avais commencé à me servir de cette méthode, que je ne croyais pas qu'on en pût recevoir de plus doux ni de plus innocents en cette vie ; et découvrant tous les jours par son moyen quelques vérités qui me semblaient assez importantes et communément ignorées des autres hommes, la satisfaction que j'en avais remplissait tellement mon esprit, que tout le reste ne me touchait point. Outre que les trois maximes précédentes n'étaient fondées que sur le dessein que j'avais de continuer à m'instruire ; car Dieu nous ayant donné à chacun quelque lumière pour discerner le vrai d'avec le faux, je n'eusse pas cru devoir me contenter des opinions d'autrui un seul moment, si je ne me fusse proposé d'employer mon propre jugement à les examiner lorsqu'il serait temps ; et je n'eusse su m'exempter de scrupule en les suivant, si je n'eusse espéré de ne perdre pour cela aucune occasion d'en trouver de meilleures en cas qu'il y en eût ; et enfin je n'eusse su borner mes désirs ni être content, si je n'eusse suivi un chemin par lequel, pensant être assuré de l'acquisition de toutes les connaissances dont je serais capable, je le pensais être par même moyen de celle de tous les vrais biens qui seraient jamais en mon pouvoir : d'autant que, notre volonté ne se portant à suivre ni à fuir aucune chose que selon que notre entendement la lui représente bonne ou mauvaise, il suffit bien juger pour bien faire, et de juger le mieux qu'on puisse pour faire aussi tout son mieux, c'est-à-dire pour acquérir toutes les vertus, et ensemble tous les autres biens qu'on puisse acquérir ; et, lorsqu'on est certain que cela est, on ne saurait manquer d'être content.

BALZAC.

Jean-Louis Guez, seigneur de Balzac, né à Angoulême, en 1597, est l'un des écrivains qui, dans la première moitié du xviie siècle, ont travaillé avec le plus de fruit au perfectionnement de notre langue ; et le seul reproche qu'on puisse lui adresser, sous le rapport du style, c'est peut-être d'avoir trop recherché l'élégance et la majesté. Après avoir rempli les fonctions de conseiller d'Etat, Balzac, qui était ami comme Montaigne du loisir et de la liberté, se retira dans une terre qu'il possédait au bord de la Charente, et y mourut en 1655. On a de lui, outre des lettres très-nombreuses, divers traités de morale ou de politique, tels que le *Prince*, — *Aristippe, ou de la cour*, — le *Socrate chrétien*, etc.

Le morceau que nous publions ici contient une fort belle description de la campagne dans laquelle il passa les dernières années de sa vie.

A M. DE LAMOTTE-AIGRON.

MONSIEUR,

Il fit hier un de ces beaux jours sans soleil, que vous dites qui ressemblent à cette belle aveugle dont Philippe second estoit amoureux. En vérité, je n'eus jamais tant de plaisir à m'entretenir moy-mesme, et quoy que je me promenasse en une campagne toute nuë, et qui ne sçauroit servir à l'usage des hommes que pour estre le champ d'une bataille ; neantmoins l'ombre que le ciel faisoit de tous costez, m'empeschoit de désirer celle des grottes et des forests. La paix estoit générale depuis la plus haute région de l'air jusques sur la face de la terre ; l'eau de la rivière paraissoit aussi platte que celle d'un lac ; et si, en pleine mer, un tel calme surprenoit pour tousjours les vaisseaux, ils ne pourroient jamais ny se sauver ny se perdre. Ie vous dis cecy afin que vous regrettiez un jour si heureux que vous avez perdu à la ville, et que vous descendiez quelquefois de vostre Angoulesme, où vous allez du pair avecque nos tours et nos clochers, pour venir recevoir les plaisirs des anciens rois, qui se desalteroient dans les fontaines et se nourrissoient de ce qui tombe des arbres. Nous sommes icy en un petit rond, tout couronné de montagnes, où il reste encore quelques grains de cet or dont les premiers siecles ont esté faits. Certainement, quand le feu s'allume aux quatre coins de la France, et qu'à cent pas d'icy la terre est toute couverte de troupes, les armées ennemies d'un commun consentement pardonnent tousjours à nostre village ; et le printemps, qui commence les siéges et les autres entreprises de la guerre, et qui depuis douze ans a esté moins attendu pour le changement des saisons, que pour celuy des affaires, ne nous fait rien voir de nouveau que des violettes et des roses. Nostre peuple ne se conserve dans son innocence ny par la crainte des loix, ny par l'estude de la sagesse ;

pour bien faire, il suit simplement la bonté de sa nature, et tire plus d'avantage de l'ignorance du vice que nous n'en avons de la connaissance de la vertu. De sorte qu'en ce royaume de demi lieuë on ne sçait que c'est de tromper, que les oyseaux et les bestes, et le stile du Palais est une langue aussi inconnuë que celle de l'Amérique ou de quelque autre nouveau monde, qui s'est sauvé de l'avarice de Ferdinand, et de l'ambition d'Ysabelle. Les choses qui nuisent à la santé des hommes, ou qui offensent leurs yeux, en sont généralement bannies : il ne s'y vid jamais de lézards ny de coleuvres; et de toutes les sortes de reptiles, nous ne connaissons que les melons et les fraises. Je ne veux pas vous faire le portrait d'une maison, dont le dessein n'a pas esté conduit selon les regles de l'architecture, et la matiere n'est pas si précieuse que le marbre et le porphyre. Je vous diray seulement qu'à la porte il y a un bois, où en plein midy il n'entre de jour que ce qu'il en faut pour n'estre pas nuict, et pour empescher que toutes les couleurs ne soient noires. Tellement que, de l'obscurité et de la lumière, il se fait un troisiesme temps, qui peut estre supporté des yeux des malades, et cacher les défauts des femmes qui sont fardées. Les arbres y sont verds jusqu'à la racine, tant de leurs propres feuilles que de celles du lierre qui les embrasse ; et pour le fruict qui leur manque, leurs branches sont chargées de tourtres (1) et de faisans en toutes les saisons de l'année. De là j'entre en une prairie, où je marche sur les tulipes et les anemones, que j'ay fait mesler avec les autres fleurs..... Je descends aussi quelquefois dans ceste vallée, qui est la plus secrette partie de mon désert, et qui jusques icy n'avoit esté connuë de personne. C'est un pays à souhaiter et à peindre, que j'ay choisi pour vacquer à mes plus cheres occupations et passer les plus douces heures de ma vie. L'eau et les arbres ne le laissent jamais manquer de frais et de verd. Les cygnes, qui couvroient autrefois toute la rivière, se sont retirez en ce lieu de seureté, et vivent dans un canal qui fait resver les plus grands parleurs, aussitost qu'ils s'en approchent, et au bord duquel je suis tousjours heureux, soit que je sois joyeux, soit que je sois triste. Pour peu que je m'y arreste, il me semble que je retourne en ma première innocence. Mes desirs, mes craintes, mes esperances cessent tout d'un coup. Tous les mouvemens de mon ame se relaschent, et je n'ay point de passions, ou si j'en ay, je les gouverne comme des bestes apprivoisées. Le

---

(1) De Tourterelles.

soleil envoye bien de la clarté jusques-là, mais il n'y fait jamais aller de chaleur ; le lieu est si bas qu'il ne sçauroit recevoir que les dernières pointes de ses rayons, qui sont d'autant plus beaux qu'ils ont moins de force, et que leur lumière est toute pure…. Par quelque porte que je sorte du logis, et de quelque part que je tourne les yeux en cette agréable solitude, je rencontre tousjours la Charente, dans laquelle les animaux qui vont boire voyent le ciel aussi clairement que nous faisons, et jouyssent de l'avantage qu'ailleurs les hommes leur veulent oster. Mais cette belle eau aime tellement cette belle terre, qu'elle se divise en mille branches, et fait une infinité d'isles et de destours afin de s'y amuser davantage ; et quand elle se desborde, ce n'est que pour rendre l'année plus riche, et pour nous faire prendre à la campagne ses truites et ses brochets, qui valent bien les crocodiles du Nil et tout le faux or de toutes les rivieres des poëtes. Le grand cardinal D*** est venu icy quelquefois changer de félicité, et laisser cette vertu sévère et cet esclat qui esblouit tout le monde, pour prendre des qualitez plus douces et une majesté plus tranquille. Ce cardinal, dont le Ciel veut faire tant de choses, et de qui je vous parle tous les jours, après avoir perdu un frère si parfait, que s'il l'eust choisi entre tous les hommes il n'en eust pas pris un autre ; après avoir, dis-je, fait une perte qui mérita les larmes de la Reyne, vint icy chercher du soulagement et recevoir des propres mains de Dieu, qui aime le silence et qui habite la solitude, ce qui ne se trouve point dans les discours de la philosophie, ni dans la foule du monde. Ie vous apporterois d'autres exemples pour vous montrer que mon desert a esté de tout temps frequenté par des hermites illustres, et que les traces des princes et des grands seigneurs sont encore fresches dans mes allées ; mais afin de vous convier d'y venir, je pense qu'il me suffit de vous dire que Virgile et moy vous y attendons, et que si vous vous accompagnez en ce voyage de vos muses et de vos papiers, nous n'aurons que faire pour nous entretenir des nouvelles de la cour ny des troubles d'Allemagne. Nous en dirons davantage quand vous serez arrivé où je vous attends, et que pour des fleurs, des fruicts et de l'ombre, que je vous prepare, vous m'apporterez toutes les richesses de l'art et de la nature.

VOITURE.

Poëte et bel esprit, Voiture a joui de son vivant d'une vogue extraordinaire; et c'est l'admiration de ses contemporains, bien plus que la valeur propre de ses œuvres, qui a fait de son nom l'un des plus connus de notre littérature. Placé dans une époque de transition où la langue n'était point encore formée, Voiture eut le mérite d'écrire des *lettres* dans lesquelles il s'efforça d'introduire à la fois l'élégance et la politesse. En ce point il était novateur comme Balzac; et c'est là ce qui fit son succès; mais il est tombé souvent dans la recherche et l'affectation, et aujourd'hui il est à peu près abandonné des lecteurs, bien que l'on trouve çà et là dans ses œuvres des traits pleins de grâce et d'esprit. Introducteur des ambassadeurs chez Gaston d'Orléans, frère de Louis XIII, maître d'hôtel de la maison du roi, membre de l'Académie française dès sa création, hôte assidu de l'hôtel de Rambouillet, Voiture a joui pendant sa vie de tous les honneurs. Il était né à Amiens en 1598; il mourut en 1648.

LE CARDINAL DE RICHELIEU (1).

Je ne suis pas de ceux qui font des miracles de toutes les actions de monsieur le Cardinal, portent ses louanges au delà de ce que peuvent et doivent aller celles des hommes, et, à force de vouloir trop faire croire de bien de lui, n'en disent que des choses incroyables; mais aussi n'ai-je pas cette basse malignité de haïr un homme parce qu'il est au-dessus des autres. Je le considère avec un jugement que la passion ne fait pencher ni d'un côté ni de l'autre, et je le vois des mêmes yeux dont la postérité le verra. Mais lorsque, dans deux cents ans, ceux qui viendront après nous liront en notre histoire que le cardinal de Richelieu a démoli La Rochelle et abattu l'hérésie, et que par un seul traité, comme par un coup de rets, il a pris trente ou quarante de ses villes pour une fois; lorsqu'ils apprendront que, du temps de son ministère, les Anglais ont été battus et chassés, Pignerol conquis, Casal secouru, toute la Lorraine jointe à cette couronne, la plus grande partie de l'Alsace mise sous notre pouvoir, les Espagnols défaits à Veillane (2) et à Avein, et qu'ils

(1) Nous n'avons pas besoin de dire que Richelieu fut le premier ministre de Louis XIII; qu'il régna véritablement sous le nom de ce prince, de 1624 à 1642, et que parmi nos hommes d'Etat il est un des plus profonds, un de ceux qui ont le plus contribué à la grandeur de la France.

(2) En italien *Avigliano*, ville située à 2 kilomètres à l'ouest de Turin. Avein, village de Belgique, dans la province de Liége; les maréchaux de Châtillon et de Brézé y battirent les Espagnols le 20 mai 1635.

verront que, tant qu'il a présidé à nos affaires, la France n'a pas un seul voisin sur lequel elle n'ait gagné des places ou des batailles ; s'ils ont quelque goutte de sang français dans les veines et quelque amour pour la gloire de leur pays, pourront-ils lire ces choses sans s'affectionner à lui ?

Vous me direz qu'il a beaucoup à se louer de la fortune, puisqu'elle l'a servi fidèlement dans la plupart de ses entreprises ; que c'est elle qui lui a fait prendre des places, sans qu'il n'en eût jamais assiégé auparavant ; qui lui a fait commander heureusement des armées, sans aucune expérience ; qui l'a mené toujours comme par la main, et sauvé d'entre les précipices ; et enfin, qui l'a fait souvent paraître hardi, sage et prévoyant. Voyons-le donc dans la mauvaise fortune, et examinons s'il y a eu moins de hardiesse, de sagesse et de prévoyance. Nos affaires n'allaient pas trop bien en Italie ; et, comme c'est le destin de la France de gagner des batailles et de perdre des armées, la nôtre avait fort dépéri depuis la dernière victoire qu'elle avait remportée sur les Espagnols. Nous n'avions guère plus de bonheur devant Dôle, où la longueur du siège nous en faisait attendre une mauvaise issue, quand on sut que les ennemis étaient entrés en Picardie, qu'ils avaient pris d'abord la Capelle, le Catelet et Corbie ; et que ces trois places, qui les devaient arrêter plusieurs mois, les avaient à peine arrêtés huit jours. Tout est en feu, jusque sur les bords de la rivière d'Oise. Nous pouvons voir dans nos faubourgs la fumée des villages qu'ils nous brûlent. Tout le monde prend l'alarme, et la capitale du royaume est en effroi. Sur cela, on a avis de Bourgogne que le siège de Dôle était levé, et de Saintonge, qu'il y a quinze mille paysans révoltés qui tiennent la campagne, et que l'on craint que le Poitou et la Guyenne ne suivent cet exemple. Les mauvaises nouvelles viennent en foule, le ciel est couvert de tous côtés, l'orage nous bat de toutes parts. Durant cette tempête, M. le cardinal n'a-t-il pas toujours tenu le gouvernail d'une main et la boussole de l'autre ? et si le grand vaisseau qu'il conduisait avait à se perdre, n'a-t-il pas témoigné qu'il y voulait mourir avant tous les autres ? Est-ce la fortune qui l'a tiré de ce labyrinthe ; ou si ça été sa prudence, sa constance et sa magnanimité ? Il a songé aux périls de l'Etat, et non pas aux siens ; et tout le changement que l'on a vu en lui, durant ce temps-là, est qu'au lieu qu'il n'avait coutume de sortir qu'accompagné de deux cents gardes, il s'est promené tous les jours suivi seulement de cinq ou six gentilshommes.

PASCAL.

Pascal comme Descartes est un de ces génies extraordinaires qui n'apparaissent que de loin en loin à travers les siècles. Dès l'âge de douze ans, il était arrivé par la seule force de son intelligence, sans livres et sans maître, à formuler les trente-deux premières propositions de la géométrie d'Euclide. A seize ans, il avait écrit en latin un *Traité des sections coniques*. Quelques années plus tard, il s'illustrait par ses expériences sur la pesanteur de l'air ; il découvrait la théorie de l'équilibre des liquides ; il posait les principes du calcul des probabilités, et par son traité de la *Cycloïde*, il se plaçait au premier rang parmi les inventeurs de la géométrie de l'infini. La science, cependant, ne devait pas l'occuper seule. En 1636 et 37, les querelles du jansénisme lui fournirent l'occasion d'écrire contre les jésuites, qui étaient les adversaires de cette doctrine, les *Lettres provinciales*, chef-d'œuvre de polémique, d'éloquence et d'esprit, l'un des plus grands monuments de la prose française. Un sujet beaucoup plus vaste, la démonstration des vérités de la religion chrétienne, l'occupa bientôt tout entier.

Les fragments de ce livre inachevé sont arrivés jusqu'à nous sous le titre de *Pensées*, et jamais, on peut le dire, une logique plus puissante, une langue plus éclatante et plus nerveuse n'ont été mises au service d'une plus grande cause (1).

Pascal mourut dans sa trente-neuvième année, en 1669. Sa vie, sanctifiée par toutes les pratiques de la piété chrétienne, s'est écoulée dans la souffrance, et ses écrits ont été pour ainsi dire dérobés à la maladie. On se demande ce qu'il aurait fait pour les sciences s'il ne les avait pas abandonnées dès l'âge de vingt-huit ans ; on se demande ce qu'il aurait fait pour les lettres, s'il avait réalisé dans son ensemble le projet ébauché dans les *Pensées*. De si grandes choses, accomplies dans une si courte carrière, inspirent un regret douloureux ; et devant le génie de Pascal la postérité reste comme effrayée de sa grandeur.

LE PROBLÈME DE LA DESTINÉE HUMAINE.

L'immortalité de l'âme est une chose qui nous importe si fort, qui nous touche si profondément, qu'il faut avoir perdu tout sentiment pour être dans l'indifférence de savoir ce qui en est. Toutes nos actions et nos pensées doivent prendre des routes si différentes, selon qu'il y aura des biens éternels à espérer ou non, qu'il est impossible de faire une démarche avec sens et

(1) Voir à l'introduction ce qui a été dit des *Pensées*.

jugement, qu'en la réglant par la vue de ce point, qui doit être notre dernier objet.

Ainsi, notre premier intérêt et notre premier devoir est de nous éclaircir sur ce sujet, d'où dépend toute notre conduite. Et c'est pourquoi, entre ceux qui n'en sont pas persuadés, je fais une extrême différence de ceux qui travaillent de toutes leurs forces à s'instruire, à ceux qui vivent sans s'en mettre en peine et sans y penser.

Je ne puis avoir que de la compassion pour ceux qui gémissent sincèrement dans ce doute, qui le regardent comme le dernier des malheurs, et qui, n'épargnant rien pour en sortir, font de cette recherche leurs principales et leurs plus sérieuses occupations.

Mais pour ceux qui passent leur vie sans penser à cette dernière fin de la vie, et qui, par cette seule raison qu'ils ne trouvent pas en eux-mêmes les lumières qui les persuadent, négligent de les rechercher ailleurs, et d'examiner à fond si cette opinion est de celles que le peuple reçoit par une simplicité crédule, ou de celles qui, quoique obscures d'elles-mêmes, ont néanmoins un fondement très-solide et inébranlable, je les considère d'une manière toute différente.

Cette négligence en une affaire où il s'agit d'eux-mêmes, de leur éternité, de leur tout, m'irrite plus qu'elle ne m'attendrit ; elle m'étonne et m'épouvante : c'est un monstre pour moi. Je ne dis pas ceci par le zèle pieux d'une dévotion spirituelle. J'entends, au contraire, qu'on doit avoir ce sentiment par un principe d'intérêt humain et par un intérêt d'amour-propre : il ne faut pour cela que voir ce que voient les personnes les moins éclairées.

Il ne faut pas avoir l'âme fort élevée pour comprendre qu'il n'y ait point ici de satisfaction véritable et solide ; que tous nos plaisirs ne sont que vanité ; que nos maux sont infinis ; et qu'enfin, la mort qui nous menace à chaque instant doit infailliblement nous mettre, dans peu d'années, dans l'horrible nécessité d'être éternellement anéantis ou malheureux.

Il n'y a rien de plus réel que cela, ni de plus terrible. Faisons tant que nous voudrons les braves, voilà la fin qui attend la plus belle vie du monde. Qu'on fasse réflexion là-dessus, et qu'on dise ensuite s'il n'est pas indubitable qu'il n'y a de bien en cette vie qu'en l'espérance d'une autre vie ; qu'on n'est heureux qu'à mesure qu'on s'en approche, et que, comme il n'y aura plus de malheurs pour ceux qui avaient une entière assurance de l'éternité, il n'y a point aussi de bonheur pour ceux qui n'en ont aucune lumière.

C'est donc assurément un grand mal que d'être dans ce doute ; mais c'est au moins un devoir indispensable de chercher, quand on est dans ce doute ; et ainsi celui qui doute et qui ne cherche pas est tout ensemble bien malheureux et bien injuste. Que s'il est avec cela tranquille et satisfait, qu'il en fasse profession, et enfin qu'il en fasse vanité, et que ce soit de cet état même qu'il fasse le sujet de sa joie et de sa vanité, je n'ai point de termes pour qualifier une si extravagante créature.

Où peut-on prendre ces sentiments ? Quel sujet de joie trouve-t-on à n'attendre que des misères sans ressource ? Quel sujet de vanité de se voir dans des obscurités impénétrables, et comment se peut-il faire que ce raisonnement-ci se passe dans un homme raisonnable ?

« Je ne sais qui m'a mis au monde, ni ce que c'est que le monde, ni que moi-même. Je suis dans une ignorance terrible de toutes choses. Je ne sais ce que c'est que mon corps, que mes sens, que mon âme et cette partie même de moi qui pense ce que je dis, qui fait réflexion sur tout et sur elle-même, et ne se connaît non plus que le reste. Je vois ces effroyables espaces de l'univers qui m'enferment, et je me trouve attaché à un coin de cette vaste étendue, sans que je sache pourquoi je suis plutôt placé en ce lieu qu'en un autre, ni pourquoi ce peu de temps qui m'est donné à vivre m'est assigné à ce point plutôt qu'à un autre de toute l'éternité qui m'a précédé et de toute celle qui me suit. Je ne vois que des infinités de toutes parts, qui m'enferment comme un atome, et comme une ombre qui ne dure qu'un instant sans retour. Tout ce que je connais est que je dois bientôt mourir ; mais ce que j'ignore le plus est cette mort même que je ne saurais éviter.

« Comme je ne sais d'où je viens, aussi je ne sais où je vais ; et je sais seulement qu'en sortant de ce monde je tombe pour jamais ou dans le néant, ou dans les mains d'un Dieu irrité, sans savoir à laquelle de ces deux conditions je dois être éternellement en partage. Voilà mon état, plein de misère, de faiblesse, d'obscurité. Et de tout cela je conclus que je dois donc passer tous les jours de ma vie sans songer à chercher ce qui doit m'arriver. Peut-être que je pourrais trouver quelque éclaircissement dans mes doutes ; mais je n'en veux pas prendre la peine, ni faire un pas pour le chercher ; et après en traitant avec mépris ceux qui se travailleront de ce soin, je veux aller, sans prévoyance et sans crainte, tenter un si grand événement et me laisser mollement conduire à la mort, dans l'incertitude de l'éternité de ma condition future. »

Qui souhaiterait avoir pour ami un homme qui discourt de cette manière? Qui le choisirait entre les autres pour lui communiquer ses affaires? Qui aurait recours à lui dans ses afflictions? Et enfin à quel usage de la vie le pourrait-on destiner?

En vérité, il est glorieux à la religion d'avoir pour ennemis des hommes si déraisonnables; et leur opposition lui est si peu dangereuse, qu'elle sert au contraire à l'établissement de ses principales vérités. Car la foi chrétienne ne va principalement qu'à établir ces deux choses: la corruption de la nature et la rédemption de Jésus-Christ. Or, s'ils ne servent pas à montrer la vérité de la rédemption par la sainteté de leurs mœurs, ils servent au moins admirablement à montrer la corruption de la nature par des sentiments dénaturés.

Rien n'est si important à l'homme que son état; rien ne lui est si redoutable que l'éternité. Et ainsi, qu'il se trouve des hommes indifférents à la perte de leur être, et au péril d'une éternité de misères, cela n'est point naturel. Ils sont tout autres à l'égard de toutes les autres choses: ils craignent jusqu'aux plus légères, ils les prévoient, ils les sentent; et ce même homme qui passe tant de jours et de nuits dans la rage et dans le désespoir pour la perte d'une charge, ou pour quelque offense imaginaire à son honneur, c'est celui-là même qui sait qu'il va tout perdre par la mort, sans inquiétude et sans émotion. C'est une chose monstrueuse de voir dans un même cœur et en même temps cette sensibilité pour les moindres choses et cette étrange insensibilité pour les plus grandes. C'est un enchantement incompréhensible et un assoupissement surnaturel, qui marque une force toute-puissante qui le cause.

FRAGMENT D'UNE PRIÈRE.

O Dieu, devant qui je dois rendre un compte exact de toutes mes actions à la fin de ma vie et à la fin du monde! O Dieu, qui ne laissez subsister le monde et toutes les choses du monde que pour exercer vos élus, ou pour punir les pécheurs! O Dieu, qui laissez les pécheurs endurcis dans l'usage délicieux et criminel du monde! O Dieu, qui faites mourir nos corps, et qui à l'heure de la mort détachez notre âme de tout ce qu'elle aimait au monde ! O Dieu, qui m'arracherez à ce dernier moment de ma vie, de toutes les choses auxquelles je me suis attaché, et où j'ai mis mon cœur ! O Dieu, qui devez consumer au dernier jour le ciel et la terre et toutes les créatures qu'ils contiennent, pour montrer à tous les hommes que rien ne subsiste que vous, et qu'ainsi rien n'est digne d'amour que vous, puisque rien n'est durable que vous ! O Dieu, qui devez détruire toutes ces vaines idoles et tous ces funestes objets de nos passions ! Je vous loue, mon Dieu, et je vous bénirai tous les jours de ma vie, de ce qu'il vous a plu prévenir en ma faveur ce jour épouvantable, en détruisant à mon égard toutes choses, dans l'affaiblissement où vous m'avez réduit. Je vous loue, mon Dieu, et je vous bénirai tous les jours de ma vie, de ce qu'il vous a plu me réduire dans l'incapacité de jouir des douceurs de la santé et des plaisirs du monde, et de ce que vous avez anéanti en quelque sorte, pour mon avantage, les idoles trompeuses que vous anéantirez effectivement, pour la confusion des méchants, au jour de votre colère. Faites, Seigneur, que je me juge moi-même, ensuite de cette destruction que vous avez faite à mon égard, ensuite de l'entière destruction que vous ferez de ma vie et du monde. Car, Seigneur, comme à l'instant de ma mort je me trouverai séparé du monde, dénué de toutes choses, seul en votre présence, pour répondre à votre justice de tous les mouvements de mon cœur, faites que je me considère en cette maladie comme en une espèce de mort, séparé du monde, dénué de tous les objets de mes attachements, seul en votre présence, pour implorer de votre miséricorde la conversion de mon cœur ; et qu'ainsi j'aie une extrême consolation de ce que vous m'envoyez maintenant une espèce de mort pour exercer votre miséricorde, avant que vous m'envoyiez effectivement la mort pour exercer votre jugement. Faites donc, ô mon Dieu, que comme vous avez prévenu ma mort, je prévienne la rigueur de votre sentence, et que je m'examine moi-même avant votre jugement, pour trouver miséricorde en votre présence.

PENSÉES DIVERSES.

La conscience est le meilleur livre de morale que nous ayons : c'est celui qu'on doit consulter le plus.

Les hommes, n'ayant pu guérir la mort, la misère, l'ignorance, se sont avisés, pour se rendre heureux, de ne point y penser.

Diseur de bons mots, mauvais caractère.

Voulez-vous qu'on croie du bien de vous, n'en dites point.

Si la première règle est de parler avec vérité, la seconde est de parler avec discrétion.

L'homme ne sait à quel rang se mettre. Il est visiblement égaré, et tombé de son vrai lieu sans le pouvoir retrouver. Il le cherche partout avec inquiétude et sans succès dans des ténèbres impénétrables.

Entre nous et l'enfer ou le ciel, il n'y a que la vie, qui est la chose du monde la plus fragile.

La vérité subsiste éternellement et triomphe enfin de ses ennemis, parce qu'elle est éternelle et puissante comme Dieu même.

Rien n'est si insupportable à l'homme que d'être dans un plein repos, sans passion, sans affaire, sans divertissement, sans application. Il sent alors son néant, son abandon, son insuffisance, sa dépendance, son impuissance, son vide.

Nul n'est heureux, ni raisonnable, ni vertueux, ni aimable comme un vrai chrétien.

Il n'y a que la religion chrétienne qui rende l'homme aimable et heureux tout ensemble.

INQUIÉTUDE DE L'HOMME.

Nous ne nous tenons jamais au temps présent. Nous anticipons l'avenir comme trop lent à venir, comme pour hâter son cours ; ou nous rappelons le passé, pour l'arrêter comme trop prompt : si imprudents, que nous errons dans les temps qui ne sont pas nôtres, et ne pensons point au seul qui nous appartient ; et si vains, que nous songeons à ceux qui ne sont plus rien, et échappons sans réflexion le seul qui subsiste. C'est que le présent, d'ordinaire, nous blesse : nous le cachons à notre vue, parce qu'il nous afflige. Et, s'il nous est agréable, nous regrettons de le voir échapper : nous tâchons de le soutenir par l'avenir, et pensons à disposer les choses qui ne sont pas en notre puissance pour un temps où nous n'avons aucune assurance d'arriver.

Que chacun examine ses pensées : il les trouvera toujours occupées au passé et à l'avenir. Nous ne pensons presque point au présent ; et, si nous y pensons, ce n'est que pour en prendre la lumière, pour disposer de l'avenir. Le présent n'est jamais notre fin : le passé et le présent sont nos moyens ; le seul avenir est notre fin. Ainsi nous ne vivons jamais, mais nous espérons de vivre ; et, nous disposant toujours à être heureux, il est inévitable que nous ne le soyons jamais.

ORGUEIL DE L'HOMME.

La nature de l'amour-propre est de n'aimer que soi et de ne considérer que soi. Mais que fera-t-il ? Il ne saurait empêcher que cet objet qu'il aime ne soit plein de défauts et de misères : il veut être grand, et il se voit petit ; il veut être heureux, et il se voit misérable ; il veut être parfait, et il se voit plein d'imperfections ; il veut être l'objet de l'amour et de l'estime des hommes, et il voit que ses défauts ne méritent que leur aversion et leur mépris. Cet embarras où il se trouve produit en lui la plus injuste et la plus criminelle passion qu'il soit possible de s'imaginer ; car il conçoit une haine mortelle contre cette vérité qui le reprend et qui le convainc de ses défauts. Il désirerait de l'anéantir, et, ne pouvant la détruire en elle-même, il la détruit, autant qu'il peut, dans sa connaissance et dans celle des autres, c'est-à-dire qu'il met tout son soin à couvrir ses défauts et aux autres et à soi-même, et qu'il ne peut souffrir qu'on les lui fasse voir, ni qu'on les voie.

C'est sans doute un mal que d'être plein de défauts ; mais c'est encore un plus grand mal que d'en être plein et de ne les vouloir pas reconnaître, puisque c'est y ajouter encore celui d'une illusion volontaire. Nous ne voulons pas que les autres nous trompent ; nous ne trouvons pas juste qu'ils veuillent être estimés de nous plus qu'ils ne méritent : il n'est donc pas juste aussi que nous les trompions, et que nous voulions qu'ils nous estiment plus que nous ne méritons.

L'HOMME NE PEUT TROUVER EN LUI-MÊME LE BIEN ET LA VÉRITÉ.

C'est en vain, ô hommes, que vous cherchez dans vous-mêmes le remède à vos misères. Toutes vos lumières ne peuvent arriver qu'à connaître que ce n'est point dans vous-mêmes que vous trouverez ni la vérité ni le bien. Les philosophes vous l'ont promis, et ils n'ont pu le faire. Ils ne savent ni quel est votre véritable bien, ni quel est votre véritable état. Comment auraient-ils donné des remèdes à vos maux, puisqu'ils ne les ont pas seulement connus? Vos maladies principales sont l'orgueil, qui vous soustrait de Dieu ; la concupiscence, qui vous attache à la terre : et ils n'ont fait autre chose qu'entretenir au moins l'une de ces maladies. S'ils vous ont donné Dieu pour objet, ce n'a été que pour exercer votre superbe : ils vous ont fait penser que vous lui étiez semblables et conformes par votre nature. Et ceux qui ont vu la vanité de cette prétention vous ont jetés dans l'autre précipice, en vous faisant entendre que votre nature était pareille à celle des bêtes, et vous ont portés à chercher votre bien dans les concupiscences qui sont le partage des animaux. Ce n'est pas là le moyen de vous guérir de vos injustices, que ces sages n'ont point connues. La religion peut seule vous faire entendre qui vous êtes.

GRANDEUR ET MISÈRE DE L'HOMME.

Les grandeurs et les misères de l'homme sont tellement visibles, qu'il faut nécessairement que la véritable religion nous enseigne et qu'il y a quelque grand principe de grandeur en l'homme, et qu'il y a un grand principe de misère. Il faut donc qu'elle nous rende raison de ces étonnantes contrariétés.

Il faut que, pour rendre l'homme heureux, elle lui montre qu'il y a un Dieu ; qu'on est obligé de l'aimer ; que notre vraie félicité est d'être en lui, et notre unique mal d'être séparé de lui ; qu'elle reconnaisse que nous sommes pleins de ténèbres, qui nous empêchent de le connaître et de l'aimer ; et qu'ainsi nos devoirs nous obligeant d'aimer Dieu, et nos concupiscences nous en détournant, nous sommes pleins d'injustice. Il faut qu'elle nous rende raison de ces oppositions que nous avons à Dieu et à notre propre bien ; il faut qu'elle nous enseigne les remèdes à ces impuissances, et les moyens d'obtenir ces remèdes. Qu'on examine sur cela toutes les religions du monde, et qu'on voie s'il y en a une autre que la chrétienne qui y satisfasse.

LE JUSTE.

J'aime la pauvreté, parce que Jésus-Christ l'a aimée. J'aime les biens, parce qu'ils donnent le moyen d'en assister les misérables. Je garde fidélité à tout le monde. Je ne rends pas le mal à ceux qui m'en font ; mais je leur souhaite une condition pareille à la mienne, où l'on ne reçoit pas de mal ni de bien de la part des hommes. J'essaye d'être juste, véritable, sincère et fidèle à tous les hommes, et j'ai une tendresse de cœur pour ceux que Dieu m'a unis plus étroitement ; et, soit que je sois seul, ou la vue des hommes, j'ai en toutes mes actions la vue de Dieu qui doit les juger, et à qui je les ai toutes consacrées. Voilà quels sont mes sentiments: et je bénis tous les jours de ma vie mon Rédempteur qui les a mis en moi, et qui, d'un homme plein de faiblesse, de misère, de concupiscence, d'orgueil et d'ambition, a fait un homme exempt de tous ces maux par la force de sa grâce, à laquelle toute la gloire en est due, n'ayant de moi que la misère et l'erreur.

LA MORT.

Ne considérons pas la mort comme des païens, mais comme les chrétiens, c'est-à-dire par l'espérance, comme saint Paul l'ordonne, puisque c'est le privilège spécial des chrétiens. Ne considérons plus un corps comme un cadavre infect, car la nature trompeuse se le figure de la sorte ; mais comme le temple inviolable et éternel du Saint-Esprit, comme la foi l'apprend. Car nous savons que les corps saints sont habités par le Saint-Esprit jusqu'à la résurrection, qui se fera par la vertu de cet Esprit qui réside en eux pour cet effet. C'est pour cette raison que nous honorons les reliques des morts. Ne considérons donc plus un homme comme ayant cessé de vivre, quoi que la nature suggère, mais comme commençant à vivre, comme la vérité l'assure. Ne considérons plus son âme comme réduite au néant, mais comme vivifiée et unie au souverain vivant : et corrigeons ainsi, par l'attention à ces vérités, les sentiments d'erreur qui sont si ompreints en nous-mêmes, et ces mouvements d'horreur qui sont si naturels à l'homme..... Sans Jésus-Christ, la mort est horrible ; elle est détestable, et l'horreur de la nature : en Jésus-Christ, elle est tout autre ; elle est aimable, sainte, et la joie du fidèle. Tout est doux en Jésus-Christ, jusqu'à la mort : et c'est pouquoi il a souffert et est mort pour sanctifier la mort et les souffrances.

REGRETS DU PÉCHEUR.

Seigneur, jusqu'ici j'ai toujours été sourd à vos inspirations, j'ai méprisé vos oracles : j'ai jugé au contraire de ce que vous jugez ; j'ai contredit aux saintes maximes que vous avez apportées au monde du sein de votre père éternel, et suivant lesquelles vous jugerez le monde. Vous dites : Bienheureux sont ceux qui pleurent, et malheur à ceux qui sont consolés ! Et moi j'ai dit : Malheureux ceux qui gémissent, et très-heureux ceux qui sont consolés ! J'ai dit : Heureux ceux qui jouissent d'une fortune avantageuse, d'une réputation glorieuse et d'une santé robuste ! Et pourquoi les ai-je réputés heureux, sinon parce que tous ces avantages leur fournissaient une facilité très-ample de vous offenser ! Oui, Seigneur, je confesse que j'ai estimé la santé un bien, non pas parce qu'elle est un moyen facile pour vous servir avec utilité, pour consommer plus de soins et de veilles à votre service et pour l'assistance du prochain, mais parce qu'à sa faveur je pouvais m'abandonner avec moins de retenue dans l'abondance des délices de la vie, et en mieux goûter les funestes plaisirs. Faites-moi la grâce, Seigneur, de réformer ma raison corrompue, et de conformer mes sentiments aux vôtres. Que je m'estime heureux dans l'affliction, et purifiez tellement mes sentiments qu'ils ne répugnent plus aux vôtres. Car, Seigneur, votre royaume est dans vos fidèles ; et je le trouverai dans moi-même, si j'y trouve votre esprit et vos sentiments.

DIGNITÉ DE LA PENSÉE.

L'homme n'est qu'un roseau, le plus faible de la nature, mais c'est un roseau pensant. Il ne faut pas que l'univers entier s'arme pour l'écraser. Une vapeur, une goutte d'eau, suffit pour le tuer. Mais quand l'univers l'écraserait, l'homme serait encore plus noble que ce qui le tue, parce qu'il sait qu'il meurt ; et l'avantage que l'univers a sur lui, l'univers n'en sait rien.

Toute notre dignité consiste donc en la pensée. C'est de là qu'il faut nous relever, non de l'espace et de la durée, que nous ne saurions remplir. Travaillons donc à bien penser : voilà le principe de la morale.

L'homme est visiblement fait pour penser : c'est toute sa dignité et tout son mérite ; et tout son devoir est de penser comme il faut.

DIEU SEUL BIEN VÉRITABLE.

Tous les hommes recherchent d'être heureux : cela est sans exception. Quelques différents moyens qu'ils y emploient, ils tendent tous à ce but. Et cependant, depuis un si grand nombre d'années, jamais personne, sans la foi, n'est arrivé à ce point où tous visent continuellement. Une épreuve si longue, si continuelle et si uniforme, devrait bien nous convaincre de notre impuissance d'arriver au bien par nos efforts ; mais l'exemple ne nous instruit point.

Qu'est-ce donc que nous crie cette avidité et cette impuissance, sinon qu'il y a eu autrefois dans l'homme un véritable bonheur, dont il ne lui reste maintenant que la marque et la trace toute vide, et qu'il essaye inutilement de remplir de tout ce qui l'environne, parce que ce gouffre infini ne peut être rempli que par un objet infini et immuable, c'est-à-dire que par Dieu même. Lui seul est son véritable bien, et c'est en vain, ô hommes, que vous cherchez dans vous-mêmes le remède à vos misères.

NICOLE.

Écrivain moins parfait que La Bruyère et La Rochefoucauld, Nicole, comme observateur et comme moraliste, est cependant de la même famille, et ses écrits, trop peu connus aujourd'hui, renferment, au milieu de nombreuses inégalités, des pages dignes des grands maîtres. Ses œuvres principales sont les *Essais de morale et instructions théologiques*, qui parurent en 1671 et le *Traité des moyens de conserver la paix avec les hommes*. Les *Essais* n'ont pas moins de vingt-cinq volumes, et c'est sans aucun doute à ce développement excessif qu'il faut attribuer l'injuste oubli dans lequel ils sont tombés ; quant au *Traité des moyens de conserver la paix avec les hommes* auquel nous empruntons le fragments suivant, c'est un écrit très-court, très-substantiel, que Voltaire regardait comme un chef-d'œuvre, et auquel madame de Sévigné prenait un si grand plaisir, que dans une de ses lettres elle écrit à sa fille : « Je recommence le traité de Nicole, et je voudrais bien en faire un bouillon et l'avaler. » C'est qu'en effet, ainsi que le dit M. Nisard, tout en est juste, clair, proportionné, et qu'à chaque instant nous pourrions en faire l'application, les préceptes se rapportant surtout aux disputes de paroles, si fréquentes entre les hommes, et à la part qu'y prend l'amour-propre.

Nicole, né à Chartres en 1625, passa une partie de sa vie dans la maison de Port-Royal des Champs, où il remplissait les fonctions de professeur de belles-lettres. Il était janséniste, et à la suite des persécutions dirigées par le gouvernement de Louis XIV contre cette secte célèbre, il se réfugia en Belgique ; mais grâce à l'intervention de l'archevêque de Paris, M. de Harlay, il obtint de rentrer dans sa patrie et il mourut en 1695.

ACCORD DE LA RAISON ET DE LA FOI POUR LE BONHEUR.

Les hommes ne se conduisent d'ordinaire, dans leur vie, ni par la foi, ni par la raison. Ils suivent témérairement les impressions des objets présents, ou les opinions communément établies parmi ceux avec qui ils vivent. Et il y en a peu qui s'appliquent avec quelque soin à considérer ce qui leur est véritablement utile pour passer heureusement cette vie, ou selon Dieu, ou selon le monde. S'ils y faisaient réflexion, ils verraient que la foi et la raison sont d'accord sur la plupart des devoirs et des actions des hommes ; que les choses dont la religion nous éloigne sont souvent aussi contraires au repos de cette vie qu'au bonheur de l'autre ; et que la plupart de celles où elle nous porte contribuent plus au bonheur temporel que tout ce que notre ambition et notre vanité nous font rechercher avec tant d'ardeur.

Or, cet accord de la raison et de la foi ne paraît nulle part si bien que dans le devoir de conserver la paix avec ceux qui nous sont unis, et d'éviter toutes les occasions et tous les sujets qui sont capables de la troubler. Et si la religion nous prescrit ce devoir, comme un des plus essentiels à la piété chrétienne, la raison nous y porte aussi comme à un des plus importants pour notre propre intérêt : car on ne saurait considérer avec quelque attention la source de la plupart des inquiétudes et des traverses qui nous arrivent, ou que nous voyons arriver aux autres, qu'on ne reconnaisse qu'elles viennent ordinairement de ce qu'on ne se ménage pas assez les uns les autres. Et si nous voulons nous faire justice, nous trouverons qu'il est rare qu'on médise de nous sans sujet, et que l'on prenne plaisir à nous nuire et à nous choquer de gaieté de cœur. Nous y contribuons toujours en quelque chose. Nous tombons sans y penser dans une infinité de petites fautes à l'égard de ceux avec qui nous vivons, qui les disposent à prendre en mauvaise part ce qu'ils souffriraient sans peine, s'ils n'avaient déjà un commencement d'aigreur dans l'esprit.

PELLISSON.

Des nombreux ouvrages dus à la plume de cet écrivain, on ne lit guère aujourd'hui que l'*Histoire de l'Académie française*, les *Discours au roi* et les *Considérations sur le procès de M. Fouquet*, le fameux surintendant des finances. Mais ces écrits suffisent à la gloire de leur auteur, et les deux derniers sont sans aucun doute les plus remarquables morceaux de l'éloquence judiciaire au XVII siècle. Pellisson, qui avait été le protégé de Fouquet, fut enveloppé dans sa disgrâce et enfermé à la Bastille, ce qui ne l'empêcha point de prendre dans les *Discours* et les *Considérations* la défense du surintendant; si peu d'amitiés survivent au malheur, que la postérité a honoré ce dévouement comme un de ces actes qui suffisent à illustrer la mémoire d'un écrivain. Après avoir été traité, par ordre de Louis XIV, avec la plus grande rigueur Pellisson fut mis en liberté en 1666, et fut nommé *historiographe du roi*, c'est-à-dire qu'il fut chargé d'écrire l'histoire du règne de ce prince; mais il n'en a composé que quelques fragments, et c'est l'un de ces fragments que nous donnons ici. Né à Béziers en 1624, Pellisson est mort en 1693.

LES FRANÇAIS A L'ATTAQUE DE MAESTRICHT (1).

On envoya demander à M. d'Artagnan quelques mousquetaires: il y vint lui-même, et fit en cette occasion tout ce que peut faire un très-brave homme qui se possède admirablement bien; mais, malheureusement, il y fut tué d'un grand coup de mousquet dans le corps, et trois ou quatre mousquetaires qui venaient

(1) Cette ville, l'une des plus fortes de la Hollande, fut prise en 1673 par l'armée française aux ordres de Louis XIV.

le secourir tombèrent morts sur lui. On ne peut pas exprimer combien il a été regretté de tout le monde, et du roi en particulier, qui en a parlé diverses fois avec beaucoup d'estime et de douleur. M. de la Feuillade passa pour mort durant quelque temps, parce qu'on l'y vit recevoir dans son baudrier un coup qui ne passa pas plus avant. Les mousquetaires donnèrent des preuves d'une valeur extrême : on n'en vit jamais reculer un seul. Il en fut tué un grand nombre, et ceux qui restèrent avaient tous leurs épées faussées des coups qu'ils avaient donnés, et sanglantes jusqu'à la garde. Les soldats du régiment du roi, ayant M. de Montberon à leur tête, firent aussi très-bien, et pour lui il ne cessa de donner ordre à toute chose avec beaucoup de sang-froid. Il y a eu nombre de tués et de blessés en cette action, qui a été belle et grande. Non-seulement les officiers, mais les simples soldats ont témoigné plus de bonne volonté qu'on ne peut exprimer. Les historiens grecs ou romains n'oublieraient pas deux choses qui m'ont été contées par ceux qui s'y sont trouvés présents, de deux soldats sans nom du régiment du roi. L'un qu'on emportait fort blessé, comme on le plaignait en le voyant tout couvert de sang : « Ce n'est rien, dit-il, le régiment a fait son devoir. » L'autre, comme l'on montait à la demi-lune, remarqua qu'un homme de qualité qui le suivait en grimpant était tombé sur le ventre ; il lui tendit la main droite pour le relever : en cet instant un coup de mousquet lui perce le poignet; sans se plaindre ni s'étonner, il lui tend la main gauche et le relève.

LA ROCHEFOUCAULD.

Ce moraliste célèbre, connu d'abord sous le nom de prince de Marsillac, naquit à Paris en 1613. Spirituel, brave et ambitieux, il prit part à la conspiration formée par la noblesse qui agita la minorité de Louis XIV, et qui est connue dans l'histoire sous le nom de *Fronde*. Quand la Fronde fut vaincue, la Rochefoucauld se rallia à Louis XIV, et d'opposant qu'il était d'abord, il devint l'un de ses courtisans les plus empressés. On a de lui un volume de *Maximes*, où se rencontrent les observations les plus fines et les pensées les plus profondes; mais l'auteur a le tort grave de donner pour mobile à toutes nos actions l'égoïsme et l'amour-propre. Sans doute, et le fait est triste à constater, il a souvent raison; mais l'histoire est là pour démentir ses affirmations exclusives, et comme preuve il suffit de rappeler les miracles de la charité. L'erreur de la Rochefoucauld vient de ce qu'il vécut dans un monde où s'agitaient l'ambition et l'intrigue; au lieu de peindre comme Molière la société tout entière et l'homme de tous les temps, il le renferma dans le cercle étroit des grands seigneurs de la Fronde, et ce n'était point de ce côté qu'il pouvait trouver des exemples de dévouement et d'abnégation. Cette réserve faite, il faut reconnaître que les *Maximes* sont un livre d'une grande portée qui mérite sa réputation.

La Rochefoucauld mourut en 1680.

L'AMOUR-PROPRE.

L'amour-propre est l'amour de soi-même et de toutes choses pour soi ; il rend les hommes idolâtres d'eux-mêmes, et les rendrait les tyrans des autres, si la fortune leur en donnait les moyens. Il ne se repose jamais hors de soi, et ne s'arrête dans les sujets étrangers que comme les abeilles sur les fleurs, pour en tirer ce qui lui est propre. Il n'est rien de si impétueux que ses désirs, rien de si caché que ses desseins, rien de si habile que sa conduite. Ses souplesses ne se peuvent représenter, ses transformations passent celles des métamorphoses, et ses raffinements ceux de la chimie : on ne peut sonder la profondeur ni percer les ténèbres de ses abîmes. Là il est à couvert des yeux les plus pénétrants, il fait mille insensibles tours et retours ; là il est souvent invisible à lui-même ; il y conçoit, il y nourrit et il y élève, sans le savoir, un grand nombre d'affections et de haines. Il en forme de si monstrueuses, que lorsqu'il les a mises au jour, il les méconnaît, ou il ne peut se résoudre à les avouer.

De cette nuit qui le couvre, naissent les ridicules persuasions qu'il a de lui-même ; de là viennent ses erreurs, ses ignorances sur son sujet. De là vient qu'il croit que ses sentiments sont morts lorsqu'ils ne sont qu'endormis ; qu'il s'imagine n'avoir plus envie de courir dès qu'il se repose, et qu'il pense avoir perdu tous les goûts qu'il a rassasiés. Mais cette obscurité épaisse qui le cache à lui-même n'empêche pas qu'il ne voie parfaitement ce qui est hors de lui, en quoi il est semblable à nos yeux, qui découvrent tout et sont aveugles seulement pour eux-mêmes. Il veut obtenir des choses qui ne lui sont point avantageuses, et qui même lui sont nuisibles, mais qu'il poursuit parce qu'il les veut ; il est bizarre, et met souvent toute son application dans les emplois les plus frivoles, et trouve tout son plaisir dans les plus fades, et conserve toute sa fierté dans les plus méprisables. Il est dans tous les états de la vie et dans toutes les conditions ; il vit partout, il vit de tout; il vit de rien, il s'accommode des choses et de leur privation; il passe même dans le parti des gens qui lui font la guerre, il entre dans leurs desseins, et, ce qui est admirable, il se hait lui-même avec eux; il conjure à sa perte, il travaille lui-même à sa ruine; enfin, il ne se soucie que d'être, et, pourvu qu'il soit, il veut bien être son ennemi.

Il ne faut donc pas s'étonner s'il se joint quelquefois à la plus rude austérité, et s'il entre si hardiment en société avec elle pour se détruire, parce que dans le même temps qu'il se ruine en un endroit, il se rétablit en un autre. Quand on pense qu'il quitte son plaisir, il ne fait que le suspendre ou le changer; et lors même qu'il est vaincu et qu'on croit en être défait, on le trouve qui triomphe dans sa propre défaite. Voilà la peinture de l'amour-propre, dont toute la vie n'est qu'une grande et longue agitation. La mer en est une image sensible; et l'amour-propre trouve dans le flux et le reflux de ses vagues continuelles une fidèle expression de la succession turbulente de ses pensées et de ses éternels mouvements.

DE LA CONVERSATION.

Ce qui fait que peu de personnes sont agréables dans la conversation, c'est que chacun songe plus à ce qu'il a dessein de dire qu'à ce que les autres disent, et que l'on n'écoute guère quand on a bien envie de parler.

Néanmoins il est nécessaire d'écouter ceux qui parlent. Il faut leur donner le temps de se faire entendre, et souffrir même qu'ils disent des choses inutiles. Bien loin de les contredire et de les interrompre, on doit, au contraire, entrer dans leur esprit et dans leur goût, montrer qu'on les entend, louer ce qu'ils disent autant qu'il mérite d'être loué, et faire voir que c'est plutôt par choix qu'on les loue que par complaisance.

Pour plaire aux autres, il faut parler de ce qu'ils aiment et de ce qui les touche, éviter les disputes sur les choses indifférentes, leur faire rarement des questions, et ne leur laisser jamais croire qu'on prétend avoir plus de raison qu'eux.

On doit dire les choses d'un air plus ou moins sérieux, et sur des sujets plus ou moins relevés, selon l'honneur et la capacité des personnes que l'on entretient, et leur céder aisément l'avantage de décider, sans les obliger de répondre quand ils n'ont pas envie de parler.

Après avoir satisfait de cette sorte aux devoirs de la politesse, on peut dire ses sentiments, en montrant qu'on cherche à les appuyer de l'avis de ceux qui écoutent, sans marquer de présomption ni d'opiniâtreté.

Évitons surtout de parler souvent de nous-même, et de nous donner pour exemple. Rien n'est plus désagréable qu'un homme qui se cite lui-même à tout propos.

Il ne faut jamais rien dire avec un air d'autorité, ni montrer aucune supériorité d'esprit. Fuyons les expressions trop recherchées, les termes durs ou forcés, et ne nous servons point de paroles plus grandes que les choses.

Il n'est pas défendu de conserver ses opinions, si elles sont raisonnables. Mais il faut se rendre à la raison aussitôt qu'elle paraît, de quelque part qu'elle vienne : elle seule doit régner sur nos sentiments ; mais suivons-la sans heurter les sentiments des autres, et sans faire paraître du mépris de ce qu'ils ont dit.

On déplaît sûrement quand on parle trop longtemps et trop souvent d'une même chose, et que l'on cherche à détourner la conversation sur des sujets dont on se croit plus instruit que les autres.

LA BRUYÈRE.

La vie de ce profond observateur est très-peu connue ; consacrée tout entière à la philosophie et aux lettres, elle s'écoula dans le silence et les fonctions les plus modestes. Après avoir exercé la charge de trésorier de France à Caen, La Bruyère fut placé en qualité de professeur d'histoire auprès du duc Louis de Bourbon, petit-fils du grand Condé, et quand son élève eut terminé ses études, il continua de vivre dans son hôtel, à Versailles, avec mille écus de pension, et il y mourut à l'âge de cinquante ans, en 1696, d'une attaque d'apoplexie. Il n'a laissé qu'un seul livre, celui des *Caractères*, mais ce livre est un chef-d'œuvre ; car La Bruyère, en peignant les hommes de son temps, a tracé de nos faiblesses, de nos passions, des petitesses de notre amour-propre, un tableau qui sera éternellement vrai. Il n'a pas eu seulement pour but de nous amuser à nos propres dépens : profondément religieux, il a voulu nous ramener au bien par le spectacle de nos misères morales, et lui-même, dans son *Discours de réception à l'Académie française*, nous a donné tout le secret de son livre dans ces quelques lignes : « Des seize chapitres qui composent les *Caractères*, il y en a quinze qui, s'attachant à découvrir le faux et le ridicule qui se rencontrent dans les objets des passions et des attachements humains, ne tendent qu'à ruiner tous les obstacles qui affaiblissent d'abord et qui éteignent ensuite dans tous les hommes la connaissance de Dieu. C'est une préparation au seizième et dernier chapitre, où les preuves de Dieu sont apportées, où la Providence est défendue contre l'incrédulité. » — Le style, chez la Bruyère, se soutient toujours au niveau de la pensée; il se plie à tous les tons, aux malices amères de la raillerie, aux grâces familières du badinage, à la rigueur de la discussion philosophique, aux mouvements de la plus haute éloquence, et jamais la vérité ne s'est produite sous une forme plus attrayante et plus parfaite. Aussi les *Caractères* sont-ils restés l'un des ouvrages les plus populaires de notre littérature classique; l'humanité aura beau vieillir, elle ne cessera jamais de les rechercher, parce qu'elle s'y reconnaîtra toujours.

LE BAVARD.

Arrias a tout lu, a tout vu, il veut le persuader ainsi; c'est un homme universel, et il se donne pour tel; il aime mieux mentir que de se taire ou de paraître ignorer quelque chose : on parle, à la table d'un grand, d'une cour du Nord, il prend la parole, et l'ôte à ceux qui allaient dire ce qu'ils en savent; il s'oriente dans cette région lointaine comme s'il en était originaire; il discourt des mœurs de cette cour, des gens du pays, de ses lois et de ses coutumes; il récite des historiettes qui y sont arrivées, il les trouve plaisantes, et il en rit le premier jusqu'à éclater. Quelqu'un se hasarde de le contredire, et lui prouve nettement qu'il dit des choses qui ne sont pas vraies : Arrias ne se trouble point, prend feu au contraire contre l'interrupteur. Je n'avance, lui dit-il, je ne raconte rien que je ne sache d'original; je l'ai appris de Sethon, ambassadeur de France dans cette cour, revenu à Paris depuis quelques jours, que je connais familièrement, que j'ai fort interrogé, et qui ne m'a caché aucune circonstance. Il reprenait le fil de sa narration avec plus de confiance qu'il ne l'avait commencée, lorsque l'un des conviés lui dit : C'est Sethon à qui vous parlez, lui-même, et qui arrive de son ambassade.

L'AMATEUR DE TULIPES.

La curiosité n'est pas un goût pour ce qui est bon ou ce qui est beau, mais pour ce qui est rare, unique, pour ce qu'on a et ce que les autres n'ont point. Ce n'est pas un attachement à ce qui est parfait, mais à ce qui est couru, à ce qui est à la mode. Ce n'est pas un amusement, mais une passion, et souvent si violente, qu'elle ne cède à l'amour et à l'ambition que par la petitesse de son objet. Ce n'est pas une passion qu'on a généralement pour les choses rares et qui ont cours, mais qu'on a seulement pour une certaine chose qui est rare, et pourtant à la mode.

Le fleuriste a un jardin dans un faubourg ; il y court au lever du soleil, et il en revient à son coucher. Vous le voyez planté et qui a pris racine au milieu de ses tulipes et devant la *Solitaire*; il ouvre de grands yeux, il frotte ses mains, il se baisse, il la voit de plus près, il ne l'a jamais vue si belle, il a le cœur épanoui de joie ; il la quitte pour *l'Orientale*; de là, il va à la *Veuve*; il passe au *Drap-d'or*; de celle-ci à *l'Agathe*, d'où il revient enfin à la *Solitaire*, où il se fixe, où il se lasse, où il oublie de dîner ; aussi est-elle nuancée, bordée, huilée, à pièces emportées; elle a un beau vase ou un beau calice ; il la contemple, il l'admire ; Dieu et la nature sont en tout cela ce qu'il n'admire point ; il ne va pas plus loin que l'oignon de sa tulipe, qu'il ne livrerait pas pour mille écus, et qu'il donnera pour rien quand les tulipes seront négligées et que les œillets auront prévalu. Cet homme raisonnable, qui a une âme, qui a un culte et une religion, revient chez soi fatigué, affamé, mais fort content de sa journée : il a vu des tulipes.

L'AMATEUR D'OISEAUX.

Diphile commence par un oiseau et finit par mille ; sa maison n'en est pas égayée, mais empestée : la cour, la salle, l'escalier, le vestibule, les chambres, le cabinet, tout est volière ; ce n'est plus un ramage, c'est un vacarme ; les vents d'automne et les eaux dans leurs plus grandes crues ne font pas un bruit si perçant et si aigu ; on ne s'entend non plus parler les uns les autres que dans ces chambres où il faut attendre, pour faire le compliment d'entrée, que les petits chiens aient aboyé. Ce n'est plus pour Diphile un agréable amusement, c'est une affaire laborieuse et à laquelle à peine il peut suffire. Il passe les jours, ces jours qui échappent et qui ne reviennent plus, à verser du grain et à nettoyer des ordures ; il donne pension à un homme qui n'a point d'autre ministère que de siffler des serins au flageolet et de faire couver des canaries. Il est vrai que ce qu'il dépense d'un côté, il l'épargne de l'autre, car ses enfants sont sans maîtres et sans éducation. Il se renferme le soir, fatigué de son propre plaisir, sans pouvoir jouir du moindre repos que ses oiseaux ne reposent, et que ce petit peuple, qu'il n'aime que parce qu'il chante, ne cesse de chanter. Il retrouve ses oiseaux dans son sommeil; lui-même, il est oiseau, il est huppé, il gazouille, il perche, il rêve la nuit qu'il mue ou qu'il couve.

MAXIMES ET PENSÉES.

L'ennui est entré dans le monde par la paresse.

Il n'y a rien qui rafraîchisse le sang comme d'avoir su éviter de faire une sottise.

Celui-là est bon, qui fait du bien aux autres : s'il souffre pour le bien qu'il fait, il est très-bon; s'il souffre de ceux à qui il fait ce bien, il a une si grande bonté qu'elle ne peut être augmentée que dans le cas où ses souffrances viendraient à croître; et s'il en meurt, sa vertu ne saurait aller plus loin : elle est héroïque, elle est parfaite.

La libéralité consiste moins à donner beaucoup qu'à donner à propos.

L'esprit de la conversation consiste bien moins à en montrer beaucoup qu'à en faire trouver aux autres : celui qui sort de votre entretien content de soi et de son esprit l'est de vous parfaitement.

Être infatué de soi, et s'être fortement persuadé qu'on a beaucoup d'esprit, est un accident qui n'arrive guère qu'à celui qui n'en a point, ou qui en a peu.

L'on se repent rarement de parler peu; très-souvent de trop parler.

Les sots sont toujours prêts à se fâcher et à croire qu'on se moque d'eux ou qu'on les méprise.

Dans la religion chrétienne, quelle majesté, quel éclat des mystères! quelle suite et quel enchaînement de toute la doctrine! quelle raison éminente! quelle candeur! quelle innocence de vertus!

Un homme vain trouve son compte à dire du bien ou du mal de soi; un homme modeste ne parle point de soi.

Il n'y a pour l'homme qu'un vrai malheur, qui est de se trouver en faute, et d'avoir quelque chose à se reprocher.

La vertu a cela d'heureux, qu'elle se suffit à elle-même, et qu'elle sait se passer d'admirateurs, de partisans et de protecteurs.

Je ne doute point que la religion ne soit la source du repos : elle fait supporter la vie et rend la mort douce.

HERMIPPE OU L'ORIGINAL.

Hermippe est l'esclave de ce qu'il appelle ses petites commodités ; il leur sacrifie l'usage reçu, la coutume, les modes, la bienséance ; il les cherche en toutes choses, il quitte une moindre pour une plus grande, il ne néglige aucune de celles qui sont praticables, il s'en fait une étude, et il ne se passe aucun jour qu'il ne fasse en ce genre une découverte. Il laisse aux autres hommes le dîner et le souper, à peine en admet-il les termes ; il mange quand il a faim, et les mets seulement où son appétit le porte. Il voit faire son lit : quelle main assez adroite ou assez heureuse pourrait le faire dormir comme il veut dormir ? Il sort rarement de chez soi ; il aime la chambre, où il n'est ni oisif ni laborieux, où il n'agit point, où il *tracasse*, et dans l'équipage d'un homme qui a pris médecine. On dépend servilement d'un serrurier et d'un menuisier, selon ses besoins ; pour lui, s'il faut limer, il a une lime ; une scie, s'il faut scier ; et des tenailles, s'il faut arracher. Imaginez, s'il est possible, quelques outils qu'il n'ait pas, et meilleurs et plus commodes à son gré que ceux mêmes dont les ouvriers se servent ; il en a de nouveaux et d'inconnus, qui n'ont point de nom, productions de son esprit, et dont il a presque oublié l'usage. Nul ne se peut comparer à lui pour faire en peu de temps et sans peine un travail fort inutile ; il faisait dix pas pour aller de son lit dans sa garde-robe, il n'en fait plus que neuf par la manière dont il a su tourner sa chambre : combien de pas épargnés dans le cours d'une vie ! Ailleurs l'on tourne la clef, l'on pousse contre ou l'on tire à soi, et une porte s'ouvre : quelle fatigue ! voilà un mouvement de trop qu'il sait s'épargner ; et comment ? c'est un mystère qu'il ne révèle point. Il est, à la vérité, un grand maître pour le ressort et la mécanique, pour celle du moins dont le monde se passe. Hermippe tire le jour de son appartement d'ailleurs que de la fenêtre ; il a trouvé le secret de monter et de descendre autrement que par l'escalier, et il cherche celui d'entrer et de sortir plus commodément que par la porte.

L'ORDRE DANS LA SOCIÉTÉ.

Plusieurs millions d'années, plusieurs centaines de millions d'années, en un mot tous les temps, ne sont qu'un instant, comparés à la durée de Dieu, qui est éternelle ; tous les espaces du monde entier ne sont qu'un point, qu'un léger atome, comparés à son immensité. S'il est ainsi, comme je l'avance, car quelle proportion du fini à l'infini! je demande : Qu'est-ce que le cours de la vie d'un homme ? qu'est-ce qu'un grain de poussière qu'on appelle la terre ? qu'est-ce qu'une petite portion de cette terre que l'homme possède et qu'il habite ? Les méchants prospèrent pendant qu'ils vivent. Quelques méchants, je l'avoue. La vertu est opprimée, et le crime impuni sur la terre. Quelquefois, j'en conviens. C'est une injustice. Point du tout : il faudrait, pour tirer cette conclusion, avoir prouvé qu'absolument les méchants sont heureux, que la vertu ne l'est pas, et que le crime demeure impuni ; il faudrait du moins que ce peu de temps où les bons souffrent et où les méchants prospèrent eût une durée, et que ce que nous appelons prospérité et fortune ne fût pas une apparence fausse et une ombre vaine qui s'évanouit ; que cette terre, cet atome, où il paraît que la vertu et le crime rencontrent si rarement ce qui leur est dû, fût le seul endroit de la scène où se doivent passer la punition et les récompenses.

De ce que je pense je n'infère pas plus clairement que je suis esprit, que je conclus de ce que je fais ou ne fais point, selon qu'il me plaît, que je suis libre : or liberté, c'est choix, autrement une détermination volontaire au bien ou au mal, et ainsi une action bonne ou mauvaise, et ce qu'on appelle vertu ou crime. Que le crime absolument soit impuni, il est vrai, c'est injustice ; qu'il le soit sur la terre, c'est un mystère. Supposons pourtant, avec l'athée, que c'est injustice : toute injustice est une négation ou une privation de justice ; donc toute injustice suppose justice. Toute justice est une conformité à une souveraine raison : je demande, en effet, quand il n'a pas été raisonnable que le crime soit puni, à moins qu'on ne dise que c'est quand le triangle avoit moins de trois angles ; or toute conformité à la raison est une vérité ; cette conformité, comme il vient d'être dit, a toujours été : elle est donc de celles que l'on appelle des éternelles vérités. Cette vérité, d'ailleurs, ou n'est point et ne peut être, ou elle est l'objet d'une connaissance : elle est donc éternelle, cette connaissance, et c'est Dieu.

Les dénoûments qui découvrent les crimes les plus cachés, et où la précaution des coupables pour les dérober aux yeux des hommes a été plus grande, paraissent si simples et si faciles, qu'il semble qu'il n'y ait que Dieu seul qui puisse en être l'auteur ; et les faits d'ailleurs que l'on en rapporte sont en si grand nombre que, s'il plaît à quelques-uns de les attribuer à de purs hasards, il faut donc qu'ils soutiennent que le hasard, de tout temps, a passé en coutume.

Si vous faites cette supposition, que tous les hommes qui peuplent la terre, sans exception, soient chacun dans l'abondance, et que rien ne leur manque, j'infère de là que nul homme qui est sur la terre n'est dans l'abondance et que tout lui manque. Il n'y a que deux sortes de richesses, et auxquelles les autres se réduisent, l'argent et les terres ; si tous sont riches, qui cultivera les terres, et qui fouillera les mines? Ceux qui sont éloignés des mines ne les fouilleront pas, ni ceux qui habitent des terres incultes et minérales ne pourront pas en tirer des fruits ; on aura recours au commerce, et on le suppose. Mais, si les hommes abondent de biens, et que nul ne soit dans le cas de vivre par son travail, qui transportera d'une région à une autre les lingots ou les choses échangées ? qui mettra des vaisseaux en mer? qui se chargera de les conduire ? qui entreprendra des caravanes ? On manquera alors du nécessaire et des choses utiles. S'il n'y a plus de besoins, il n'y a plus d'arts, plus de sciences, plus d'invention, plus de mécanique. D'ailleurs cette égalité de possessions et de richesses en établit une autre dans les conditions, bannit toute subordination, réduit les hommes à se servir eux-mêmes et à ne pouvoir être secourus les uns des autres, rend les lois frivoles et inutiles, entraîne une anarchie universelle, attire la violence, les injures, les massacres, l'impunité.

Si vous supposez, au contraire, que tous les hommes sont pauvres, en vain le soleil se lève pour eux sur l'horizon, en vain il échauffe la terre et la rend féconde, en vain le ciel verse sur elle ses influences, les fleuves en vain l'arrosent et répandent dans les diverses contrées la fertilité et l'abondance ; inutilement aussi la mer laisse sonder ses abîmes profonds, les rochers et les montagnes s'ouvrent pour laisser fouiller dans leur sein et en tirer tous les trésors qu'ils y renferment. Mais, si vous établissez que, de tous les hommes répandus dans le monde, les uns soient riches et les autres pauvres et indigents, vous faites alors que le besoin rapproche mutuellement les hommes, les lie, les réconcilie : ceux-ci servent, obéissent, inventent, travaillent, cultivent, perfectionnent ; ceux-là jouissent, nourrissent, secourent, protégent, gouvernent ; tout ordre est rétabli, et Dieu se découvre.

MADAME DE SÉVIGNÉ.

Balzac et Voiture, en écrivant leurs lettres, avaient surtout en vue de composer des pièces d'éloquence pour la postérité; madame de Sévigné, en écrivant les siennes, n'avait d'autre objet que de s'entretenir avec sa fille et ses amis. Elle a fait oublier Voiture et Balzac et nous a donné dans une correspondance sans prétention un chef-d'œuvre inimitable. « Rien n'est plus charmant, dit M. Nisard, dans les
« lettres de madame de Sévigné, que celle qui les écrit. Sensibilité vive,
« mais passagère et sans vapeurs ; raison nourrie sans être profonde,
« n'enfonçant guère dans les choses, mais parfois, et de la première
« vue, en allant toucher le fond ; gaîté, sans rien d'éventé ; une douce
« mélancolie qui se forme et se dissipe au moment où elle s'exprime;
« pas de vieillesse, sans la prétention de ne pas vieillir ; beaucoup
« de mobilité, avec un fond et comme un lest de bon sens qui écarte
« de la conduite l'imagination et les caprices ; du goût pour les
« gens en disgrâce, mais sans rancune contre les puissants ; faisant
« de l'opposition, quand elle en fait, comme tous les Frondeurs par-
« donnés, qui n'osaient ni se plaindre ni regretter, et qui, dans
« un fonds de disgrâce irréparable, se ménageaient toujours pour un
« retour de fortune ; le cœur de la meilleure mère qui fut jamais,
« quoi qu'on en ait dit ; capable d'amitiés persévérantes, et qui
« craignit l'amour plutôt qu'elle ne l'ignora ; tels sont les principaux
« traits de ce caractère, où le solide se fait sentir sous l'aimable,
« et où l'aimable ne déguise jamais un mauvais fonds. »

Les lettres de madame de Sévigné ne sont point seulement précieuses sous le rapport du style et de l'esprit, elles renferment encore les renseignements les plus intéressants pour l'histoire du règne de Louis XIV, et les événements ainsi que les personnages y sont jugés avec une sûreté de raison qui ne se rencontre pas toujours dans les historiens les plus sérieux eux-mêmes. Cette femme célèbre naquit à Paris le 5 février 1626; son nom de famille était Marie de Rabutin-Chantal. Elle épousa, en 1644, le marquis de Sévigné, tué en duel en 1651, et de ce mariage naquirent deux enfants, un fils et une fille, qui depuis fut madame de Grignan, à laquelle sont adressées la plupart des lettres. Veuve à vingt-cinq ans, madame de Sévigné vécut irréprochable au milieu d'une société qui ne se piquait de rien moins que d'être sévère. Elle habitait tour à tour Paris et sa terre des Rochers en Bretagne. Elle mourut en 1696.

LETTRE A M. DE POMPONNE.

1er décembre 1664.

Il faut que je vous conte une petite historiette, qui est très-vraie, et qui vous divertira. Le roi se mêle depuis peu de faire des vers : MM. de Saint-Aignan et Dangeau lui apprennent comment il faut s'y prendre. Il fit l'autre jour un petit madrigal, que lui-même ne trouva pas trop joli. Un matin, il dit au maréchal de Gramont : « Monsieur le maréchal, lisez, je vous prie, ce petit madrigal, et voyez si vous en avez jamais vu un si impertinent : parce qu'on sait que depuis peu j'aime les vers, on m'en apporte de toutes les façons. » Le maréchal, après avoir lu, dit au roi : « Sire, Votre Majesté juge divinement bien de toutes choses ; il est vrai que voilà le plus sot et le plus ridicule madrigal que j'aie jamais lu. » Le roi se mit à rire, et lui dit : « N'est-il pas vrai que celui qui l'a fait est bien fat ? — Sire, il n'y a pas moyen de lui donner un autre nom. — Oh ! bien ! dit le roi ; je suis ravi que vous m'ayez parlé si bonnement : c'est moi qui l'ai fait. — Ah ! sire, quelle trahison ! que Votre Majesté me le rende ; je l'ai lu brusquement. — Non, monsieur le maréchal ; les premiers sentiments sont toujours les plus naturels. » Le roi a fort ri de cette folie, et tout le monde trouve que voilà la plus cruelle petite chose que l'on puisse faire à un vieux courtisan. Pour moi, qui aime toujours à faire des réflexions, je voudrais que le roi en fît là-dessus, et qu'il jugeât par là combien il est loin de connaître jamais la vérité.

LETTRE A MADAME DE GRIGNAN.

A Paris, mardi 3 mars 1671.

Si vous étiez ici, ma chère enfant, vous vous moqueriez de moi, j'écris de provision, mais c'est par une raison bien différente de celle que je vous donnais un jour pour m'excuser d'avoir écrit à quelqu'un une lettre qui ne devait partir que dans deux jours ; c'était parce que je ne me souciais guère de lui, et que dans deux jours je n'aurais pas autre chose à lui dire. Voici tout le contraire ; c'est que je me soucie beaucoup de vous, que j'aime à vous entretenir à toute heure, et que c'est la seule consolation que je puisse avoir présentement. Je suis aujourd'hui toute seule dans ma chambre par l'excès de ma mauvaise humeur. Je suis lasse de tout ; je me suis fait un plaisir de dîner ici, et je m'en fais un de vous écrire hors de propos : mais hélas! vous n'avez pas de ces sortes de loisirs, j'écris tranquillement, et je ne comprends pas que vous puissiez lire de même : je ne vois pas un moment où vous soyez à vous ; je vois un mari qui vous adore, qui ne peut se lasser d'être auprès de vous, et qui peut à peine comprendre son bonheur. Je vois des harangues, des infinités de compliments, de civilités, de visites ; on vous fait des honneurs extrêmes, il faut répondre à tout cela, vous êtes accablée ; moi-même, sur ma petite boule je ne suffirais pas. Que fait votre paresse pendant tout ce fracas? Elle souffre, elle se retire dans quelque petit cabinet, elle meurt de peur de ne plus retrouver sa place ; elle vous attend dans quelque moment perdu pour vous faire au moins souvenir d'elle, et vous dire un mot en passant. Hélas ! dit-elle, m'avez vous oubliée ? Songez que je suis votre plus ancienne amie, celle qui ne vous a jamais abandonnée, la fidèle compagne de vos plus beaux jours ; que c'est moi qui vous consolais de tous les plaisirs, et qui même quelquefois vous les faisais haïr; qui vous ai empêchée de mourir d'ennui en Bretagne : quelquefois votre mère troublait nos plaisirs, mais je savais bien où vous reprendre ; présentement je ne sais plus où j'en suis ; les honneurs et les représentations me feront périr, si vous n'avez soin de moi. Il me semble que vous lui dites en passant un petit mot d'amitié, vous lui donnez quelque espérance de vous posséder à Grignan ; mais vous passez vite, et vous n'avez pas le loisir d'en dire davantage. Le devoir et la raison sont autour de vous, et ne vous donnent pas un moment de repos ; moi-même, qui les ai tant honorés, je leur suis contraire, et ils me le sont ; le moyen qu'ils vous laissent le temps de lire de telles lanterneries ? Je vous assure, ma chère enfant, que je songe à vous continuellement, et je sens tous les jours ce que vous me dîtes une fois, qu'il ne fallait point appuyer sur certaines pensées ; si l'on ne glissait par-dessus, on serait toujours en larmes, c'est-à-dire, moi. Il n'y a rien dans cette maison qui ne me blesse le cœur ; toute votre chambre me tue ; j'y ai fait mettre un paravent tout au milieu, pour rompre un peu la vue ; une fenêtre de ce degré par où je vous vis monter dans le carrosse de d'Hacqueville, et par où je vous rappelai, me fait peur à moi-même, quand je pense combien alors j'étais capable de me jeter par la fenêtre ; car je suis folle quelquefois ; ce cabinet où je vous embrassai sans savoir ce que je faisais ; ces capucins, où j'allai entendre la messe ; ces larmes qui tombaient de mes yeux à terre, comme si c'eût été de l'eau qu'on eût répandue ; Sainte-Marie, madame de la Fayette, mon retour dans cette maison, votre appartement, la nuit, le lendemain ; et votre première lettre, et toutes les autres, et encore tous les jours, et tous les entretiens de ceux qui entrent dans mes sentiments ; ce pauvre d'Hacqueville est le premier, je n'oublierai jamais la pitié qu'il eut de moi. Voilà donc où j'en reviens, il faut glisser sur tout cela, et se bien garder de s'abandonner à ses pensées et aux mouvements de son cœur : j'aime mieux m'occuper de la vie que vous faites maintenant ; cela me fait une diversion, sans m'éloigner pourtant de mon sujet et de mon objet, qui est ce qui s'appelle poétiquement l'objet aimé. Je songe donc à vous, et je souhaite toujours de vos lettres ; quand je viens d'en recevoir, j'en voudrais bien encore. J'en attends présentement, et je reprendrai ma lettre quand j'aurai reçu de vos nouvelles. J'abuse de vous, ma très-chère, j'ai voulu aujourd'hui me permettre cette lettre d'avance ; mon cœur en avait besoin, je n'en ferai pas une coutume.

LETTRE A LA MÊME.

13 novembre 1675.

Vous êtes étonnée que j'aie un petit chien ; voici l'aventure. J'appelais, par contenance, une chienne d'une dame qui demeure au bout de ce parc. Madame de Tarente me dit : « Quoi ! vous savez appeler un chien ? je veux vous en envoyer un, le plus joli du monde. » Je la remerciai, et lui dis la résolution que j'avais prise de ne me plus engager dans cette sottise. Cela se passe, on n'y pense plus. Deux jours après, je vois entrer un valet de chambre avec une petite maison de chien, toute pleine de rubans, et sortir de cette jolie maison un petit chien tout parfumé, d'une beauté extraordinaire, des oreilles, des soies, une haleine douce, blondin comme un blondin ; jamais je ne fus plus étonnée, ni plus embarrassée : je voulus le renvoyer, on ne voulut jamais le reporter ; la femme de chambre qui l'avait élevé en a pensé mourir de douleur. Il couche dans sa maison, il ne mange que du pain ; je ne m'y attache point, mais il commence à m'aimer, je crains de succomber. Voilà l'histoire que je vous prie de ne point mander à *Marphise* (1), car je crains ses reproches : au reste, une propreté extraordinaire ; il s'appelle *Fidèle* : je vous conterai quelque jour ses aventures.

LA MORT DE TURENNE.

Il monta à cheval le samedi à deux heures, après avoir mangé ; et comme il y avait bien des gens avec lui, il les laissa à trente pas de la hauteur où il voulait aller, et dit au petit d'Elbeuf : « Mon neveu, demeurez là ; vous ne faites que tourner autour de moi, vous me feriez reconnaître. » M. d'Hamilton, qui se trouvait près de l'endroit où il allait, lui dit : « Monsieur, venez par ici, on tirera du côté où vous allez. » « Monsieur, lui dit-il, vous avez raison : je ne veux point du tout être tué aujourd'hui ; cela sera le mieux du monde. » Il eut à peine tourné son cheval, qu'il aperçut Saint-Hilaire, le chapeau à la main, qui lui dit : « Monsieur, jetez les yeux sur cette batterie que je viens de faire placer là. » M. de Turenne revint, et dans l'instant, sans être arrêté, il eut le bras et le corps fracassés du même coup qui emporta le bras et la main qui tenait le chapeau de Saint-Hilaire. Ce gentilhomme, qui le regardait toujours, ne le voit point tomber ; le cheval l'emporte où il avait laissé le petit d'Elbeuf ; il était penché le nez sur l'arçon. Dans ce moment le cheval s'arrête, le héros tombe entre les bras de ses gens ; il ouvre deux fois de grands yeux et la bouche, et demeure tranquille pour jamais. Songez qu'il était mort, et qu'il avait une partie du cœur emportée.

On crie, on pleure : M. d'Hamilton fait cesser ce bruit et ôter le petit d'Elbeuf qui s'était jeté sur ce corps, qui ne voulait pas le quitter, et qui se pâmait de crier. On couvre le corps d'un manteau, on le porte dans une haie, on le garde à petit bruit. Un carrosse vient, on l'emporte dans sa tente : ce fut là où M. de

---

(1) Petit chien de madame de Sévigné.

Lorges, M. de Roye et beaucoup d'autres pensèrent mourir de douleur ; mais il fallut se faire violence et songer aux grandes affaires qu'on avait sur les bras. On lui a fait un service militaire dans le camp, où les larmes et les cris faisaient le véritable deuil : tous les officiers avaient pourtant des écharpes de crêpe ; tous les tambours en étaient couverts ; ils ne battaient qu'un coup, les piques traînantes et les mousquets renversés ; mais ces cris de toute une armée ne peuvent pas se représenter sans que l'on en soit ému. Ses deux neveux étaient à cette pompe dans l'état que vous pouvez penser. M. de Roye, tout blessé, s'y fit porter ; car cette messe ne fut dite que quand ils eurent repassé le Rhin. Je pense que le pauvre chevalier de Grignan était bien abîmé de douleur. Quand ce corps a quitté son armée, ç'a encore été une désolation ; et partout où il a passé, on n'entendait que des clameurs. Mais à Langres ils se sont surpassés ; ils allèrent au-devant de lui en habits de deuil, au nombre de plus de deux cents, suivis du peuple ; tout le clergé en cérémonie. Il y eut un service solennel dans la ville ; en un moment ils se cotisèrent tous pour cette dépense, qui monta à *cinq mille francs*, parce qu'ils reconduisirent le corps jusqu'à la première ville, et voulurent défrayer tout le train. Que dites-vous de ces marques naturelles d'une affection fondée sur un mérite extraordinaire? Il arriva à Saint-Denis ce soir; tous ses gens l'allèrent reprendre à deux lieues d'ici. Il sera dans une chapelle en dépôt; on lui fera un service à Saint-Denis, en attendant celui de Notre-Dame, qui sera solennel......

Ne croyez point que son souvenir soit déjà fini dans ce pays-ci : ce fleuve qui entraîne tout n'entraîne pas sitôt une telle mémoire ; elle est consacrée à l'immortalité. J'étais l'autre jour chez M. de la Rochefoucauld, avec madame de Lavardin, madame de la Fayette, et M. de Marsillac. M. le Premier y vint ; la conversation dura deux heures sur les diverses qualités de ce véritable héros ; tous les yeux étaient baignés de larmes, et vous ne sauriez croire combien la douleur de sa perte est profondément gravée dans les cœurs. Nous remarquions une chose, c'est que ce n'est pas depuis sa mort que l'on admire la grandeur de son cœur, l'étendue de ses lumières et l'élévation de son âme ; tout le monde en était plein pendant sa vie, et vous pouvez penser ce qu'y ajoute sa perte. Pour son âme, c'est encore un miracle qui vient de l'estime parfaite qu'on avait pour lui; il n'est pas tombé dans la tête d'aucun dévot qu'elle ne fût pas en bon état ; on ne saurait comprendre que le mal et le péché pussent être dans son cœur ; sa conversion si sincère nous a paru comme un baptême ; chacun conte l'innocence de ses mœurs, la pureté de ses intentions, son humilité éloignée de toute sorte d'affectation, la solide gloire dont il était plein, sans faste et sans ostentation, aimant la vertu pour elle-même, sans se soucier de l'approbation des hommes, une charité généreuse et chrétienne.

DOULEUR DE MADAME DE LONGUEVILLE EN APPRENANT LA MORT DE SON FILS.

Madame de Longueville fait fendre le cœur, à ce qu'on dit : je ne l'ai point vue ; mais voici ce que je sais. Mademoiselle de Vertus était retournée depuis deux jours à Port-Royal, où elle est presque toujours. On est allé la quérir avec M. Arnaud, pour dire cette terrible nouvelle. Mademoiselle de Vertus n'avait qu'à se montrer. Ce retour si précipité marquait bien quelque chose de funeste. En effet, dès qu'elle parut : Ah ! mademoiselle, comment se porte monsieur mon frère ? Sa pensée n'osa aller plus loin : Madame, il se porte bien de sa blessure. — Et mon fils ? On ne lui répondit rien. Ah ! mademoiselle, mon fils, mon cher enfant, répondez-moi, est-il mort sur-le-champ ? n'a-t-il pas eu un seul moment ? Ah ! mon Dieu, quel sacrifice ! et là-dessus elle tombe sur son lit ; tout ce que la plus vive douleur peut faire, et par des convulsions, et par des évanouissements, et par un silence mortel, et par des cris étouffés, par des larmes amères, et par des élans vers le ciel, et par des plaintes tendres et pitoyables, elle a tout éprouvé. Elle voit certaines gens ; elle prend des bouillons, parce que Dieu le veut ; elle n'a aucun repos ; je lui souhaite la mort, ne comprenant pas qu'elle puisse vivre après une telle perte.

MADAME DE GRIGNAN.

Née à Paris en 1648, Françoise-Marguerite de Sévigné, fille de la précédente, épousa en 1669 le comte de Grignan, et peu de temps après son mariage elle alla vivre en Provence avec son mari. Les quelques lettres qui nous sont restées d'elle montrent un esprit tout différent de celui de sa mère; elles sont loin de mériter la même réputation. Cependant nous croyons devoir donner ici celle qu'elle écrivit à propos de la mort de madame de Sévigné. Madame de Grignan, qui s'occupait de métaphysique, mourut en 1722.

LETTRE DE MADAME DE GRIGNAN SUR LA MORT DE SA MÈRE.

Votre politesse ne doit pas craindre, Monsieur, de renouveler ma douleur, en me parlant de la douloureuse perte que j'ai faite. C'est un objet que mon esprit ne perd pas de vue, et qu'il trouve si vivement gravé dans mon cœur, que rien ne peut ni l'augmenter, ni le diminuer. Je suis très-persuadée que vous ne sauriez avoir appris le malheur épouvantable qui m'est arrivé sans répandre des larmes, la bonté de votre cœur m'en répond. Vous perdez une amie d'un mérite et d'une fidélité incomparables ; rien n'est plus digne de vos regrets; et moi, Monsieur, que ne perdrai-je point? Quelles perfections ne réunissait-elle point pour être, à mon égard, par différents caractères, plus chère et plus précieuse! Une perte si complète et si irréparable ne porte pas à chercher de consolations ailleurs que dans l'amertume des larmes et des gémissements. Je n'ai pas la force de lever les yeux assez haut pour trouver le lieu d'où doit venir le secours ; je ne puis encore tourner mes regards qu'autour de moi, et je n'y vois plus cette personne qui m'a comblée de biens, qui n'a eu d'attention qu'à me donner tous les jours de nouvelles marques de son tendre attachement, avec l'agrément de la société. Il est bien vrai, Monsieur, il faut une force plus qu'humaine pour soutenir une si cruelle séparation et tant de privation ; j'étais bien loin d'y être préparée : la parfaite santé dont je la voyais jouir, un an de maladie qui m'avait mise cent fois en péril, m'avaient ôté l'idée que l'ordre de la nature pût avoir lieu à mon égard. Je me flattais de ne jamais souffrir un si grand mal; je le souffre, et le sens dans toute sa rigueur. Je mérite votre pitié, Monsieur, et quelque part dans l'honneur de votre amitié, si on la mérite par une sincère estime et beaucoup de vénération pour votre vertu. Je n'ai point changé de sentiments pour vous depuis que je vous connais, et je crois vous avoir dit plus d'une fois qu'on ne peut vous honorer plus que je ne fais.

LE CARDINAL DE RETZ.

Jean-François-Paul de Gondi, cardinal de Retz, né à Montmirail-en-Brie, en 1614, commença par montrer un goût décidé pour la carrière militaire; mais il ne tarda point à entrer dans les ordres; il fut reçu docteur en Sorbonne en 1643, prêcha devant la cour avec un certain succès, et se jeta tour à tour dans les partis qui combattirent Richelieu et Mazarin. Nommé cardinal en 1652, il fut forcé de quitter la France pendant les troubles de la Fronde, et n'y rentra qu'en 1661. Malgré l'opposition qu'il avait faite, il reçut le titre d'abbé de Saint-Denis, ce qui était l'une des plus hautes dignités ecclésiastiques de l'époque; et pour se faire pardonner les égarements d'une jeunesse orageuse, il alla se jeter aux pieds de Louis XIV.

— Vous avez des cheveux blancs, lui dit le roi.

— Sire, répondit le cardinal, on blanchit aisément quand on a le malheur d'être dans la disgrâce de Votre Majesté.

Le roi pardonna. Mais fatigué par les agitations d'une vie orageuse et chargé de plus de trois millions de dettes, qu'il eut beaucoup de peine à payer, le cardinal se retira dans sa terre de Commercy, où il mourut en 1679, après avoir uniquement occupé les dernières années de sa vie à la rédaction de ses *Mémoires*. Pour la connaissance des hommes et des affaires, dit la Harpe, rien ne peut se comparer, même de fort loin, à ces mémoires célèbres. Nous ajouterons que dans l'anecdote et le portrait le cardinal de Retz a également excellé.

LA REINE ANNE D'AUTRICHE (1).

La reine avait, plus que personne que j'aie jamais vu, de cette sorte d'esprit qui lui était nécessaire pour ne pas paraître sotte à ceux qui ne la connaissaient pas. Elle avait plus d'aigreur que de hauteur, plus de hauteur que de grandeur, plus de manières que de fond, plus d'application à l'argent que de libéralité, plus de libéralité que d'intérêt, plus d'intérêt que de désintéressement, plus d'attachement que de passion, plus de dureté que de fierté, plus de mémoire des injures que des bienfaits, plus d'intention de piété que de piété, plus d'opiniâtreté que de fermeté, et plus d'incapacité que de tout ce que j'ai dit ci-dessus.

(1) Cette princesse, fille de Philippe III, roi d'Espagne, fut la femme de Louis XIII et la mère de Louis XIV.

GASTON D'ORLÉANS (1).

M. le duc d'Orléans avait, à l'exception du courage, tout ce qui était nécessaire à un honnête homme : mais comme il n'avait rien, sans exception, de tout ce qui peut distinguer un grand homme, il ne trouvait rien dans lui-même qui pût suppléer ni même soutenir sa faiblesse. Comme elle régnait dans son cœur par la frayeur et dans son esprit par l'irrésolution, elle salit tout le cours de sa vie. Il entra dans toutes les affaires, parce qu'il n'avait pas la force de résister à ceux mêmes qui l'y entraînaient pour leur intérêt ; mais il n'en sortit jamais qu'avec honte, parce qu'il n'avait pas le courage de les soutenir. Cet ombrage amortit dès sa jeunesse en lui les couleurs même les plus vives et les plus gaies, qui devaient briller naturellement dans un esprit beau et éclairé, dans un enjouement aimable, dans une intention très-bonne, dans un désintéressement complet et dans une facilité de mœurs incroyable.

LE PRINCE DE CONDÉ (2).

M. le Prince est né capitaine, ce qui n'est jamais arrivé qu'à lui, à César et à Spinola. Il a égalé le premier ; il a passé le second. L'intrépidité est l'un des moindres traits de son caractère. La nature lui avait fait l'esprit aussi grand que le cœur ; la fortune, en le donnant à un siècle de guerre, a laissé au second toute son étendue ; la naissance, ou plutôt l'éducation dans une maison attachée et soumise au cabinet, a donné des bornes trop étroites au premier. On ne lui a pas inspiré d'assez bonne heure les grandes et générales maximes, qui sont celles qui font et qui forment ce que l'on appelle l'esprit de suite. Il n'a pas eu le temps de les prendre par lui-même, parce qu'il a été prévenu, dès sa jeunesse, par la chute imprévue des grandes affaires, et par l'habitude du bonheur. Ce défaut a fait qu'avec l'âme du monde la moins méchante, il a fait des injustices ; qu'avec le cœur d'Alexandre, il n'a pas été exempt non plus que

---

(1) Troisième fils de Henri IV, né en 1608, mort en 1660.
(2) Louis II, prince de Condé, connu sous le nom du grand Condé, né en 1621, mort en 1686, célèbre par les victoires de Rocroi, de Lens, de Fribourg.

lui de faiblesses ; qu'avec un esprit merveilleux, il est tombé dans des imprudences ; qu'ayant toutes les qualités de François de Guise, il n'a pas servi l'Etat, en de certaines occasions, aussi bien qu'il le devait, et qu'ayant toutes celles de Henri du même nom, il n'a pas poussé la faction où il le pouvait. Il n'a pu remplir son mérite, c'est un défaut ; mais il est rare, mais il est beau.

SAINT-ÉVREMOND.

Né d'une famille noble, à Saint Denis-le-Gast, près Coutances, en 1613, lecteur du prince de Condé, maréchal de camp des armées du roi, soldat plein de bravoure et causeur plein d'esprit, prodigue d'argent, ami des plaisirs et des lettres, imprévoyant et railleur, Saint-Évremond est l'un des types les plus complets du gentilhomme sous Louis XIV ; mais chez lui la légèreté extérieure n'exclut pas la solidité et l'étendue de la pensée. Il fait des satires contre l'Académie, des satires contre la Fronde ; mais il sait, à l'occasion, rentrer de plain-pied dans l'histoire sérieuse, dans la critique littéraire, et même, par un certain côté, dans la philosophie. On lui doit des *Observations sur Salluste et Tacite* ; — des *Réflexions sur la tragédie et la comédie* ; — des *Réflexions sur l'usage de la vie* ; — *sur les divers génies du peuple romain* ; — des *lettres*, etc. Un pamphlet qu'il publia à l'occasion de la paix dite *des Pyrénées*, conclue par l'entremise de Mazarin, en 1659, entre Philippe IV, roi d'Espagne et la France, lui attira la colère de Louis XIV. En homme prudent, peu soucieux d'aller vieillir dans les cachots de la Bastille, il se réfugia en Angleterre, où il reçut de Charles II et de Guillaume III l'accueil le plus empressé. Il y mourut en 1703, et fut inhumé dans l'abbaye de Westminster, à côté des grands hommes dont l'Angleterre s'honore.

L'HONNÊTE HOMME.

Pour se rendre heureux avec moins de peine, et pour l'être avec sûreté, il faut faire en sorte que les autres le soient avec nous. C'est ce ménagement de bonheur pour nous et pour les autres que l'on doit appeler l'honnêteté, qui n'est, à le bien prendre, qu'un amour-propre bien ménagé.

Pour avoir cette honnêteté au plus haut degré, il faut avoir l'esprit excellent et le cœur bien fait, et qu'ils soient tous deux de concert ensemble. Par la grandeur de l'esprit, on connaît ce qu'il y a de plus juste et de plus raisonnable à dire ou à faire, et, par la bonté du cœur, on ne manque jamais de vouloir faire et dire ce qu'il y a plus de raisonnable et de plus juste. Ces deux pièces sont essentielles pour faire un honnête homme; et puisque c'est une chose si rare de les voir séparément, combien doit-il être encore plus rare de les voir toutes deux ensemble !

Un honnête homme n'est touché que du vrai mérite. Ce que l'on appelle grandeur, autorité, fortune, richesse, tout cela ne l'enchante point ; il en démêle parfaitement les plaisirs et les peines, et c'est ce qui l'empêche quelquefois de prendre le chemin qui mène à la fortune. Quoiqu'il soit agréable et de bonne compagnie, il est assez retiré et n'aime pas le grand jour. Aussi voit-on rarement qu'il cherche à monter sur le théâtre du monde. Mais, si la naissance où la fortune veulent l'y placer, comme il a l'esprit vaste, qu'il est intelligent, pénétrant, habile, il joue parfaitement son rôle.

L'honnête homme fait grand cas de l'esprit ; mais il fait encore plus de cas de la raison. Il aime la vérité sur toutes choses, il veut savoir tout, et ne se pique de rien savoir. Il connaît le prix, le fort et le faible de tout. Il n'estime les choses que selon leur véritable valeur.

BOSSUET.

Ce grand homme était le fils d'un avocat du parlement de Dijon. Il naquit dans cette ville le 27 septembre 1627, et mourut à Paris le 12 avril 1704. Après avoir commencé ses études chez les jésuites de sa ville natale, il vint, à l'âge de quinze ans, les terminer à Paris, au collége de Navarre. Une vocation irrésistible l'entraînait vers l'état ecclésiastique, et, à l'âge de seize ans, il prêcha dans le salon de l'hôtel de Rambouillet un sermon qui fut très-remarqué. En 1652, il reçut la prêtrise, puis il alla pendant quelques années remplir à Metz les fonctions de chanoine et d'archidiacre. Il était de retour à Paris en 1657, et se fit entendre pour la première fois dans les chaires de la capitale le 10 mars de cette même année. En 1669, il fut nommé évêque de Condom. En 1670, Louis XIV le chargea de l'éducation du Dauphin, et l'éleva au siége épiscopal de Meaux. Il nous est impossible de suivre ici dans le détail tous les travaux qui ont rempli la glorieuse existence de Bossuet ; il nous suffira de dire que, depuis son entrée dans les ordres jusqu'à sa mort, en 1704, Bossuet a été mêlé à toutes les graves questions qui ont agité l'Eglise. Il a exercé dans toutes les matières de la discipline et de la foi une autorité souveraine ; et c'est avec raison qu'on l'a surnommé *le dernier des Pères de l'Eglise*. Controversiste, théologien, philosophe, politique, orateur, historien, il a porté dans tous les sujets qu'il a traités une élévation de vues et une puissance de style qui le placent au premier rang parmi les plus beaux génies. Ses principaux ouvrages sont : le *Traité de la connaissance de Dieu et de soi-même* ; — la *Politique tirée de l'Ecriture sainte* ; — l'*Exposition de la foi catholique* ; — les *Méditations sur l'Evangile* ; — l'*Histoire des variations de l'Eglise protestante* ; — les *Elévations à Dieu sur les mystères* ; — les *Sermons* et les *Oraisons funèbres* ;— le *Discours sur l'histoire universelle*.

BATAILLE DE ROCROY (1).

L'armée ennemie est plus forte, il est vrai ; elle est composée de ces vieilles bandes wallonnes, italiennes et espagnoles qu'on n'avait pu rompre jusqu'alors. Mais pour combien fallait-il compter le courage qu'inspiraient à nos troupes le besoin pressant de l'Etat, les avantages passés, et un jeune prince du sang qui portait la victoire dans ses yeux ! Don Francisco de Mellos l'attend de pied ferme ; et, sans pouvoir reculer, les deux généraux et les deux armées semblent avoir voulu se renfermer dans des bois et dans des marais pour décider leur querelle, comme deux braves, en champ clos. Alors que ne vit-on pas ! Le jeune prince parut un autre homme. Touché d'un si digne objet, sa grande âme se déclara tout entière : son courage croissait avec les périls, et ses lumières avec son ardeur. A la nuit qu'il fallut passer en présence des ennemis, comme un vigilant capitaine, il reposa le dernier, mais jamais il ne reposa plus paisiblement. A la veille d'un si grand jour, dès la première bataille, il est tranquille, tant il se trouve dans son naturel : et on sait que que le lendemain, à l'heure marquée, il fallut réveiller d'un profond sommeil cet autre Alexandre. Le voyez-vous comme il vole, ou à la victoire, ou à la mort ? Aussitôt qu'il eut porté de rang en rang l'ardeur dont il était animé, on le vit presque en même temps pousser l'aile droite des ennemis, soutenir la nôtre ébranlée, rallier les Français à demi vaincus, mettre en fuite

---

(1) Cette bataille fut livrée, le 19 mai 1643, par l'armée espagnole à l'armée française commandée par le duc d'Enghien, prince de Condé. Notre victoire fut complète ; et comme les Espagnols avaient été regardés jusqu'alors comme les premiers soldats de l'Europe, elle jeta sur nos armes le plus grand éclat.

l'Espagnol victorieux, porter partout la terreur, et étonner de ses regards étincelants ceux qui échappaient à ses coups. Restait cette redoutable infanterie de l'armée d'Espagne, dont les gros bataillons serrés, semblables à autant de tours, mais à des tours qui sauraient réparer leurs brèches, demeuraient inébranlables au milieu de tout le reste en déroute, et lançaient des feux de toutes parts. Trois fois le jeune vainqueur s'efforça de rompre ces intrépides combattants ; trois fois il fut repoussé par le valeureux comte de Fontaines, qu'on voyait porté dans sa chaise, et, malgré ses infirmités, montrer qu'une âme guerrière est maîtresse du corps qu'elle anime. Mais enfin il faut céder. C'est en vain qu'à travers des bois, avec sa cavalerie toute fraîche, Bek précipite sa marche pour tomber sur nos soldats épuisés : le prince l'a prévenu ; les bataillons enfoncés demandent quartier : mais la victoire va devenir plus terrible pour le duc d'Enghien que le combat. Pendant qu'avec un air assuré il s'avance pour recevoir la parole de ces braves gens, ceux-ci, toujours en garde, craignent la surprise de quelque nouvelle attaque ; leur effroyable décharge met les nôtres en furie : on ne voit plus que carnage ; le sang enivre le soldat, jusqu'à ce que ce grand prince, qui ne put voir égorger ces lions comme de timides brebis, calma les courages émus, et joignit au plaisir de vaincre celui de pardonner. Quel fut alors l'étonnement de ces vieilles troupes, et de leurs braves officiers, lorsqu'ils virent qu'il n'y avait plus de salut pour eux qu'entre les bras du vainqueur ! De quels yeux regardèrent-ils le jeune prince, dont la victoire avait relevé la haute contenance, à qui la clémence ajoutait de nouvelles grâces ! Qu'il eût encore volontiers sauvé la vie au brave comte de Fontaines ! Mais il se trouva par terre, parmi ces milliers de morts dont l'Espagne sent encore la perte. Elle ne savait pas que le prince qui lui fit perdre tant de ses vieux régiments à la journée de Rocroy, en devait achever les restes dans les pleines de Lens. Ainsi la première victoire fut le gage de beaucoup d'autres.

L'IDOLATRIE ROMAINE CHATIÉE PAR LES BARBARES.

Rome, qui avait vieilli dans le culte des idoles, avait une peine extrême à s'en défaire, même sous les empereurs chrétiens, et le sénat se faisait un honneur de défendre les dieux de Romulus, auxquels il attribuait toutes les victoires de l'ancienne république. Les empereurs étaient fatigués des députations de ce grand corps, qui demandait le rétablissement de ses idoles, et qui croyait que corriger Rome de ses vieilles superstitions était faire injure au nom romain. Ainsi cette compagnie, composée de ce que l'empire avait de plus grand, et une immense multitude de peuple où se trouvaient presque tous les plus puissants de Rome, ne pouvaient être retirées de leurs erreurs, ni par la prédication de l'Evangile, ni par un si visible accomplissement des anciennes prophéties, ni par la conversion de presque tout le reste de l'empire, ni enfin par celle des princes dont tous les décrets autorisaient le christianisme. Au contraire, ils continuaient à charger d'opprobres l'Eglise de Jésus-Christ, qu'ils accusaient encore, à l'exemple de leurs pères, de tous les malheurs de l'empire, toujours prêts à renouveler les anciennes persécutions, s'ils n'eussent été réprimés par les empereurs. Les choses étaient encore en cet état au IVe siècle de l'Eglise, et cent ans après Constantin, quand Dieu enfin se ressouvint de tant de sanglants décrets du sénat contre les fidèles, et tout ensemble des cris furieux dont tout le peuple romain, avide du sang chrétien, avait si souvent fait retentir l'amphithéâtre. Il livra donc aux barbares cette ville « enivrée du sang des martyrs, » comme parle saint Jean. Dieu renouvela sur elle les terribles châtiments qu'il avait exercés sur Babylone : Rome même est appelée de ce nom. Cette nouvelle Babylone, imitatrice de l'ancienne, comme elle enflée de ses victoires, triomphante dans ses délices et dans ses richesses, souillée de ses idolâtries, et persécutrice du peuple de Dieu, tombe aussi comme elle d'une grande chute, et saint Jean chante sa ruine. La gloire de ses conquêtes, qu'elle attribuait à ses dieux, lui est ôtée : elle est en proie aux barbares, prise trois ou quatre fois, pillée, saccagée, détruite. Le glaive des barbares ne pardonne qu'aux chrétiens. Une autre Rome toute chrétienne sort des cendres de la première ; et c'est seulement après l'inondation des barbares que s'achève entièrement la victoire de Jésus-Christ sur les dieux romains, qu'on voit non-seulement détruits, mais oubliés.

LA VIE HUMAINE.

La vie humaine est semblable à un chemin dont l'issue est un précipice affreux. On nous en avertit dès le premier pas ; mais la loi est prononcée, il faut avancer toujours. Je voudrais retourner sur mes pas : Marche ! marche ! Un poids invincible, une force irrésistible nous entraîne ; il faut sans cesse avancer vers le précipice. Mille traverses, mille peines, nous fatiguent et nous inquiètent dans la route. Encore si je pouvais éviter ce précipice affreux ! Non, non ; il faut marcher, il faut courir : telle est la rapidité des années. On se console pourtant, parce que de temps en temps on rencontre des objets qui nous divertissent, des eaux courantes, des fleurs qui passent. On voudrait s'arrêter : Marche ! marche ! Et cependant on voit tomber derrière soi tout ce qu'on avait passé : fracas effroyable ! inévitable ruine ! on se console parce qu'on emporte quelques fleurs cueillies en passant, qu'on voit se faner entre ses mains du matin au soir, et quelques fruits qu'on perd en les goûtant : enchantement ! illusion ! Toujours entraîné, tu approches du gouffre affreux : déjà tout commence à s'effacer, les jardins moins fleuris, les fleurs moins brillantes, leurs couleurs moins vives, les prairies moins riantes, les eaux moins claires : tout se ternit, tout s'efface. L'ombre de la mort se présente ; on commence à sentir l'approche du gouffre fatal. Mais il faut aller sur le bord. Encore un pas : déjà l'horreur trouble les sens, la tête tourne, les yeux s'égarent. Il faut marcher ; on voudrait retourner en arrière ; plus de moyen : tout est tombé, tout est évanoui, tout est échappé.

LA PROVIDENCE.

Contemplez le ciel et la terre et la sage économie de cet univers. Est-il rien de mieux entendu que cet édifice ? est-il rien de mieux pourvu que cette famille ? est-il rien de mieux gouverné que cet empire ? Cette puissance suprême qui a construit le monde, et qui n'y a rien fait qui ne soit très-bon, a fait néanmoins des créatures meilleures les unes que les autres. Elle a fait les corps célestes, qui sont immortels ; elle a fait les terrestres, qui sont périssables ; elle a fait des animaux admirables par leur grandeur ; elle a fait les insectes et les oiseaux qui semblent méprisables par leur petitesse ; elle a fait ces grands arbres des forêts qui subsistent des siècles entiers ; elle a fait les fleurs des champs qui se passent du matin au soir. Il y a de l'inégalité dans ses créatures, parce que cette même bonté qui a donné l'être aux plus nobles ne l'a pas voulu envier aux moindres. Mais, depuis les plus grandes jusqu'aux plus petites, sa providence se répand partout : elle nourrit les petits oiseaux qui l'invoquent dès le matin par la mélodie de leurs chants; et ces fleurs dont la beauté est si tôt flétrie, elle les habille si superbement durant ce petit moment de leur être que Salomon, dans toute sa gloire, n'a rien de comparable à cet ornement. Vous, hommes, qu'il a faits à son image, qu'il a éclairés de sa connaissance, qu'il a appelés à son royaume, pouvez-vous croire qu'il vous oublie et que vous soyez les seules de ses créatures sur lesquelles les yeux toujours vigilants de sa providence paternelle ne soient pas ouverts?

PÉRORAISON DE L'ORAISON FUNÈBRE DE CONDÉ.

Jetez les yeux de toutes parts, voilà tout ce qu'a pu la magnificence et la piété pour honorer un héros : des titres, des inscriptions, vaines marques de ce qui n'est plus; des figures qui semblent pleurer autour d'un tombeau, et de fragiles images d'une douleur que le temps emporte avec tout le reste; des colonnes qui semblent vouloir porter jusqu'au ciel le magnifique témoignage de notre néant; et rien enfin ne manque dans tous ces honneurs que celui à qui on les rend.

Pleurez donc sur ces faibles restes de la vie humaine, pleurez sur cette triste immortalité que nous donnons aux héros. Mais approchez en particulier, ô vous qui courez avec tant d'ardeur dans la carrière de la gloire, âmes guerrières et intrépides! quel autre fut plus digne de vous commander? mais dans quel autre avez-vous trouvé le commandement plus honnête? Pleurez donc ce grand capitaine, et dites en gémissant : « Voilà celui qui nous menait dans les hasards! Sous lui se sont formés tant de renommés capitaines que ses exemples ont élevés aux premiers honneurs de la guerre! Son ombre eût pu encore gagner des batailles, et voilà que, dans son silence, son nom même nous anime; et ensemble il nous avertit que, pour trouver à la mort quelque reste de nos travaux, et n'arriver pas sans ressource à notre éternelle demeure, avec le roi de la terre, il faut encore servir le roi du ciel. » Servez donc ce roi immortel et si plein de miséricorde, qui vous comptera un soupir et un verre d'eau donné en son nom, plus que tous les autres ne feront jamais tout votre sang répandu, et commencez à compter le temps de vos utiles services du jour que vous vous serez donnés à un maître si bienfaisant.

Et vous, ne viendrez-vous pas à ce triste monument, vous, dis-je, qu'il a bien voulu mettre au rang de ses amis ? Tous ensemble, en quelque degré de sa confiance qu'il vous ait reçus, environnez ce tombeau, versez des larmes avec des prières ; et, admirant dans un si grand prince une amitié si commode et un commerce si doux, conservez le souvenir d'un héros dont la bonté avait égalé le courage. Ainsi puisse-t-il toujours vous être un cher entretien ! ainsi puissiez-vous profiter de ses vertus, et que sa mort, que vous déplorez, vous serve à la fois de consolation et d'exemple !

Pour moi, s'il m'est permis, après tous les autres, de venir rendre les derniers devoirs à ce tombeau, ô prince, le digne sujet de nos louanges et de nos regrets, vous vivrez éternellement dans ma mémoire ; votre image y sera tracée, non point avec cette audace qui promettait la victoire, non, je ne veux rien voir en vous de ce que la mort y efface ; vous aurez dans cette image des traits immortels : je vous y verrai tel que vous étiez à ce dernier jour, sous la main de Dieu, lorsque sa gloire sembla commencer à vous apparaître. C'est là que je vous verrai plus triomphant qu'à Fribourg et à Rocroy ; et, ravi d'un si beau triomphe, je dirai en actions de grâces ces belles paroles du bien-aimé disciple : « La véritable victoire, celle qui met sous nos pieds le monde entier, c'est notre foi. »

Jouissez, prince, de cette victoire ; jouissez-en éternellement par l'immortelle vertu de ce sacrifice. Agréez ces derniers efforts d'une voix qui vous fut connue. Vous mettrez fin à tous ces discours. Au lieu de déplorer la mort des autres, grand prince, dorénavant je veux apprendre de vous à rendre la mienne sainte : heureux si, averti par ces cheveux blancs du compte que je dois rendre de mon administration, je réserve au troupeau que je dois nourrir de la parole de vie les restes d'une voix qui tombe et d'une ardeur qui s'éteint !

PERFECTION DE DIEU.

Dieu est une intelligence qui ne peut ni rien ignorer, ni douter de rien, ni rien apprendre, ni perdre, ni acquérir aucune perfection, car tout cela tient du non-être. Or Dieu est celui qui EST, celui qui est par essence. Comment donc peut-on penser que celui qui est ne soit pas, ou que l'idée qui comprend tout l'être ne soit pas réelle ; ou que, pendant qu'on voit que l'imparfait est, on puisse dire, on puisse penser, en entendant ce qu'on pense, que le parfait ne soit pas ? Ce qui est parfait est heureux, car il connaît sa perfection, puisque connaître sa perfection est une partie trop essentielle de la pefection pour manquer à l'être parfait. O Dieu ! vous êtes bienheureux. O Dieu ! je me réjouis de votre éternelle félicité. Toute l'Ecriture nous prêche que l'homme qui espère en vous est heureux : à plus forte raison êtes-vous heureux vous-même, ô Dieu en qui on espère ! Aussi saint Paul vous appelle-t-il expressément bienheureux : Je vous annonce ces choses selon le glorieux Evangile du Dieu bienheureux. Et encore : C'est ce que nous montrera en son temps celui qui est bienheureux et le seul puissant, roi des rois et seigneur des seigneurs, qui seul possède l'immortalité et habite une lumière inaccessible, à qui appartient la gloire et un empire éternel. O Dieu bienheureux ! je vous adore dans votre bonheur. Soyez loué à jamais de me faire connaître et savoir que vous êtes éternellement et immuablement bienheureux.

ÉTERNITÉ ET IMMENSITÉ DE DIEU.

Élevez, Seigneur, ma pensée au-dessus de toute image des sens et de la coutume, pour me faire entendre dans votre éternelle vérité que vous êtes celui qui est, que vous êtes toujours le même sans succession ni changement, et que vous faites le changement et la succession partout où elle est. Vous faites par conséquent tous les mouvements et toutes les circulations dont le temps peut être la mesure. Vous voyez dans votre éternelle intelligence toutes les circulations différentes que vous pouvez faire, et les nommant, pour ainsi dire, toutes par leur nom, vous avez choisi celles qu'il vous a plu pour les faire aller les unes après les autres..... Ainsi la première révolution que vous avez faite du cours du soleil a été la première année, et le premier mouvement que vous avez fait dans la matière a été le premier jour. Le temps a commencé selon ce qu'il vous a plu, et vous en avez fait le commencement tel qu'il vous a plu, comme vous en avez fait la suite et la succession, que vous ne cessez de développer du centre immuable de votre éternité. Vous avez fait le lieu de la même sorte que vous avez fait le temps. Pour vous, ô Dieu de gloire et de majesté ! vous n'avez besoin d'aucun lieu :

vous habitez en vous-même tout entier. Sans autre étendue que celle de vos connaissances, vous savez tout ; ou celle de votre puissance, vous pouvez tout ; ou celle de votre être, de votre éternité, vous êtes tout. Vous êtes tout ce qui est nécessairement ; et ce qui ne peut pas être, et ce qui n'est pas éternellement comme vous, n'ajoute rien à la perfection et à la plénitude de l'être, que vous possédez seul.

BOURDALOUE.

« Jamais prédicateur évangélique, dit madame de Sévigné en parlant de Bourdaloue, n'a prêché si hautement et si généreusement les vérités chrétiennes. » Doué d'un organe admirable, d'un geste puissant, d'un regard pénétrant et profond, d'un fonds de raisonnement qui ne laissait aucune place à la contradiction, cet illustre orateur exerça sur la société de son temps la plus grande et la plus salutaire influence. Né à Bourges en 1632, Bourdaloue fit ses études chez les Jésuites et entra dans leur ordre. Il vint, pour la première fois, prêcher à Paris en 1669, et mourut dans cette ville en 1704.

LE MYSTÈRE DE LA CROIX.

Le centenier qui l'observait de près, et qui le vit expirer, protesta hautement qu'il était Dieu et vrai Fils de Dieu. Si ce centenier eût été un disciple du Sauveur, et qu'il eût ainsi raisonné, peut-être son raisonnement et son témoignage pourraient-ils être suspects ; mais c'est un infidèle, c'est un païen, qui, de la manière dont il voit mourir Jésus-Christ, conclut sans hésiter qu'il meurt par miracle, et qui de ce miracle tire immédiatement la conséquence qu'il est donc vraiment le Fils de Dieu.

Une dernière preuve, mais essentielle, c'est de voir un homme que l'ignominie de sa mort, que la confusion, l'opprobre, l'humiliation infinie de sa mort, élève à toute la gloire que peut prétendre un Dieu : tellement qu'à son seul nom et en vue de sa croix, les plus hautes puissances du monde fléchissent les genoux, et se prosternent pour lui faire hommage de leur grandeur. Voilà ce que Dieu révélait à saint Paul dans un temps, remarque bien importante, dans un temps où tout semblait s'opposer à l'accomplissement de cette prédiction ; dans un temps où, selon toutes les vues de la prudence humaine, cette prédiction devait passer pour chimérique ; dans un temps, où le nom de Jésus-Christ était en horreur. Toutefois, ce qu'avait dit l'Apôtre est arrivé; ce qui fut pour les chrétiens de ce temps-là un point de foi a cessé en quelque façon de l'être pour nous, puisque nous sommes témoins de la chose et qu'il ne faut plus captiver nos esprits pour la croire. Les puissances de la terre fléchissent maintenant les genoux devant ce crucifié. Les princes, et les plus grands de nos princes, sont les premiers à nous en donner l'exemple; et il n'a tenu qu'à nous, les voyant en ce saint jour au pied de l'autel adorer Jésus-Christ sur la croix, de nous consoler et de nous dire à nous-mêmes : Voilà ce que m'avait prédit saint Paul; et ce que du temps de saint Paul j'aurais rejeté comme un songe, c'est ce que je vois et de quoi je ne puis douter.

Or un homme, mes chers auditeurs, dont la croix, selon la belle expression de saint Augustin, a passé du lieu infâme des supplices sur le front des monarques et des empereurs; un homme qui, sans autre secours, sans autres armes, par la vertu seule de la croix, a vaincu l'idolâtrie, a triomphé de la superstition, a détruit le culte des faux dieux, a conquis tout l'univers, au lieu que les plus grands rois de l'univers ont besoin pour les moindres conquêtes de tant de secours; un homme qui, comme le chante l'Église, a trouvé le moyen de régner par où les autres cessent de vivre, c'est-à-dire par le bois qui fut l'instrument de sa mort; et, ce qui est encore plus merveilleux, un homme qui pendant sa vie avait expressément marqué que tout cela s'accomplirait, et que du moment qu'il serait élevé de la terre il attirerait tout à lui, voulant, comme l'observe l'Évangéliste, signifier par-là de quel genre de mort il devait mourir : un tel homme n'est-il pas pas plus qu'homme ? N'est-il pas homme et Dieu tout ensemble ? Quelle vertu la croix où nous le contemplons n'a-t-elle pas eue pour le faire adorer des peuples ? Combien d'apôtres de son Évangile, combien d'imitateurs de ses vertus, combien de confesseurs, combien de martyrs, combien d'âmes saintes et dévouées à son culte, combien de disciples zélés pour sa gloire; disons mieux, combien de nations, combien de royaumes, combien d'empires n'a-t-il pas attirés à lui par le charme secret mais tout-puissant de cette croix

LA CÉRÉMONIE DES CENDRES.

L'homme, dit l'Écriture, était dans l'honneur et dans la gloire où Dieu l'avait élevé par la création ; mais, au milieu de sa gloire, l'homme s'était méconnu. Cet oubli de lui même, par une suite nécessaire, l'avait porté jusqu'à l'oubli, et même jusqu'au mépris de Dieu. Que fait l'Église? Pour rétablir en nous ce respect de Dieu, et cette crainte que nous perdons par le péché, et qui doit être le fondement de la pénitence, elle nous engage, ou plutôt elle nous oblige à concevoir du mépris pour nous-mêmes, en nous adressant ces paroles : *Souviens-toi, ô homme, que tu es poussière, et que tu retourneras dans la poussière.* Comme si elle nous disait : Pourquoi, homme mortel, vous attribuer sans raison une grandeur chimérique et imaginaire? Souvenez-vous de ce que vous étiez il y a quelques années, quand Dieu, par sa toute puissance, vous tira de la boue et du néant. Souvenez-vous de ce que vous serez dans quelques années, quand ce petit nombre de jours qui vous reste encore sera expiré. Voilà les deux termes où il faut, malgré vous, que votre orgueil se borne.

Raisonnez tant qu'il vous plaira sur ces deux principes ; vous n'en tirerez jamais de conséquence, non seulement qui ne vous humilie, mais qui ne vous rappelle à votre devoir, lorsque vous serez assez aveuglé et assez insensé pour vous en écarter. Telle est, encore une fois, Chrétiens, la salutaire et importante leçon que fait l'Église, comme une mère sage, à tous ses enfants.

Examinons plus en détail la manière dont elle y procède, et toutes les circonstances de cette cérémonie des cendres qu'elle observe en ce saint jour. Car il n'y en a pas une qui ne nous instruise, et qui n'aille directement à ces deux fins, de rabattre notre orgueil, et de nous disposer à la pénitence. En effet, c'est pour rabattre notre orgueil qu'elle nous présente des cendres, et qu'elle nous les fait mettre sur la tête. Pourquoi des cendres ? Parce que rien, dit saint Ambroise, ne doit mieux nous faire comprendre ce que c'est que la mort, et l'humiliation extrême où nous réduit la mort, que la poussière et la cendre. Oui, ces cendres que nous recevons prosternés aux pieds des ministres du Seigneur, ces cendres dont la bénédiction, selon la pensée de saint Grégoire de Nysse, est aujourd'hui comme le mystère, ou, si vous voulez, comme le sacrement de notre mortalité, et par conséquent de notre humilité, si nous les considérons bien, ont quelque chose de plus touchant que tous les raisonnements du monde, pour nous humilier en qualité d'hommes, et pour nous faire prendre, en qualité de pécheurs, les sentiments d'une parfaite conversion et d'un retour sincère à Dieu. Car elles nous apprennent ce que nous voudrions peut-être ne pas savoir, et ce que nous tâchons tous les jours d'oublier. Mais malheur à nous, si jamais nous tombons, ou dans une ignorance si déplorable, ou dans un oubli si funeste.

Elles nous apprennent que toutes ces grandeurs dont le monde se glorifie, et dont l'orgueil des hommes se repaît; que cette naissance dont on se pique, que ce crédit dont on se flatte, que cette autorité dont on est si fier, que ces succès dont on se vante, que ces biens dont on s'applaudit, que ces dignités et ces charges dont on se prévaut, que cette beauté, cette valeur, cette réputation dont on est idolâtre; que tout cela, malgré nos préventions et nos erreurs, n'est que vanité et que mensonge.

Elles nous apprennent que nous sommes donc bien injustes, quand, à quelque prix que ce soit, et souvent contre l'ordre de la Providence, nous prétendons nous distinguer, et que nous voulons faire dans le monde certaines figures qui ne servent qu'à flatter notre vanité : que ces rangs que nous disputons avec tant de chaleur, ces droits que nous nous attribuons, ces points d'honneur dont nous nous entêtons, ces singularités que nous affectons, ces airs de domination que nous nous donnons, ces soumissions que nous exigeons, ces hauteurs avec lesquelles nous en usons, ces ménagements et ces égards que nous demandons, sont autant d'usurpations que fait notre orgueil, en nous persuadant, aussi bien qu'au pharisien de l'Évangile, que nous ne sommes pas comme le reste des hommes : erreur dont la cendre où nous réduit la mort nous détrompe bien, par l'égalité où elle met toutes les conditions, disons mieux, par leur entière destruction. Car voyez, dit éloquemment saint Augustin, au livre de la Nature et de la Grâce, voyez si dans les débris des tombeaux vous distinguerez le pauvre d'avec le riche, le roturier d'avec le noble, le faible d'avec le fort.

Elles nous apprennent que, malgré les vastes desseins que forme l'ambitieux de s'établir, de s'agrandir, de s'élever, de croître toujours, sans dire jamais c'est assez, la mort, par une triste destinée, le bornera bientôt à six pieds de terre : c'est trop, à une poignée de cendres.

LE JUGEMENT DERNIER.

Le jugement de Dieu sera pour ses élus le jour de leur rédemption, le jour de leur gloire, le jour où Dieu leur fera justice. Ah! Chrétiens, à quoi pensons-nous, si, persuadés d'une vérité si touchante, nous ne travaillons pas de toutes nos forces à être du nombre de ces heureux prédestinés? Que faisons-nous, si, renonçant aux fausses maximes du monde, nous ne nous mettons pas en état d'être de ces élus de Dieu qui paraîtront avec tant de confiance devant le tribunal de Jésus-Christ. Or, en voici, mes chers auditeurs, l'important secret, que je vous laisse pour fruit de tout ce discours. Commencez dès maintenant à accomplir dans vos personnes ce que Dieu, dans le jugement dernier, fera en faveur de ses élus ; il les séparera d'avec les hypocrites et les impies : séparez-vous-en par la pratique d'une solide et véritable piété ; il glorifiera les humbles : humiliez-vous, dit saint Pierre, et soumettez-vous à Dieu, afin que Dieu vous élève au jour de sa visite, c'est-à-dire, dans son jugement; il béatifiera les pauvres : assistez-les, soulagez-les, faites-vous-en des amis auprès de votre juge, afin que quand il viendra vous juger, ils soient vos intercesseurs, et qu'ils vous reçoivent dans les tabernacles éternels ; il vengera les faibles opprimés : protégez-les, et, selon la mesure de votre pouvoir, soyez leurs patrons ; servez, à l'exemple de Dieu, de tuteurs au pupille et à la veuve.

Et vous, justes, humbles, pauvres, faibles, les bien-aimés de Dieu, soutenez-vous dans votre justice, dans votre obscurité, dans votre pauvreté, dans votre faiblesse, par l'attente de ce grand jour, qui sera tout à la fois le jour du Seigneur et le vôtre. Non pas que vous ne deviez craindre le jugement de Dieu, il est à craindre pour tous ; mais, en le craignant, craignez-le de sorte que vous puissiez en même temps le désirer, l'aimer, l'espérer : car, pourquoi ne l'aimeriez-vous pas, puisqu'il doit vous délivrer de toutes les misères de cette vie? Pourquoi ne le désireriez-vous pas, puisqu'il doit vous racheter de la servitude du siècle? Pourquoi ne l'espéreriez-vous pas, puisqu'il doit commencer votre bonheur éternel? Craignez le jugement de Dieu, mais craignez-le d'une crainte mêlée d'amour et accompagnée de confiance; craignez-le comme vous craignez Dieu. Il ne vous est point permis de craindre Dieu sans l'aimer; il faut qu'en le craignant vous l'aimiez, et que vous l'aimiez encore plus que vous ne le craignez ; sans cela, votre crainte n'est qu'une crainte servile, qui ne suffit pas même pour le salut. Or, il en est de même du jugement de Dieu : craignons le tous, mes chers auditeurs, ce terrible jugement, mais craignons-le d'une crainte efficace, d'une crainte qui nous convertisse, qui corrige nos désordres, qui redouble notre vigilance, qui rallume notre ferveur, qui nous porte à la pratique de toutes les œuvres chrétiennes, tellement que nous méritions d'être placés à la droite, et d'entendre de la bouche de notre juge ces consolantes paroles : Venez, vous qui êtes bénis de mon père ; possédez le royaume qui vous est préparé dès la création du monde.

FLÉCHIER.

Né en 1632 à Pernes, dans le département de Vaucluse, membre de la congrégation de la Doctrine chrétienne à l'âge de seize ans, Fléchier vint s'établir à Paris en 1661, et fut nommé lecteur du Dauphin. Ses sermons et principalement ses oraisons funèbres attirèrent sur lui l'attention publique ; il fut admis à l'Académie française en 1673 ; devint évêque de Lavaur en 1685, et en dernier lieu évêque de Nîmes, en 1687. Il mourut en 1710, après avoir donné l'exemple dans sa longue carrière de toutes les vertus chrétiennes. Bien que Fléchier, comme orateur sacré, soit loin d'égaler Bossuet, on trouve néanmoins dans ses œuvres des qualités qui lui assurent un rang très-distingué dans notre littérature religieuse. On lui doit des *sermons*, des *panégyriques*, des *oraisons funèbres* et quelques ouvrages historiques.

ÉLOGE DE TURENNE.

N'attendez pas, Messieurs, que je suive la coutume des orateurs, et que je loue M. de Turenne comme on loue les hommes ordinaires. Si sa vie avait moins d'éclat, je m'arrêterais sur la grandeur et la noblesse de sa maison ; et, si son portrait était moins beau, je produirais ici ceux de ses ancêtres. Mais la gloire de ses actions efface celle de sa naissance ; et la moindre louange qu'on peut lui donner, c'est d'être sorti de l'ancienne et illustre maison de la Tour-d'Auvergne, qui a mêlé son sang avec celui des rois et des empereurs, qui a donné des maîtres à l'Aquitaine, des princesses à toutes les cours de l'Europe et des reines même à la France.

Mais que dis-je ? il ne faut pas l'en louer ici, il faut l'en plaindre. Quelque glorieuse que fût la source dont il sortait, l'hérésie des derniers temps l'avait infectée. Il recevait avec ce beau sang des principes d'erreur et de mensonge, et parmi ses exemples domestiques il trouvait celui d'ignorer et de combattre la vérité. Ne faisons donc pas la matière de son éloge de ce qui fut pour lui un sujet de pénitence, et voyons les voies d'honneur et de gloire que la providence de Dieu lui ouvrit dans le monde, avant que sa miséricorde le retirât des voies de la perdition et de l'égarement de ses pères.

Avant sa quatorzième année, il commença à porter les armes. Des sièges et des combats servirent d'exercice à son enfance, et ses premiers divertissements furent des victoires. Sous la discipline du prince d'Orange, son oncle maternel, il apprit l'art de la guerre en qualité de simple soldat; et ni l'orgueil ni la paresse ne l'éloignèrent d'aucun des emplois où la peine et l'obéissance sont attachées. On le vit en ce dernier rang de la milice ne refuser aucune fatigue et ne craindre aucun péril; faire par honneur ce que les autres faisaient par nécessité, et ne se distinguer d'eux que par un plus grand attachement au travail et par une plus noble application à tous ses devoirs.

Ainsi commençait une vie dont les suites devaient être si glorieuses, semblables à ces fleuves qui s'étendent à mesure qu'ils s'éloignent de leur source, et qui portent enfin partout où ils coulent la commodité et l'abondance. Depuis ce temps, il a vécu pour la gloire et pour le salut de l'Etat. Il a rendu tous les services qu'on peut attendre d'un esprit ferme et agissant, quand il se trouve dans un corps robuste et bien constitué. Il a eu dans la jeunesse toute la prudence d'un âge avancé, et dans un âge avancé toute la vigueur de la jeunesse. Ses jours ont été pleins, selon les termes de l'Ecriture; et, comme il ne perdit pas ses jeunes années dans la mollesse et dans la volupté, il n'a pas été contraint de passer les dernières dans l'oisiveté et dans la faiblesse.

Quel peuple ennemi de la France n'a pas ressenti les effets de sa valeur, et quel endroit de nos frontières n'a pas servi de théâtre à sa gloire? Il passe les Alpes, et, dans les fameuses actions de Casal, de Turin, de la route de Quiers, il se signale par son courage et par sa prudence; et l'Italie le regarde comme un des principaux instruments de ces grands et prodigieux succès, qu'on aura peine à croire un jour dans l'histoire. Il passe des Alpes aux Pyrénées pour assister à la conquête de deux importantes places qui mettent une de nos plus belles provinces à couvert de tous les efforts de l'Espagne. Il va recueillir au delà du Rhin les débris d'une armée défaite; il prend des villes, et contribue au gain des batailles. Il s'élève ainsi par degrés et par son seul mérite au suprême commandement, et fait voir, dans tout le cours de sa vie, ce que peut pour la défense d'un royaume un général d'armée qui s'est rendu digne de commander en obéissant, et qui a joint à la valeur et au génie l'application et l'expérience.

LOUIS XIV.

Nous dirons de Louis XIV ce que nous avons dit d'Henri IV : nous n'avons point à nous occuper de l'histoire de son règne ; mais dans un livre consacré aux gloires littéraires de la France, ce prince doit occuper une place éminente, d'abord à cause de la protection éclatante qu'il accordait aux lettres, ensuite à cause du talent supérieur qu'il a montré comme écrivain. Ses *OEuvres* ou *Mémoires* ont été réunis en six volumes in-octavo. Les extraits que nous en donnons ici prouvent que Louis XIV était roi jusque dans son style.

CONSEILS DE LOUIS XIV A SON FILS.

Quant au travail, mon fils, il se pourra faire que vous commenciez à lire ces mémoires en un âge où l'on a bien plus accoutumé de le craindre que de l'aimer ; trop content d'être échappé à la sujétion des précepteurs et des maîtres, et de n'avoir plus ni heure réglée ni application longue et certaine. Ici je ne vous dirai pas seulement que c'est toutefois par-là que l'on règne, pour cela qu'on règne, et qu'il y a de l'ingratitude et de l'audace à l'égard de Dieu, de l'injustice et de la tyrannie à l'égard des hommes, de vouloir l'un sans l'autre ; que ces conditions de la royauté, qui pourront quelquefois vous sembler rudes et fâcheuses en une si grande place, vous paraîtraient douces et aisées s'il était question d'y parvenir.

Il y a quelque chose de plus, mon fils, et je souhaite que votre propre expérience ne vous l'apprenne jamais : rien ne vous serait plus laborieux qu'une grande oisiveté, si vous aviez le malheur d'y tomber ; dégoûté premièrement des affaires, puis des plaisirs, puis d'elle-même, et cherchant partout inutilement ce qui ne se trouve point, c'est-à-dire la douceur du repos et du loisir, sans quelque fatigue et quelque occupation qui précède.

Je m'imposai pour loi de travailler régulièrement deux fois par jour, et deux ou trois heures chaque fois avec diverses personnes, sans compter les heures que je passais seul en particulier, ni le temps que je pouvais donner extraordinairement aux affaires extraordinaires s'il en survenait ; n'y ayant pas un moment où il ne fût permis de m'en parler, pour peu qu'elles fussent pressées ; à la réserve des ministres étrangers, qui trouvent quelquefois dans la familiarité qu'on leur permet de trop favorables conjonctures, soit pour obtenir, soit pour pénétrer, et que l'on ne doit guère écouter sans y être préparé.

Je ne puis vous dire quel fruit je recueillis aussitôt après de cette résolution. Je me sentis comme élever l'esprit et le courage, je me trouvai tout autre ; je découvris en moi ce que je n'y connoissais pas, et je me reprochai avec joie de l'avoir si longtemps ignoré. Cette première timidité que le jugement donne toujours et qui me faisait peine, surtout quand il fallait parler un peu longtemps et en public, se dissipa en moins de rien. Il me sembla seulement alors que j'étais roi, et né pour l'être. J'éprouvai enfin une douceur difficile à exprimer, et que vous ne connaîtrez point vous-même qu'en la goûtant comme moi.

Car il ne faut pas vous imaginer, mon fils, que les affaires d'Etat soient comme ces endroits épineux et obscurs des sciences qui vous auront peut-être fatigué, où l'esprit tâche de s'élever avec effort au-dessus de lui-même, le plus souvent pour ne rien faire, et dont l'inutilité, du moins apparente, nous rebute autant que la difficulté.

La fonction des rois consiste principalement à laisser agir le bon sens, qui agit toujours naturellement sans peine (1). Ce qui nous occupe est quelquefois moins difficile que ce qui nous amuserait seulement. L'utilité suit toujours un roi ; quelque éclairés et quelque habiles que soient ses ministres, il ne porte point lui-même la main à l'ouvrage sans qu'il y paraisse. Le succès qui plaît en toutes les choses du monde, jusqu'aux moindres, charme en celle-ci comme en la plus grande de toutes, et nulle satisfaction n'est égale à celle de remarquer chaque jour quelque progrès à des entreprises glorieuses et hautes, et à la félicité des peuples dont on a soi-même formé le plan et le dessein.

---

(1) La sagesse de ces conseils frappera tous les lecteurs ; mais ce n'est pas seulement aux rois qu'ils s'adressent, c'est à tous les hommes dans les plus hautes comme dans les plus modestes positions. Par malheur, ce qu'il y a de plus rare dans ce monde, c'est le bon sens, et c'est précisément celle de nos facultés que nous nous occupons le moins de développer ; et c'est aussi parce que le bon sens a été la source directe de l'inspiration des écrivains du XVII siècle, que ces écrivains ont conquis une si grande autorité.

Tout ce qui est le plus nécessaire à ce travail est en même temps agréable ; car, c'est, en un mot, mon fils, avoir les yeux ouverts sur toute la terre ; apprendre incessamment les nouvelles de toutes les provinces et de toutes les nations, le secret de toutes les cours, l'humeur et le faible de tous les princes et de tous les ministres étrangers ; être informé d'un nombre infini de choses qu'on croit que nous ignorons ; voir autour de nous-mêmes ce qu'on nous cache avec le plus de soin ; découvrir les vues les plus éloignées de nos propres courtisans, leurs intérêts les plus obscurs qui viennent à nous par des intérêts contraires, et je ne sais enfin quel autre plaisir nous ne quitterions pas pour celui-là, si la seule curiosité nous le donnait.

Je me suis arrêté sur cet endroit important au-delà de ce que j'avais résolu, et beaucoup plus pour vous que pour moi ; car en même temps que je vous montre ces facilités et ces douceurs aux soins les plus grands de la royauté, je n'ignore pas que je diminue d'autant l'unique, ou presque l'unique mérite que je puis espérer au monde.

Mais votre honneur, mon fils, m'est en cela plus cher que le mien ; et, s'il arrive que Dieu vous appelle à gouverner avant que vous ayez pris encore cet esprit d'application et d'affaires dont je vous parle, la moindre déférence que vous puissiez rendre aux avis d'un père à qui j'ose dire que vous devez beaucoup en toutes sortes est de faire d'abord et durant quelque temps, même avec contrainte, même avec dégoût, pour l'amour de moi qui vous en conjure, ce que vous ferez toute votre vie pour l'amour de vous-même, si vous avez une fois commencé.

LA BONNE FOI.

Le monde, tout corrompu qu'il est, a conservé tant de vénération pour la bonne foi, que ceux qui ont le moins de pente à la pratiquer sont tous les jours obligés de la contrefaire, pour n'être pas absolument bannis de toute société. Dans celui qui ne l'aime pas, les qualités les plus éclatantes deviennent bientôt les plus suspectes ; au lieu que, chez ceux qui la suivent, on prend aisément toutes choses en bonne part, et les plus grands défauts trouvent presque toujours leur excuse. C'est la seule vertu dont tous les hommes généralement se piquent en toutes rencontres : il est beaucoup de gens qui savent bien que la magnificence ne leur est pas convenable ; il est des temps et des affaires où le bon sens fait voir que la clémence ne serait pas de saison ; il est des professions où l'on croit n'avoir pas besoin de valeur : mais il n'est point de temps, point de lieu, point de condition où l'on veuille être soupçonné seulement de pouvoir manquer de probité. Aussi peut-on dire que ce n'est pas sans raison qu'on estime tant cette vertu, puisque ce n'est que par son ministère que le monde reçoit tout ce qu'il a de doux et de commode. C'est elle qui établit le commerce entre les nations ; c'est elle qui met la société dans les villes ; c'est elle qui maintient l'union dans les familles ; et c'est elle enfin qui nourrit l'amour et la confiance entre les princes et les sujets.

FÉNÉLON.

Le nom de cet illustre prélat est placé dans l'histoire du dix-septième siècle à côté de celui de Bossuet, et ces deux écrivains représentent, avec des nuances diverses, la littérature religieuse du règne de Louis XIV dans ce qu'elle a de plus élevé et de plus éloquent.

Né en Périgord le 6 août 1651, dans le château dont il tire son nom, François de Salignac de la Mothe Fénelon fit ses études théologiques à Paris au séminaire de Saint-Sulpice. Nommé précepteur du duc de Bourgogne en 1689, membre de l'Académie française en 1693, archevêque de Cambrai en 1695, il partagea tous ses instants entre les soins de l'épiscopat, la composition de ses écrits et la constante pratique des œuvres de la charité. Engagé dans les affaires du quiétisme (1) par le livre intitulé : *Explication des maximes des*

(1) Le quiétisme, du mot latin *quies*, repos, est une doctrine d'après laquelle l'homme, pour être sauvé, n'a qu'à aimer Dieu et à se reposer entièrement sur lui du soin de son salut. « En arrivant à la contemplation parfaite, disaient les quiétistes, on n'a plus rien à désirer ni à craindre ; la lumière céleste agit sur l'homme sans qu'il ait besoin de recourir à la prière ou aux bonnes œuvres ; et l'âme, dans cet état, est si intimement unie à son créateur que les désordres des sens ne sauraient plus l'affecter. » De pareilles théories ne tendaient à rien moins qu'à anéantir l'activité et la responsabilité humaines ; elles avaient été dans tous les temps repoussées par l'Église. Un théologien espagnol, Molinos, les fit revivre dans un livre intitulé: *Guide spirituel*, publié en 1675, et elles furent propagées en France quelques années plus tard par une femme sincèrement pieuse, mais très-exaltée, madame Guyon, qui était liée avec l'archevêque de Cambrai. Quoiqu'il fût loin d'adopter toutes les rêveries que cette dame mettait en avant dans ses livres, Fénelon avait néanmoins manifesté une certaine sympathie pour ce qu'on appelait alors la *Doctrine du pur amour*; c'est là ce qui fit condamner son livre des *Maximes des saints*.

saints sur la vie intérieure, il soutint contre Bossuet une polémique très-vive ; le saint-siége prit parti pour ce dernier, qui en définitive ne faisait que défendre la véritable tradition de l'Eglise, et vingt-trois propositions du livre des *Maximes des saints* furent condamnées comme téméraires et pernicieuses. Fénelon se soumit à ce jugement avec une admirable docilité ; il monta en chaire, condamna lui-même son livre, et, pour perpétuer le souvenir de sa condamnation et de sa soumission à la cour de Rome, il donna à sa cathédrale un magnifique ostensoir.

Fénelon, comme Bossuet, a touché aux branches les plus diverses de la littérature : il a été orateur, publiciste, moraliste, philosophe, critique littéraire, et l'on peut même dire que, dans le *Télémaque,* il a écrit le plus beau poëme épique de notre langue. Les *Traités de l'éducation des filles, de l'existence de Dieu,* les *Lettres spirituelles,* les *Dialogues sur l'éloquence,* les *Sermons* lui ont assuré, comme le *Télémaque,* un rang éminent parmi nos plus grands écrivains.

RAPIDITÉ DE LA VIE.

Les hommes passent comme les fleurs, qui s'épanouissent le matin, et qui le soir sont flétries et foulées aux pieds. Les générations des hommes s'écoulent comme les ondes d'un fleuve rapide : rien ne peut arrêter le temps, qui entraîne après lui tout ce qui paraît le plus immobile. Toi-même, ô mon fils, mon cher fils, toi-même, qui jouis maintenant d'une jeunesse si vive et si féconde en plaisirs, souviens-toi que ce bel âge n'est qu'une fleur qui sera presque aussitôt séchée qu'éclose : tu te verras changer insensiblement ; les grâces riantes, les doux plaisirs qui t'accompagnent, la force, la santé, la joie s'évanouiront comme un beau songe : il ne t'en restera qu'un triste souvenir. La vieillesse languissante et ennemie des plaisirs viendra rider ton visage, courber ton corps, affaiblir tes membres, faire tarir dans ton cœur la source de la joie, te dégoûter du présent, te faire craindre l'avenir, te rendre insensible à tout, excepté à la douleur.

Ce temps te paraît éloigné. Hélas ! tu te trompes, mon fils : il se hâte, le voilà qui arrive ; ce qui vient avec tant de rapidité n'est pas loin de toi, et le présent qui s'enfuit est déjà bien loin, puisqu'il s'anéantit dans le moment que nous parlons, et ne peut plus se rapprocher. Ne compte donc jamais, mon fils, sur le présent ; mais soutiens-toi dans le sentier âpre et rude de la vertu par la vue de l'avenir. Prépare-toi par des mœurs pures et par l'amour de la justice une place dans l'heureux séjour de la paix.

LETTRE A SON NEVEU.

Bonjour, Fanfan ; je souhaite qu'en t'éloignant de Cambrai, tu ne sois point éloigné de notre commun centre, et que notre absence n'ait point diminué en toi la présence de Dieu. L'enfant ne peut pas téter toujours, ni même être tenu sans cesse par les lisières : on le sèvre, on l'accoutume à marcher seul. Tu ne m'auras pas toujours. Il faut que Dieu te fasse cent fois plus d'impression que moi, vile et indigne créature. Fais ton devoir parmi tes officiers avec exactitude, sans minutie, patiemment et sans dureté. On déshonore la justice quand on n'y joint pas la douceur, les égards et la condescendance : c'est faire mal le bien. Je veux que tu te fasses aimer ; mais Dieu seul peut te rendre aimable, car tu ne l'es point par ton naturel raide et âpre. Il faut que la main de Dieu te manie pour te rendre souple et pliant ; il faut qu'il te rende docile, attentif à la pensée d'autrui, défiant de la tienne et petit comme un enfant : tout le reste est sottise, enflure et vanité.

LE LOUP ET LE JEUNE MOUTON.

Des moutons étaient en sûreté dans leur parc ; les chiens dormaient, et le berger, à l'ombre d'un grand ormeau, jouait de la flûte avec d'autres bergers voisins. Un loup affamé vint, par les fentes de l'enceinte, reconnaître l'état du troupeau. Un jeune mouton sans expérience, et qui n'avait jamais rien vu, entra en conversation avec lui : « Que venez-vous chercher ici? dit-il au glouton. L'herbe tendre et fleurie, lui répondit le loup. Vous savez que rien n'est plus doux que de paître dans une verte prairie émaillée de fleurs pour apaiser sa faim, et d'aller éteindre sa soif dans un clair ruisseau : j'ai trouvé ici l'un et l'autre. Que faut-il davantage ? J'aime la philosophie qui enseigne à se contenter de peu. Est-il donc vrai, repartit le jeune mouton, que vous ne mangez point la chair des animaux, et qu'un peu d'herbe vous suffit ? Si cela est, vivons comme frères et paissons ensemble. Aussitôt le mouton sort du parc dans la prairie, où le sobre philosophe le met en pièces et l'avale.

Défiez vous des belles paroles des gens qui se vantent d'être vertueux. Jugez-en par leurs actions, et non par leurs discours.

LA VILLE DE TYR.

J'admirais l'heureuse situation de cette grande ville, qui est au milieu de la mer, dans une île : la côte voisine est délicieuse par sa fertilité, par les fruits exquis qu'elle porte, par le nombre de villes et de villages qui se touchent presque, enfin, par la douceur de son climat ; car les montagnes mettent cette côte à l'abri des vents brûlants du midi. Elle est rafraîchie par le vent du nord qui souffle du côté de la mer. Ce pays est au pied du Liban, dont le sommet fend les nues et va toucher les astres ; une glace éternelle couvre son front ; des fleuves pleins de neige tombent, comme des torrents, des rochers qui environnent sa tête. Au-dessus, on voit une vaste forêt de cèdres antiques, qui paraissent aussi vieux que la terre où ils sont plantés, et qui portent leurs branches épaisses jusque vers les nues. Cette forêt a sous ses pieds de gras pâturages dans la pente de la montagne ; c'est là qu'on voit errer les taureaux qui mugissent. Les brebis qui bêlent, avec leurs tendres agneaux, bondissent sur l'herbe. Là coulent mille ruisseaux d'une eau claire. Enfin, on voit au-dessous de ces pâturages le pied de la montagne, qui est comme un jardin ; le printemps et l'automne y règnent ensemble, pour y joindre les fleurs et les fruits. Jamais, ni le souffle empesté du midi, qui sèche et qui brûle tout, ni le rigoureux aquilon, n'ont osé effacer les vives couleurs qui ornent ce jardin.

C'est auprès de cette belle côte que s'élève, dans la mer, l'île où est bâtie la ville de Tyr. Cette grande ville semble nager au-dessus des eaux, et être la reine de toutes les mers. Les marchands y abondent de toutes les parties du monde, et ses habitants sont eux-mêmes les plus fameux marchands qu'il y ait dans l'univers. Quand on entre dans cette ville, on croit d'abord que ce n'est point une ville qui appartienne à un peuple particulier, mais qu'elle est la ville commune de tous les peuples, et le centre de leur commerce. Elle a deux grands môles semblables à deux bras qui s'avancent dans la mer, et qui embrassent un vaste port. On voit comme une forêt de mâts de navires, et ces navires sont si nombreux, qu'à peine peut-on découvrir la mer qui les porte. Tous les citoyens s'appliquent au commerce, et leurs grandes richesses ne les dégoûtent jamais du travail nécessaire pour les augmenter. On y voit de tous côtés le fin lin d'Égypte, et la pourpre tyrienne deux fois teinte d'un éclat merveilleux. Cette double teinture est si vive, que le temps ne peut l'effacer. On s'en sert pour des laines fines, qu'on rehausse d'une broderie d'or et d'argent.

Les Phéniciens ont le commerce de tous les peuples, jusqu'au détroit de Gades, et ils ont même pénétré dans le vaste océan qui environne toute la terre. Ils ont fait aussi de longues navigations sur la mer Rouge ; et c'est par ce chemin qu'ils vont chercher, dans des îles inconnues, de l'or, des parfums, et divers animaux qu'on ne voit point ailleurs. Je ne pouvais rassasier mes yeux du spectacle magnifique de cette grande ville où tout était en mouvement. Je n'y voyais point, comme dans les villes de la Grèce, des hommes oisifs et curieux qui vont chercher des nouvelles dans la place publique, ou regarder les étrangers qui arrivent sur le port. Les hommes sont occupés à décharger leurs vaisseaux, à transporter leurs marchandises, où les vendre, ou à ranger leurs magasins, et à tenir un compte exact de ce qui leur est dû par les négociants étrangers ; les femmes ne cessent jamais de filer les laines, ou de faire des dessins de broderies, ou de ployer les riches étoffes.

LA TERRE.

Qui est-ce qui a suspendu ce globe de la terre, qui est immobile ? qui est-ce qui en a posé les fondements ? Rien n'est, ce semble, plus vil qu'elle ; les plus malheureux la foulent aux pieds ; mais c'est pourtant pour la posséder qu'on donne les plus grands trésors. Si elle était plus dure, l'homme ne pourrait en ouvrir le sein pour la cultiver ; si elle était moins dure, elle ne pourrait le porter ; il enfoncerait partout, comme il enfonce dans le sable ou dans un bourbier. C'est du sein inépuisable de la terre que sort tout ce qu'il y a de plus précieux.

Cette masse informe, vile et grossière, prend toutes les formes les plus diverses, et elle seule donne tour-à-tour tous les biens que nous lui demandons. Cette boue si sale se transforme en mille beaux objets qui charment les yeux. En une seule année elle devient branches, boutons, feuilles, fleurs, fruits et semences, pour renouveler ses libéralités en faveur des hommes ; rien ne l'épuise. Plus on déchire ses entrailles, plus elle est libérale.

Après tant de siècles pendant lesquels tout est sorti d'elle, elle n'est point encore usée. Elle ne ressent aucune vieillesse; ses entrailles sont encore pleines des mêmes trésors. Mille générations ont passé dans son sein. Tout vieillit, excepté elle seule; elle rajeunit chaque année au printemps.

Elle ne manque point aux hommes; mais les hommes insensés se manquent à eux-mêmes, en négligeant de la cultiver. C'est par leur paresse et par leurs désordres, qu'ils laissent croître les ronces et les épines, en la place des vendanges et des moissons. Ils se disputent un bien qu'ils laissent perdre. Les conquérants laissent en friche la terre, pour la possession de laquelle ils ont fait périr tant de milliers d'hommes, et ont passé leur vie dans une terrible agitation. Les hommes ont devant eux des terres immenses qui sont vides et incultes; et ils renversent le genre humain pour un coin de cette terre si négligée. La terre, si elle était bien cultivée, nourrirait cent fois plus d'hommes qu'elle n'en nourrit. L'inégalité même des terroirs, qui paraît d'abord un défaut, se tourne en ornement et en utilité. Les montagnes se sont élevées, et les vallons sont descendus en la place que le Seigneur leur a marquée.

Ces diverses terres, suivant les divers aspects du soleil, ont leurs avantages. Dans ces profondes vallées on voit croître l'herbe fraîche pour nourrir les troupeaux. Auprès d'elle s'ouvrent de vastes campagnes revêtues de riches moissons. Ici, des coteaux s'élèvent comme un amphithéâtre, et sont couronnés de vignobles et d'arbres fruitiers. Là, de hautes montagnes vont porter leur front glacé jusque dans les nues, et les torrents qui en tombent sont les sources des rivières. Les rochers qui montrent leur cime escarpée soutiennent la terre des montagnes, comme les os du corps humain en soutiennent les chairs. Cette variété fait le charme des paysages; en même temps elle satisfait aux divers besoins des peuples : il n'y a point de terroir si ingrat qui n'ait quelque propriété.

LES MISSIONNAIRES.

Ni les sables brûlants, ni les déserts, ni les montagnes, ni la distance des lieux, ni les tempêtes, ni les écueils de tant de mers, ni l'intempérie de l'air, ni le milieu fatal de la ligne, où l'on découvre un ciel nouveau, ni les flottes ennemies, ni les côtes barbares, ne peuvent arrêter ceux que Dieu envoie. Qui sont-ils ceux qui volent comme les nuées ? Vents, portez-les sur vos ailes. Que le Midi, que l'Orient, que les îles inconnues les attendent et les regardent en silence venir de loin. Qu'ils sont beaux les pieds de ces hommes qu'on voit venir du haut des montagnes apporter la paix, annoncer les biens éternels, prêcher le salut et dire : O Sion, ton Dieu règnera sur toi ! Les voici, ces nouveaux conquérants, qui viennent sans armes, excepté la croix du Sauveur. Ils viennent, non pour enlever les richesses et répandre le sang des vaincus, mais pour offrir leur propre sang et communiquer le trésor céleste.

Peuples qui les vîtes venir, quelle fut d'abord votre surprise ! et qui peut la représenter ? Des hommes qui viennent à vous, sans être attirés par aucun motif ni de commerce, ni d'ambition, ni de curiosité; des hommes qui, sans vous avoir jamais vus, sans savoir même où vous êtes, vous aiment tendrement, quittent tout pour vous, et vous cherchent au travers de toutes les mers avec tant de fatigues et de périls, pour vous faire part de la vie éternelle qu'ils ont découverte ! Nations ensevelies dans l'ombre de la mort, quelle lumière a brillé sur vos têtes !

IL FAUT CHERCHER LA SIMPLICITÉ DANS LES PLAISIRS.

Quand on ne s'est encore gâté par aucun grand divertissement, et qu'on n'a fait naître en soi aucune passion ardente, on trouve aisément la joie : la santé et l'innocence en sont les vraies sources; mais les gens qui ont eu le malheur de s'accoutumer aux plaisirs violents perdent le goût des plaisirs modérés, et s'ennuient toujours dans une recherche inquiète de la joie.

On se gâte le goût pour les divertissements comme pour les viandes ; on s'accoutume tellement aux choses de haut goût que les viandes communes et simplement assaisonnées deviennent fades et insipides. Craignons donc ces grands ébranlements de l'âme qui préparent l'ennui et le dégoût : surtout ils sont plus à craindre pour les enfants, qui résistent moins à ce qu'ils sentent, et qui veulent être toujours émus ; tenons-les dans le goût des choses simples ; qu'il ne faille point de grands apprêts de viandes pour les nourrir ni de divertissements pour les réjouir. La sobriété donne toujours assez d'appétit, sans avoir besoin de le réveiller par des ragoûts qui portent à l'intempérance. La tempérance, disait un ancien, est la meilleure ouvrière de la volupté : avec cette tempérance, qui fait la santé du corps et de l'âme, on est toujours dans une joie douce et modérée ; on n'a besoin ni de machines, ni de spectacles, ni de dépenses pour se réjouir ; un petit jeu qu'on invente, une lecture, un travail qu'on entreprend, une promenade, une conversation innocente qui délasse après le travail, font sentir une joie plus pure que la musique la plus charmante.

Les plaisirs simples sont moins vifs et moins sensibles, il est vrai. Les autres enlèvent l'âme en remuant les ressorts des passions ; mais les plaisirs simples sont d'un meilleur usage : ils donnent une joie égale et durable sans aucune suite maligne. Ils sont toujours bienfaisants, au lieu que les autres plaisirs sont comme les vins frelatés, qui plaisent d'abord plus que les naturels, mais qui nuisent à la santé : le tempérament de l'âme se gâte, aussi bien que le goût, par la recherche de ces plaisirs vifs et piquants.

MADAME DE MAINTENON.

Cette femme célèbre, fille du calviniste d'Aubigné, naquit en 1635. Orpheline à dix-sept ans, elle épousa le poëte Scarron, l'un des hommes les plus spirituels et les plus laids de son temps, et qui était perclu de tous ses membres. Veuve en 1660, elle retomba dans la misère, jusqu'au moment où madame de Montespan, favorite de Louis XIV, la nomma gouvernante des enfants illégitimes du roi. Madame de Maintenon finit par prendre dans le cœur de Louis XIV une part de l'affection que ce prince avait eue pour madame de Montespan ; et à la mort de la reine, arrivée en 1683, un mariage secret l'unit au roi de France. A dater de cette époque, elle fut pendant trente ans la compagne assidue de la vieillesse de Louis XIV, et à la mort de ce prince elle se retira dans la maison de Saint-Louis, à Saint-Cyr, qu'elle avait fondée pour y élever des jeunes filles nobles dont elle dirigeait elle-même l'éducation. Les contemporains ont, en grande partie, fait peser sur elle la responsabilité des fautes et des malheurs qui attristèrent les dernières années du règne de Louis XIV. La plupart des historiens qui de nos jours se sont occupés d'elle ont cherché à la justifier de ce reproche. Il nous paraît, quant à nous, fort difficile de se prononcer avec une entière certitude dans un sens ou dans un autre. Toujours est-il qu'il a fallu une grande habileté à madame de Maintenon, née dans le calvinisme, pour s'élever jusqu'au rang de la femme de Louis XIV, et nous avons peine à comprendre l'admiration qu'elle inspire sous le rapport du caractère. Il est un point cependant sur lequel nous sommes d'accord avec les écrivains qui la glorifient, c'est lorsqu'il s'agit de son talent littéraire. Par la force de la pensée, la fermeté et la correction du style, madame de Maintenon appartient à l'école des meilleurs écrivains du XVIIe siècle. Ses œuvres contiennent des lettres, des conseils sur l'éducation, des mémoires, etc.

CONSEILS AUX RELIGIEUSES DE SAINT-LOUIS.

Fontainebleau, ce 23 octobre 1694.

Il me semble, mes très-chères filles, qu'il y a trois écueils qui perdent la plus grande partie des communautés, l'amour du monde, l'intérêt et l'indépendance ; et que ces trois écueils sont précisément opposés aux trois vœux de la religion ; c'est ce qui m'oblige à vous dire quelque chose sur un sujet si important.

Je ne crois pas qu'il y ait présentement dans l'Eglise aucunes religieuses qui soient plus séparées du monde que vous ; vos parloirs sont déserts, l'herbe croît dans votre cour ; vos prières, vos cérémonies, vos chants, sont simplement pour ce qui est renfermé dans votre maison ; vous ne voulez attirer personne de dehors, et je prie Dieu que vous souteniez à tout jamais ce que vous avez commencé. Mais n'en soyez pas moins vigilantes pour vous préserver des piéges que le monde vous présentera ; il me semble que vous avez évité le plus grand danger et que vous serez aisément solitaires à l'avenir, puisque vous avez bien su l'être dans un temps où votre établissement avait la grâce de la nouveauté, et qu'on croyait plaire au roi et aux personnes en faveur quand on s'empressait pour vous voir et pour vous servir. Cependant, il pourra arriver que vous serez plus cherchées et moins respectées, et que des personnes de considération voudront entrer chez vous ; c'est donc uniquement par votre piété que vous vous conserverez, mes chères filles ; soyez fidèles à votre Institut ; fuyez le monde, et n'espérez jamais de le voir innocemment ; ma jalousie pour vous va plus loin que ma vie : vous savez avec quel soin je vous gardais, ou plutôt avec quel soin je vous aidais dans l'envie que vous aviez de vous garder ; je prie Notre-Seigneur de vous garder lui-même et de ne pas permettre que vous vous relâchiez jamais sur les entrées chez vous, sur les parloirs, et même sur les plus saintes communications : elles doivent être rares, et si vous y mettez votre plaisir, vous n'en trouverez plus au dedans de votre maison ; le dégoût vous prendra, et vous deviendrez bientôt de mauvaises religieuses. Je prie Dieu encore une fois de détourner le monde de chez vous ; opposez-vous avec respect et humilité aux entrées des grands ; représentez-leur le danger où votre communauté se trouverait. Vous serez par les places des demoiselles nécessairement en commerce avec le confesseur du roi ; vous aurez toujours un évêque, un supérieur, un conseiller d'Etat : voilà les protections que la Providence vous a données, n'en cherchez point d'autres ; servez-vous de celles-là pour demeurer inconnues ; que ce soit votre premier intérêt et le seul but de vos ménagements. Vous avez de bonnes raisons pour vous défendre : ce grand nombre de jeunesse renfermée chez vous et si facile à gâter, les continuelles occupations dont vous êtes chargées, votre incapacité pour le monde que, grâce à Dieu, vous ne connaissez point, vos affaires, vos exercices de piété, etc. ; mais enfin, si on vous fait violence, ce qui, j'espère, n'arrivera pas, souffrez cette croix avec humilité et sans découragement ; n'y exposez pas vos jeunes religieuses, resserrez-les, cachez-les le plus qu'il vous sera possible ; que celles qui ne pourraient éviter de paraître ne parlent que de Dieu ; qu'elles ne fassent point de questions sur le monde : mes chères filles, ne désirez pas de lui plaire, édifiez, ennuyez, laissez tomber la conversation ; ne craignez point de paraître stupides, et ne cessez de demander à Dieu de vous rendre votre solitude : elle sera gardienne de votre chasteté.

Mais défiez-vous de l'intérêt, c'est lui qui ouvre la porte des plus saints monastères et qui rend souvent le vœu de pauvreté imaginaire : on veut des amis, on veut de la protection, on veut des présents de toute espèce ; les communautés irrégulières laissent recevoir par des particulières ; les régulières reçoivent pour le général de la maison, mais presque toutes veulent recevoir. Oh ! que je demande instamment à Dieu que mes filles connaissent les obligations de leurs vœux et la perfection de leur Institut ! Quelles bénédictions peuvent-elles espérer si elles sont infidèles ? Ce n'est pas assez de se préserver de l'intérêt grossier, il faut résister aux prétextes spécieux. Que ne fera-t-on point pour vous détourner de l'intention de vos fondateurs, pour étendre, dira-t-on, vos bonnes œuvres ? Les uns vous représenteront qu'il vaudrait mieux avoir un plus grand nombre de demoiselles, et qu'elles ne fussent pas si bien traitées ; les autres vous conseilleront d'en prendre un plus petit nombre, et de les pourvoir quand elles sortiront de chez vous ; les autres vous diront que ce que l'on dépense pour les preuves de noblesse suffirait pour en nourrir une de plus ; les autres, qu'il importe peu qu'elles soient nobles, puisque les âmes sont égales devant Dieu ; les autres vous diront que vous fassiez une grande communauté de religieuses ; les autres, que vous preniez beaucoup de converses pour en être mieux servies ; je ne finirais pas sur tout ce qu'on vous dira, et je ne puis même le prévoir. Vous pensez peut-être qu'étant liées par votre fondation, il ne vous est pas libre de tomber dans les inconvénients que je vous marque ; mais je crains tout, parce qu'on ne voit presque plus une maison qui soit fidèle à l'intention du fondateur : on trouve des raisons pour tout ce qu'on veut ; il faut pourtant rendre compte de cette conduite, et surtout de ce vœu de pauvreté si peu gardé ; préservez-vous sans blâmer les autres : elles ont des besoins que vous n'avez pas ; elles trouvent cet esprit tout établi, elles n'en connaissent pas un meilleur ; elles cachent soigneusement leur mal, et c'est ce qui le rend sans remède ; elles craignent d'être éclairées par leurs supérieurs, elles sont indépendantes, et c'est le troisième écueil qui détruit l'obéissance.

Dieu a soumis notre sexe au moment qu'il l'a créé : la faiblesse de notre esprit et de notre corps a besoin d'être conduite, soutenue et protégée ; notre ignorance nous rend incapables de décision, et nous ne pouvons, dans l'ordre de Dieu, gouverner que dépendamment des hommes : et cependant les hommes sont moins opposés à l'obéissance que les femmes, et entre les personnes de notre sexe les religieuses sont quelquefois les plus indépendantes. Dieu leur a donné des supérieurs comme à tous les fidèles, elles en augmentent le nombre par les vœux qu'elles font ; et, dès qu'ils sont faits, elles ne songent le plus souvent qu'à se soustraire à l'obéissance. Il n'arrive que trop qu'un supérieur qui veut s'acquitter de son devoir en visitant un couvent le révolte tout entier ; les libertines lui manquent de respect visiblement, et la visite devient le sujet de la raillerie et des conversations ; les plus sages gardent un respect apparent, mais elles lui cachent tout ce qu'elles peuvent lui cacher : ce n'est pas agir selon la foi. Les ministres de Jésus-Christ ne sont-ils pas établis par lui-même ? N'est-ce pas à eux qu'il a promis sa protection jusqu'à la fin des siècles ? Ne gouvernent-ils pas son Église ? N'est-ce pas à eux à nous conduire, à nous redresser, à nous exhorter, à nous exciter, à nous distribuer la nourriture spirituelle ? Ne sont-ils pas chargés de nous aider à faire le bien auquel nous sommes obligées, à soutenir l'intention des fondateurs et la régularité des maisons religieuses ? Cependant on ne peut souffrir cette dépendance. Qu'on s'entête d'un directeur, on voudrait le consulter sur tout ; qu'on estime un évêque, on voudrait le rendre maître ; mais c'est par rapport à sa personne, et non dans cet esprit de foi qui doit être le fondement de notre conduite, et le seul sur lequel Dieu répandra ses bénédictions. Voyez-le lui-même dans vos supérieurs, mes chères filles ; demandez-lui-en de bons ; obéissez aux mauvais dans tout ce qui n'est pas péché : vous n'en trouverez point qui le soient assez pour vouloir le mal pour le mal. Il n'y en aura point qui se fassent un plaisir d'attaquer vos règles, de changer vos constitutions, de vous faire sortir de l'esprit de votre Institut, et de renverser votre fondation. Recevez-les donc comme envoyés de Dieu ; rendez-leur compte de tout ; montrez-leur toutes les intentions de ceux qui vous ont établies, afin qu'ils vous aident à les soutenir et à vous redresser si vous vous en étiez écartées. Que le respect que vous leur rendez soit du fond du cœur ; traitez toujours avec eux simplement et sérieusement ; bien loin d'être honteuses d'obéir, faites-vous en un honneur, puisque Dieu, à qui vous l'avez promis, vous en fera un mérite, et vous en a donné l'exemple en se faisant obéissant jusqu'à la mort de la croix.

LETTRE A M. DE NOAILLES (1).

1710.

Je crois que votre courage vous trompe, quand vous espérez des ressources. Si vous faites réflexion aux malheurs qui nous sont arrivés à la guerre depuis plusieurs années, et à la famine

(1) Madame de Maintenon dans cette lettre fait allusion à la misère qui régna dans les années 1709 et 1710. Cette misère eut pour cause, d'une part, les revers éprouvés par la France, et de l'autre l'extrême rigueur de l'hiver de 1709, qui fit périr tous les biens de la terre. Louis XIV, dans ces circonstances, montra une grandeur d'âme qui justifie ce que dit madame de Maintenon.

présente qui y met le comble, je ne comprends pas qu'on puisse éviter une paix aussi affligeante que celle qu'on nous offre. La disette de blé et d'argent met à bout les sentiments les plus courageux et toute la capacité de nos héros. Le maréchal de Villars, par sa bonne conduite, a arrêté les ennemis et a changé leurs desseins ; mais il se voit toujours prêt à périr faute de subsistance.

Notre cour est toujours fort triste ; et, dans ce salon où l'on ne parlait que de carrosses et de chevaux, on ne parle plus que de blé, d'orge et d'avoine. On est fort occupé du soulagement des pauvres : mais il y a des gens de mauvaise volonté qui les excitent au murmure.

Cependant le roi a diminué sa table de Marly ; il a envoyé sa vaisselle d'or à la Monnaie ; il met ses pierreries entre les mains de M. Desmarets, pour les engager, si on peut... Sa piété, son courage, augmentent avec les revers. Il ne transpire rien de la douleur dont il est déchiré. Hélas ! nous souffrons de grands maux ; nous en méritons de plus grands encore. J'ai toujours appréhendé la punition du luxe et de l'ambition. Dieu ne s'apaisera-t-il point ? Il y a tant de bonnes âmes qui le prient !

L'ABBÉ FLEURY.

Claude Fleury, prieur d'Argenteuil, confesseur de Louis XV, sous-précepteur des ducs de Bourgogne, d'Anjou et de Berry, petits-fils de Louis XIV, né en 1640, mort en 1723, occupe dans la littérature française un rang distingué. Ses principaux ouvrages sont : l'*Histoire ecclésiastique*, les *Mœurs des Chrétiens*, le *Catéchisme historique*.

LA RELIGION CHRÉTIENNE ET LE PAGANISME.

La véritable religion a cet avantage, que l'origine en est certaine et la tradition suivie jusqu'à nous sans aucune interruption. Son origine est certaine, puisqu'il est constant, par le témoignage même des infidèles, que Jésus-Christ est venu au monde. Nous avons entre les mains son histoire écrite par ses disciples, témoins oculaires ; nous avons les prophéties qui l'avaient promis si longtemps auparavant, et nous en savons les dates et les auteurs, à remonter jusqu'à Moïse, dont les livres sont les plus anciens qui soient au monde.

Il n'en est pas de même des fables sur lesquelles était fondée la religion des Grecs et des autres anciens païens. Les poëtes, qui étaient leurs prophètes et leurs théologiens, se disaient bien en général instruits par les Muses ou par d'autres divinités, mais ils n'en donnaient aucune preuve : ils n'osaient même marquer les circonstances des faits merveilleux qu'ils racontaient, ni en citer les témoins. Aucun n'a jamais dit qu'il eût vu Jupiter changé en taureau ou en cygne, Neptune secouant la terre de son trident, le chariot du soleil ou de la lune. Ce n'étaient que des contes de vieilles et de nourrices, consacrés par un respect aveugle pour l'antiquité et ornés par les charmes de la poésie, de la musique et de la peinture ; et, comme ces fables s'étaient formées en divers pays et en divers temps, elles étaient pleines d'une infinité de contradictions qu'il était impossible d'accorder. Nous voyons la même chose dans les Indes et chez tous les idolâtres modernes : des histoires prodigieuses et semblables aux songes les plus extravagants avancées sans aucune preuve, sans aucune circonstance de temps ni de lieux, sans aucun rapport à ce que l'on peut connaître d'ailleurs d'histoire véritable, sans suite, sans liaison avec le présent.

C'est le caractère propre de la vraie religion d'être également certaine et merveilleuse. Les miracles étaient nécessaires pour témoigner que Dieu parlait et réveiller les hommes, accoutumés à voir les merveilles de la nature sans les admirer. Les miracles étaient encore nécessaires afin que la foi fût raisonnable et différente de la crédulité aveugle, qui suit au hasard tout ce qui lui est proposé comme merveilleux. Or la même bonté par laquelle Dieu a fait tant de miracles pour nous rappeler à lui, en s'accommodant à notre faiblesse, l'a porté à les faire à la plus grande lumière du monde, je veux dire dans les temps et les lieux les plus propres à en conserver la mémoire. C'est à la face de toutes les nations, des Grecs, des barbares, des savants, des ignorants, des Juifs, des Romains, des peuples et des princes, que les disciples de Jésus-Christ ont rendu témoignage des merveilles qu'ils avaient vues de leurs yeux, et particulièrement de sa résurrection. Ils ont soutenu ce témoignage sans aucun intérêt et contre toutes les raisons de la prudence humaine, jusqu'au dernier soupir, et l'ont tous scellé de leur sang. Voilà l'établissement du christianisme.

ROLLIN.

Fils d'un coutelier de Paris, Rollin, étant enfant, servait la messe comme enfant de chœur dans l'église des Blancs-Manteaux. Les Bénédictins, qui occupaient cette maison religieuse, furent frappés de son intelligence, et le placèrent comme boursier dans un collège de la capitale. Il fit si bien dans ses études qu'après avoir passé par tous les grades universitaires, il fut nommé recteur de l'Université de Paris en 1694, et principal de l'un des plus importants collèges de cette ville en 1696. Comme professeur, Rollin fit faire aux études classiques les plus grands progrès ; comme écrivain, il a posé dans le *Traité des études* la base des meilleures méthodes ; et, comme historien, il a laissé, dans son *Histoire romaine* et son *Histoire ancienne*, des ouvrages qui, sous le rapport de l'exactitude scientifique, sont aujourd'hui fort en arrière, mais qu'on lit encore avec charme, parce qu'on y trouve les sentiments les plus purs et une noble passion pour la justice et la vérité. Rollin, dont la vie tout entière fut consacrée à la jeunesse, a mérité le plus glorieux des surnoms, et, comme ses contemporains, nous disons encore aujourd'hui le *bon Rollin*. Né en 1661, il mourut en 1741.

L'ÉTUDE.

L'étude supplée à la stérilité de l'esprit et lui fait tirer d'ailleurs ce qui lui manque. Elle étend ses connaissances et ses lumières par des secours étrangers, porte plus loin ses vues, multiplie ses idées, les rend plus variées, plus distinctes et plus vives. Nous naissons dans les ténèbres de l'ignorance, et la mauvaise éducation y ajoute beaucoup de faux préjugés. L'étude dissipe les premières, et corrige les autres. Elle donne à nos pensées et à nos raisonnements de la justesse et de l'exactitude. Elle nous accoutume à mettre de l'ordre et de l'arrangement dans toutes les matières dont nous avons ou à parler ou à écrire. Elle nous présente pour guides et pour modèles les hommes les plus éclairés et les plus sages de l'antiquité, qu'on peut bien appeler en ce sens, avec Sénèque, les maîtres et les précepteurs du genre humain. En nous prêtant leur discernement et leurs yeux, elle nous fait marcher avec sûreté à la lumière que ces guides choisis portent devant nous.

Mais l'utilité de l'étude ne se borne pas à ce qu'on appelle la science : elle donne aussi la capacité pour les affaires et pour les emplois. De plus, l'étude fait acquérir l'amour du travail :

elle en adoucit la peine ; elle sert à arrêter et à fixer la légèreté de l'esprit, à vaincre l'aversion pour une vie sédentaire et appliquée et pour tout ce qui assujettit ; elle remplit utilement les vides de la journée, qui pèsent si fort à tant de personnes ; elle met en état de juger sainement des ouvrages qui paraissent, de lier société avec des gens d'esprit, de prendre part aux entretiens les plus savants, de fournir de son côté à la conversation, où sans cela on demeurerait muet, de la rendre plus utile et plus agréable, en mêlant les faits aux réflexions, et relevant les uns par les autres.

LES DEVOIRS DES ÉCOLIERS.

Quintilien prétend avoir renfermé presque tous les devoirs des écoliers dans cet unique avis qu'il leur donne, d'aimer ceux qui les enseignent comme ils aiment les sciences qu'ils apprennent d'eux, et de les regarder comme des pères dont ils tiennent non la vie du corps, mais l'instruction, qui est comme la vie de l'âme. En effet, ce sentiment de tendresse et de respect suffit pour les rendre dociles pendant leurs études et pleins de reconnaissance pendant tout le temps de leur vie, ce qui me paraît renfermer une grande partie de ce qu'on attend d'eux.

La docilité, qui consiste à se laisser conduire, à bien recevoir les avis des maîtres et à les mettre en pratique, est proprement la vertu des écoliers, comme celle des maîtres est de bien enseigner. L'une ne peut rien sans l'autre ; et, comme il ne suffit pas qu'un laboureur répande la semence, mais qu'il faut que la terre, après avoir ouvert son sein pour la recevoir, la couve pour ainsi dire, l'échauffe, l'entretienne et l'humecte, de même tout le fruit de l'instruction dépend de la parfaite correspondance du maître et du disciple.

La reconnaissance pour ceux qui ont travaillé à notre éducation fait le caractère d'un honnête homme et est la marque d'un bon cœur. « Qui de nous, dit Cicéron, a été instruit avec quelque soin à qui la vue ou même le simple souvenir de ses précepteurs, de ses maîtres et du lieu où il a été nourri ou élevé ne fasse un singulier plaisir ? » Sénèque exhorte les jeunes gens à conserver toujours un grand respect pour les maîtres aux soins desquels ils sont redevables de s'être corrigés de leurs défauts, et d'avoir pris des sentiments d'honneur et de probité.

Leur exactitude et leur sévérité déplaisent quelquefois dans un âge où l'on est peu en état de juger des obligations qu'on leur a ; mais quand les années ont mûri l'esprit et le jugement, on reconnaît que ce qui nous donnait de l'éloignement pour eux, je veux dire les avertissements, les réprimandes, et la sévère exactitude à réprimer les passions d'un âge imprudent et inconsidéré, est précisément ce qui les doit faire estimer et aimer. Aussi voyons-nous que Marc-Aurèle, l'un des plus sages et des plus illustres empereurs qu'ait eus Rome, remerciait les dieux de deux choses surtout : de ce qu'il avait eu pour lui-même d'excellents précepteurs, et de ce qu'il en avait trouvé de pareils pour ses enfants.

MASSILLON.

Cet illustre orateur chrétien naquit à Hyères en 1663. Il entra dans la congrégation des Oratoriens en 1681 ; professa la théologie et les belles-lettres dans plusieurs maisons de son ordre, prêcha le carême et l'avent à Versailles en 1699, et en 1717 il prononça devant Louis XV, encore enfant, les sermons célèbres désignés sous le nom de *Petit carême*. Il mourut en 1742. Personne n'a porté dans la chaire chrétienne une parole à la fois plus douce et plus sévère ; personne n'a donné aux grands de la terre de plus hautes leçons de justice et de morale. Son *Petit-carême* est devenu un ouvrage classique et rien n'a manqué à la gloire de ce livre, pas même l'admiration de Voltaire.

INFLUENCE DE SAINT BERNARD SUR SON SIÈCLE ; CARACTÈRE DE SON ÉLOQUENCE.

Représentez-vous, mes Frères, ce nouveau précurseur sorti du désert, vêtu pauvrement, la pénitence peinte sur le visage. On le prend pour Élie ou pour quelqu'un des prophètes : toute la France court pour entendre sa doctrine ; et, touchés des paroles de grâce et de vertu qui sortent de sa bouche, les peuples en foule viennent à lui pour savoir s'ils n'ont plus de ressources pour fléchir la colère du Seigneur.

Alors les ténèbres répandues sur l'abîme commencèrent à se dissiper ; la France, comme un autre chaos, se développa peu à peu : les cloîtres virent revivre cet esprit primitif, cet héritage précieux qu'ils avaient autrefois reçu de leurs pères. On n'avait jamais entendu avant lui de prophète si autorisé à reprendre les vices ; le ciel l'avait, ce semble, établi le censeur des mœurs de son siècle. Que de différends parmi les princes apaisés par sa sagesse ! Que de lettres écrites pour le rétablissement de la discipline et de la piété ! Quel style ! quelles expressions ! quels artifices puissants d'une éloquence toute divine ! La France, l'Italie, l'Allemagne, le virent répandre partout le feu divin que Jésus-Christ est venu apporter sur la terre, et dont il avait embrasé son cœur : seul il put suffire aux besoins divers et infinis de l'Eglise.

Sa science ne consistait pas dans un amas de connaissances vaines qu'on acquiert par un dur travail, et qu'on débite sans fruit et sans onction. Il ne cherchait pas à éblouir les esprits par de nouvelles découvertes, ni à se faire honneur de certains approfondissements qui flattent par leur singularité ; mais à réformer les cœurs et à rétablir la foi de ses pères sur la ruine des nouveautés profanes. Les livres saints étaient sa plus chère étude : rien ne lui paraissait plus digne de la grandeur de l'esprit humain que l'histoire des merveilles de Dieu dans les livres de Moïse, les beautés de sa loi, les divins transports de ses prophètes, et l'onction des autres écrivains inspirés.

SUR L'AUMÔNE.

D'où vient, je vous prie, cette multitude de pauvres dont vous vous plaignez ? Je sais que le malheur des temps peut en augmenter le nombre ; mais les guerres, les maladies populaires, les déréglements des saisons que nous éprouvons, ont été de tous les siècles ; les calamités que nous voyons ne sont pas nouvelles ; nos pères les ont vues, et ils en ont vu même de plus tristes ; des dissensions civiles, le père armé contre l'enfant, le frère contre le frère ; les campagnes ravagées par leurs propres habitants ; le royaume en proie à des nations ennemies, personne en sûreté sous son propre toit : nous ne voyons pas ces malheurs, mais ont-ils vu ce que nous voyons ? tant de misères publiques et cachées ? tant de familles déchues ? tant de citoyens, autrefois distingués, aujourd'hui sur la poussière, et confondus avec le plus vil peuple ? les arts devenus presque inutiles ? l'image de la faim et de la mort répandue sur les villes et sur les campagnes ? Que dirai-je ? tant de désordres secrets qui éclatent tous les jours, qui sortent de leurs ténèbres, et où précipite le désespoir et l'affreuse nécessité ? D'où vient cela, mes Frères, n'est-ce pas d'un luxe qui engloutit tout, et qui était inconnu à nos pères ? de vos dépenses qui ne connaissent plus de bornes, et qui entraînent nécessairement avec elles le refroidissement de la charité!

Ah! l'Eglise naissante n'était-elle pas persécutée, désolée, affligée? Les malheurs de nos siècles approchent-ils de ceux-là? On y souffrait la proscription des biens, l'exil, la prison; les charges les plus onéreuses de l'Etat tombaient sur ceux qu'on soupçonnait d'être chrétiens; en un mot, on ne vit jamais tant de calamités; et cependant il n'y avait point de pauvres parmi eux, dit saint Luc. Ah! c'est que des richesses de simplicité sortaient du fond de leur pauvreté même, selon l'expression de l'apôtre; c'est qu'ils donnaient selon leurs forces et au delà; c'est que des provinces les plus éloignées, par les soins des hommes apostoliques, coulaient des fleuves de charité qui venaient consoler les frères assemblés à Jérusalem, et plus exposés que les autres à la fureur de la synagogue.

Mais plus encore que tout cela : c'est que les plus puissants d'entre les premiers fidèles étaient ornés de modestie; et que nos grands biens peuvent à peine suffire au faste monstrueux dont l'usage nous a fait une loi : c'est que leurs festins étaient des repas de sobriété et de charité; et que la sainte abstinence même que nous célébrons ne peut modérer parmi nous les profusions et les excès des tables et des repas : c'est que, n'ayant point ici-bas de cité permanente, ils ne s'épuisaient pas pour y faire des établissements brillants, pour illustrer leur nom, pour élever leur postérité et ennoblir leur obscurité et leur roture; ils ne pensaient qu'à s'assurer une meilleure condition dans la patrie céleste; et qu'aujourd'hui nul n'est content de son état; chacun veut monter plus haut que ses ancêtres, et que leur patrimoine n'est employé qu'à acheter des titres et des dignités qui puissent faire oublier leur nom et la bassesse de leur origine : en un mot, c'est que la diminution de ces premiers fidèles, comme parle l'apôtre, faisait toute la richesse de leurs frères affligés, et que nos profusions font aujourd'hui toute leur misère et leur indigence. Ce sont nos excès, mes Frères, et notre dureté qui multiplient le nombre des malheureux : n'excusez donc plus là-dessus le défaut de vos aumônes; ce serait faire de votre péché même votre excuse. Ah! vous vous plaignez que les pauvres vous accablent; mais c'est de quoi ils auraient lieu de se plaindre un jour eux-mêmes; ne leur faites donc pas un crime de votre insensibilité, ne leur reprochez pas ce qu'ils vous reprocheront sans doute un jour devant le tribunal de Jésus-Christ.

LA FOI.

Si la foi est glorieuse du côté des promesses qu'elle renferme pour l'avenir, elle ne l'est pas moins du côté de la situation où elle met le fidèle pour le présent. Et ici, mes Frères, représentez-vous un véritable Juste qui vit de la foi, et vous avouerez qu'il n'est rien de si grand sur la terre. Maître de ses désirs, et de tous les mouvements de son cœur; exerçant un empire glorieux sur lui-même; possédant son âme dans la patience et dans l'égalité, et régissant toutes ses passions par le frein de la tempérance; humble dans la prospérité, constant dans la disgrâce, joyeux dans les tribulations, paisible avec ceux qui haïssent la paix, insensible aux injures, sensible aux afflictions de ceux qui l'outragent, fidèle dans ses promesses, religieux dans ses amitiés, inébranlable dans ses devoirs, peu touché des richesses qu'il méprise, embarrassé des honneurs qu'il craint; plus grand que le monde entier, qu'il regarde comme un monceau de poussière : quelle élévation !

La philosophie ne détruisait les vices que par le vice. Elle n'apprenait avec faste à mépriser le monde, que pour s'attirer les applaudissements du monde ; elle cherchait plus la gloire de la sagesse, que la sagesse elle-même. En détruisant les autres passions, elle en élevait toujours une plus dangereuse sur leurs ruines : je veux dire l'orgueil. Semblable à ce prince de Babylone, qui n'avait renversé les autels des dieux des nations que pour élever sur leurs débris sa statue impie, et ce colosse monstrueux d'orgueil qu'il voulut faire adorer à toute la terre.

Mais la foi élève le Juste au-dessus de sa vertu même. Elle le rend encore plus grand dans le secret du cœur, et aux yeux de Dieu, que devant les hommes. Il pardonne sans orgueil; il est désintéressé sans faste ; il souffre sans vouloir qu'on s'en aperçoive ; il modère ses passions sans s'en apercevoir lui-même ; lui seul ignore la gloire et le mérite de ses actions ; loin de jeter des regards de complaisance sur lui-même, il a honte de ses vertus, plus que le pécheur n'en a de ses vices ; loin de chercher d'être applaudi, il cache ses œuvres de lumière, comme si c'étaient des œuvres de ténèbres ; il n'entre dans sa vertu que l'amour du devoir ; il n'agit que sous les yeux de Dieu seul, et comme s'il n'y avait plus d'hommes sur la terre : quelle élévation ! Trouvez, si vous le pouvez, quelque chose de plus grand dans l'univers. Repassez sur tous les divers genres de gloire dont le monde honore la vanité des hommes ; et voyez si tous ensemble ils peuvent atteindre à ce degré de grandeur où la foi élève l'homme de bien.

LA MORT DU PÉCHEUR.

Les surprises du pécheur mourant sont accablantes ; mais les séparations qui se font dans ce dernier moment ne le sont pas moins pour lui. Plus il tenait au monde, à la vie, à toutes les créatures, plus il souffre quand il faut s'en séparer : autant de liens qu'il faut rompre, autant de plaies qui le déchirent, autant de séparations, autant de nouvelles morts pour lui.

Séparation de ses biens qu'il avait accumulés avec des soins si longs et si pénibles, par des voies peut-être si douteuses pour le salut ; qu'il s'était obstiné de conserver, malgré les reproches de sa conscience ; qu'il avait refusés durement à la nécessité de ses frères. Ils lui échappent cependant ; ce tas de boue fond à ses yeux : il n'en emporte avec lui que l'amour, que le regret de les perdre, que le crime de les avoir acquis.

Séparation de la magnificence qui l'environne ; de l'orgueil de ses édifices, où il croyait s'être bâti un asile contre la mort ; du luxe et de la vanité de ses ameublements, dont il ne lui restera que le drap lugubre qui va l'envelopper dans le tombeau ; de cet air d'opulence au milieu duquel il avait toujours vécu. Tout s'enfuit, tout l'abandonne ; il commence à se regarder comme un étranger au milieu de ses palais, où il aurait dû toujours se regarder de même ; comme un inconnu qui n'y possède plus rien, comme un infortuné qu'on va dépouiller de tout à ses yeux, et qu'on ne laisse jouir encore quelque temps de la vue de ses dépouilles que pour augmenter ses regrets et son supplice.

Séparation de ses charges, de ses honneurs, qu'il va laisser peut-être à un concurrent ; où il était parvenu à travers tant de périls, de peines, de bassesses, et dont il avait joui avec tant d'insolence. Il est déjà dans le lit de la mort, dépouillé de toutes les marques de ses dignités, et ne conservant de tous ses titres que celui de pécheur qu'il se donne alors en vain et trop tard. Hélas ! il se contenterait en ce dernier moment de la plus vile des conditions ; il accepterait comme une grâce l'état le plus obscur et le plus rampant, si l'on voulait prolonger ses jours : il envie la destinée de ses esclaves qu'il laisse sur la terre ; il marche à grands pas vers la mort, et il tourné encore les yeux avec regret du côté de la vie.

Séparation de son corps, pour lequel il avait toujours vécu, avec lequel il avait contracté des liaisons si vives et si étroites, en favorisant toutes ses passions. Il sent que cette maison de boue s'écroule ; il se sent mourir peu à peu à chacun de ses sens ; il ne tient plus à la vie que par un cadavre qui s'éteint, par les douleurs cruelles que ses maux lui font sentir, par l'amour excessif qui l'y attache, et qui devient plus vif à mesure qu'il est plus près de s'en séparer.

Séparation de ses proches, de ses amis, qu'il voit autour de son lit et dont les pleurs et la tristesse achèvent de lui serrer le cœur, et de lui faire sentir plus cruellement la douleur de les perdre.

Séparation du monde, où il occupait tant de places, où il s'était établi, agrandi, étendu, comme si ç'avait dû être le lieu de sa demeure éternelle ; du monde, sans lequel il n'avait jamais pu vivre, dont il avait toujours été un des principaux acteurs, aux événements duquel il avait eu tant de part, où il avait paru avec tant d'agréments et tant de talents pour lui plaire. Son corps en va sortir ; mais son cœur, mais toutes ses affections y demeurent encore : le monde meurt pour lui, mais lui-même en mourant ne meurt pas encore au monde.

Enfin, séparation de toutes les créatures. Tout est anéanti autour de lui : il tend les mains à tous les objets qui l'environnent, comme pour s'y prendre encore ; et il ne saisit que des fantômes, qu'une fumée qui se dissipe et qui ne laisse rien de réel dans ses mains.

SUR LES ÉLUS.

Je m'arrête à vous, mes Frères, qui êtes ici assemblés : je ne parle plus du reste des hommes ; je vous regarde comme si vous étiez seuls sur la terre ; et voici la pensée qui m'occupe et qui m'épouvante. Je suppose que c'est ici votre dernière heure et la fin de l'univers ; que les cieux vont s'ouvrir sur vos têtes, Jésus-Christ paraître dans sa gloire au milieu de ce temple, et que vous n'y êtes assemblés que pour l'attendre, et comme des criminels tremblants, à qui l'on va prononcer ou une sentence de grâce ou un arrêt de mort éternelle ; car vous avez beau vous flatter, vous mourrez tels que vous êtes aujourd'hui. Tous ces désirs de changements qui vous amusent vous amuseront jusqu'au lit de la mort ; c'est l'expérience de tous les siècles. Tout ce que vous trouverez alors en vous de nouveau sera peut-être un compte un peu plus grand que celui que vous auriez aujourd'hui à rendre ; et sur ce que vous seriez, si l'on venait vous juger dans le moment, vous pouvez presque décider de ce qui vous arrivera au sortir de la vie.

Or, je vous demande, et je vous demande frappé de terreur, ne séparant pas en ce point mon sort du vôtre, et me mettant dans la même disposition où je souhaite que vous entriez, je vous demande donc : si Jésus-Christ paraissait dans le temple, au milieu de cette assemblée, la plus auguste de l'univers, pour nous juger, pour faire le terrible discernement des boucs et des brebis, croyez-vous que le plus grand nombre de tout ce que nous sommes ici fût placé à la droite? Croyez-vous que les choses du moins fussent égales? Croyez-vous qu'il s'y trouvât seulement dix justes, que le Seigneur ne put trouver autrefois en cinq villes tout entières? Je vous le demande, vous l'ignorez, je l'ignore moi-même ; vous seul, ô mon Dieu! connaissez ceux qui vous appartiennent. Mais si nous ne connaissons pas ceux qui lui appartiennent, nous savons du moins que les pécheurs ne lui appartiennent pas. Or, qui sont les fidèles ici assemblés? Les titres et les dignités ne doivent être comptés pour rien, vous en serez dépouillés devant Jésus-Christ; qui sont-ils? Beaucoup de pécheurs qui ne veulent pas se convertir, encore plus qui le voudraient, mais qui diffèrent leur conversion ; plusieurs autres qui ne se convertissent jamais que pour retomber ; enfin un grand nombre qui croient n'avoir pas besoin de conversion : voilà le parti des réprouvés. Retranchez ces quatre sortes de pécheurs de cette assemblée sainte, car ils en seront retranchés au grand jour ; paraissez maintenant ; justes, où êtes-vous? Restes d'Israël, passez à la droite. Froment de Jésus-Christ, démêlez-vous de cette paille destinée au feu. O Dieu! où sont vos élus? et que reste-t-il pour votre partage?

Mes frères, notre perte est presque assurée, et nous n'y pensons pas. Quand même, dans cette terrible séparation qui se fera un jour, il ne devrait y avoir qu'un seul pécheur de cette assemblée du côté des réprouvés, et qu'une voix du ciel viendrait nous en assurer dans ce temple, sans le désigner, qui de nous ne craindrait d'être le malheureux? qui de nous ne retomberait d'abord sur sa conscience, pour examiner si ses crimes n'ont pas mérité ce châtiment? qui de nous, saisi de frayeur, ne demanderait pas à Jésus-Christ, comme autrefois les apôtres : « Seigneur, ne serait-ce pas moi? » Et si l'on laissait quelque délai, qui ne se mettrait en état de détourner de lui cette infortune par les larmes et les gémissements d'une sincère pénitence ?

Sommes-nous sages, mes chers Auditeurs ? Peut-être que parmi ceux qui m'entendent il ne se trouvera pas dix justes ! Peut-être s'en trouvera-t-il encore moins; que sais-je ? O mon Dieu ! je n'ose regarder d'un œil fixe les abîmes de vos jugements et de votre justice! peut-être ne s'en trouvera-t-il qu'un seul ; et ce danger ne vous touche point, mon cher Auditeur ; et vous croyez être ce seul heureux dans le grand nombre qui périra, vous qui avez moins sujet de le croire que tout autre ; vous sur qui seul la sentence de mort devrait tomber, quand elle ne tomberait que sur un seul des pécheurs qui m'écoutent ?

SAINT-SIMON.

Louis de Rouvroy, duc de Saint-Simon, fils d'un ancien favori de Louis XIII, mousquetaire à seize ans, maréchal de camp en 1694, ambassadeur en Espagne en 1721, s'est immortalisé par des Mémoires sur les dernières années du règne de Louis XIV, la régence et le début du règne de Louis XV. Ces Mémoires qui, conformément à sa volonté, ne furent publiés que longtemps après sa mort, contiennent sur l'histoire du temps les plus intéressants détails. Ils sont parfois empreints d'une évidente partialité, et l'auteur s'y montre fortement imbu de l'orgueil de son rang et de tous les préjugés aristocratiques de l'ancienne noblesse; il est souvent sévère à l'excès pour Louis XIV et quelques-uns des personnages les plus célèbres de son temps et du temps de la régence; il s'attarde quelquefois dans les plus minutieux détails ; mais, malgré ces défauts, son livre n'en est pas moins l'un des plus attachants de notre histoire, et l'un des plus remarquables de notre langue sous le rapport du style, car Saint-Simon est tout à la fois un moraliste profond, un juge sévère et un peintre admirable qui excelle dans l'art de tracer les portraits et de placer les personnages dont il parle sous les yeux de ses lecteurs avec tout le relief de la nature vivante. Les Mémoires de Saint-Simon ne comprennent pas moins de 20 volumes in-8°, et ils embrassent une période de près de soixante ans. L'auteur, né en 1675, les avait commencés fort jeune, et il n'est mort qu'en 1755.

FÉNELON.

Ce prélat était un grand homme maigre, bien fait, pâle, avec un grand nez, des yeux dont le feu et l'esprit sortaient comme un torrent, et une physionomie telle que je n'en ai point vu qui y ressemblât, et qui ne se pouvait oublier quand on ne l'aurait vue qu'une fois. Elle rassemblait tout, et les contraires ne s'y combattaient point. Elle avait de la gravité et de la galanterie, du sérieux et de la gaieté ; elle sentait également le docteur, l'évêque et le grand seigneur ; ce qui y surnageait, ainsi que dans toute sa personne, c'était la finesse, l'esprit, les grâces, la décence, et surtout la noblesse. Il fallait effort pour cesser de le regarder. On ne pouvait le quitter, ni s'en défendre, ni ne pas chercher à le retrouver. C'est ce talent si rare et qu'il avait au suprême degré qui lui tint tous ses amis si entièrement attachés toute sa vie, malgré sa chute, et qui, dans leur dispersion, les réunissait pour se parler de lui, pour le regretter, pour le désirer, pour se tenir de plus en plus à lui, comme les Juifs pour Jérusalem, et soupirer après son retour, et l'espérer toujours, comme ce malheureux peuple attend encore et soupire après le Messie.

CATINAT.

J'ai si souvent parlé du maréchal Catinat, de sa vertu, de sa sagesse, de sa modestie, de son désintéressement, de la supériorité si rare de ses sentiments, de ses grandes parties de capitaine, qu'il ne me reste plus à dire que sa mort dans un âge très-avancé, sans avoir été marié, ni avoir acquis aucunes richesses, dans sa petite maison de Saint-Gatien, près Saint-Denis, où il s'était retiré, d'où il ne sortait plus depuis quelques années, et où il ne voulait presque plus recevoir personne. Il y rappela, par sa simplicité, par sa frugalité, par le mépris du monde, par la paix de son âme, et l'uniformité de sa conduite, le souvenir de ces grands hommes qui, après les triomphes les mieux mérités, retournaient tranquillement à leur charrue, toujours amoureux de leur patrie, et peu sensibles à l'ingratitude de Rome qu'ils avaient si bien servie. Catinat mit sa philosophie à profit par une grande piété. Il avait de l'esprit, un grand sens, une réflexion mûre, il n'oublia jamais le peu qu'il était. Ses habits, ses équipages, ses meubles, sa maison, tout était de la dernière simplicité; son air l'était aussi et tout son maintien. Il était grand, brun, maigre, un air pensif et assez lent, assez bas, de beaux yeux et fort spirituels. Il déplorait les fautes signalées qu'il voyait se succéder sans cesse, l'extinction suivie de toute émulation, le luxe, le vide, l'ignorance, la confusion des états, l'inquisition mise à la place de la police; il voyait tous les signes de destruction, et il disait qu'il n'y avait qu'un comble très-dangereux de désordre qui pût enfin rappeler l'ordre dans ce royaume.

VAUBAN.

Vauban s'appelait Leprêtre, petit gentilhomme de Bourgogne tout au plus, mais peut-être le plus honnête homme et le plus vertueux de son siècle, et avec la plus grande réputation du plus savant homme dans l'art des siéges et de la fortification, le plus simple, le plus vrai et le plus modeste. C'était un homme de médiocre taille, assez trapu, qui avait fort l'air de guerre, mais en même temps un extérieur rustre et grossier pour ne pas dire brutal et féroce. Il n'était rien moins. Jamais homme plus doux, plus compatissant, plus obligeant, mais respectueux, sans nulle politesse, et le plus avare ménager de la vie des hommes, avec une valeur qui prenait tout sur soi et donnait tout aux autres. Il est inconcevable qu'avec tant de droiture et de franchise, incapable de se prêter à rien de faux ni de mauvais, il ait pu gagner au point qu'il fit l'amitié et la confiance de Louvois et du roi.

Ce prince s'était ouvert à lui un an auparavant de la volonté qu'il avait de le faire maréchal de France. Vauban l'avait supplié de faire réflexion que cette dignité n'était point faite pour un homme de son état, qui ne pouvait jamais commander ses armées, et qui les jetterait dans l'embarras si, faisant un siége, le général se trouvait moins ancien maréchal de France que lui. Un refus si généreux, appuyé de raisons que la seule vertu fournissait, augmenta encore le désir du roi de la couronner.

Vauban avait fait cinquante-trois siéges en chef, dont une vingtaine en présence du roi, qui crut se faire maréchal de France soi-même, et honorer ses propres lauriers en donnant le bâton à Vauban. Il le reçut avec la même modestie qu'il avait marqué de désintéressement. Tout applaudit à ce comble d'honneur, où aucun autre de ce genre n'était parvenu avant lui et n'est arrivé depuis.

MONTESQUIEU.

Aucun incident remarquable ne signale la vie de Montesquieu. Né au château de La Brède près Bordeaux en 1689, il entra de bonne heure dans la magistrature, et devint à vingt-sept ans président au parlement de Guienne; mais il n'exerça point longtemps cette fonction, qu'il abandonna en 1726 pour se consacrer tout entier à l'étude. Il fut reçu en 1728 à l'Académie française, et se mit aussitôt à parcourir les principaux États de l'Europe pour en étudier les mœurs et les institutions. Son voyage dura quatre ans, et depuis son retour jusqu'à sa mort, en 1755, il s'occupa uniquement de la composition de ses livres. Aux plus belles facultés de l'intelligence Montesquieu unissait les plus précieuses qualités du cœur, et l'estime de ses contemporains pour sa personne égalait leur admiration pour son génie. En 1721, il publia, sans y mettre son nom, les *Lettres persanes*, où se trouvent mêlés à une ingénieuse satire des mœurs et des usages de la France des aperçus de l'ordre le plus élevé sur le gouvernement, les lois et l'économie politique. En 1734 parurent les *Considérations sur les causes de la grandeur et de la décadence des Romains*, chef-d'œuvre de style et d'analyse philosophique, qui est resté le plus populaire des ouvrages de Montesquieu; enfin, en 1748, cet illustre penseur mit le comble à sa réputation par l'*Esprit des lois*. Ce livre fut accueilli avec une si grande faveur, que dans l'espace de dix-huit mois il en fut fait vingt-deux éditions. « Cet ouvrage, dit Montesquieu, a pour objet les lois, les coutumes et les divers usages de tous les peuples de la terre. On peut dire que le sujet en est immense, qu'il embrasse toutes les institutions qui sont reçues parmi les hommes; puisque l'auteur distingue ces institutions; qu'il examine celles qui conviennent à la société et à chaque société; qu'il en cherche l'origine; qu'il en découvre les causes physiques et morales; qu'il examine celles qui ont un degré de bonté par elles-mêmes et celles qui n'en ont aucun; que de deux pratiques pernicieuses il cherche celle qui l'est le plus et celle qui l'est le moins; qu'il discute celles qui peuvent avoir de bons effets à un certain égard et de mauvais dans un autre. » L'*Esprit des lois*, malgré quelques erreurs, est une école de sagesse politique, et c'est peut-être celui de tous nos livres qui nous est le plus envié par l'Europe.

LETTRE DE RICA A***.

On dit que l'homme est un animal sociable. Sur ce pied-là

il me paraît qu'un Français est plus homme qu'un autre : c'est l'homme par excellence, car il semble être fait uniquement pour la société.

Mais j'ai remarqué parmi eux des gens qui non-seulement sont sociables, mais sont eux-mêmes la société universelle. Ils se multiplient dans tous les coins; ils peuplent en un moment les quatre quartiers d'une ville : cent hommes de cette espèce abondent plus que deux mille citoyens ; ils pourraient réparer aux yeux des étrangers les ravages de la peste et de la famine. On demande dans les écoles si un corps peut être en un instant en plusieurs lieux ; ils sont une preuve de ce que les philosophes mettent en question.

Ils sont toujours empressés, parce qu'ils ont l'affaire importante de demander à tous ceux qu'ils voient où ils vont et d'où ils viennent.

On ne leur ôterait jamais de la tête qu'il est de la bienséance de visiter chaque jour le public en détail, sans compter les visites qu'ils font en gros dans les lieux où l'on s'assemble ; mais, comme la voie en est trop abrégée, elles sont comptées pour rien dans les règles de leur cérémonial.

Ils fatiguent plus les portes des maisons à coups de marteau que les vents et les tempêtes. Si l'on allait examiner la liste de tous les portiers, on y trouverait chaque jour leur nom estropié de mille manières en caractères suisses. Ils passent leur vie à la suite d'un enterrement, dans des compliments de condoléance, ou dans des félicitations de mariage. Le roi ne fait point de gratification à quelqu'un de ses sujets qu'il ne leur en coûte une voiture pour en aller témoigner leur joie. Enfin ils reviennent chez eux, bien fatigués, se reposer, pour pouvoir reprendre le lendemain leurs pénibles fonctions.

Un d'eux mourut l'autre jour de lassitude, et on mit cette épitaphe sur son tombeau : « C'est ici que repose celui qui ne s'est jamais reposé. Il s'est promené à cinq cent trente enterrements. Il s'est réjoui de la naissance de deux mille six cent quatre-vingts enfants. Les pensions dont il a félicité ses amis, toujours en des termes différents, montent à deux millions six cent mille livres ; le chemin qu'il a fait sur le pavé, à neuf mille six cents stades ; celui qu'il a fait dans la campagne, à trente-six. Sa conversation était amusante ; il avait un fonds tout fait de trois cent soixante-cinq contes ; il possédait d'ailleurs, depuis son jeune âge, cent dix-huit apophthegmes tirés des anciens, qu'il employait dans les occasions brillantes. Il est mort enfin à la soixantième année de son âge. Je me tais, voyageur ; car comment pourrais-je achever de te dire ce qu'il a fait et ce qu'il a vu ? »

LETTRE DE RICA A RHÉDI.

Je trouve les caprices de la mode, chez les Français, étonnants. Ils ont oublié comment ils étaient habillés cet été ; ils ignorent encore plus comment ils le seront cet hiver ; mais surtout on ne saurait croire combien il en coûte à un mari pour mettre sa femme à la mode.

Que me servirait de te faire une description exacte de leur habillement et de leurs parures ? Une mode nouvelle viendrait détruire tout mon ouvrage, comme celui de leurs ouvriers ; et avant que tu eusses reçu ma lettre, tout serait changé.

Une femme qui quitte Paris pour aller passer six mois à la campagne en revient aussi antique que si elle s'y était oubliée trente ans. Le fils méconnaît le portrait de sa mère, tant l'habit avec lequel elle est peinte lui paraît étranger ; il s'imagine que c'est quelque Américaine qui y est représentée, ou que le peintre a voulu exprimer quelqu'une de ses fantaisies.

Quelquefois les coiffures montent insensiblement, et une révolution les fait descendre tout à coup. Il a été un temps que leur hauteur immense mettait le visage d'une femme au milieu d'elle-même ; dans un autre, c'étaient les pieds qui occupaient cette place ; les talons faisaient un piédestal qui les tenait en l'air. Qui pourrait le croire ? les architectes ont été souvent obligés de hausser, de baisser et d'élargir leurs portes, selon que les parures des femmes exigeaient d'eux ce changement ; et les règles de leur art ont été asservies à ces caprices. On voit quelquefois sur un visage une quantité prodigieuse de mouches, et elles disparaissent toutes le lendemain. Autrefois les femmes avaient de la taille et des dents ; aujourd'hui il n'en est pas question. Dans cette changeante nation, quoi qu'en disent les mauvais plaisants, les filles se trouvent autrement faites que leurs mères.

Il en est des manières et de la façon de vivre comme des modes : les Français changent de mœurs selon l'âge de leurs rois. Le monarque pourrait même parvenir à rendre la nation grave s'il l'avait entrepris. Le prince imprime le caractère de son esprit à la cour, la cour à la ville, la ville aux provinces. L'âme du souverain est un moule qui donne la forme à toutes les autres.

DE L'ART DE LA GUERRE CHEZ LES ROMAINS.

Les Romains se destinant à la guerre et la regardant comme le seul art, ils mirent tout leur esprit et toutes leurs pensées à le perfectionner. C'est sans doute un Dieu, dit Végèce, qui leur inspira la légion.

Ils jugèrent qu'il fallait donner aux soldats de la légion des armes offensives et défensives plus fortes et plus pesantes que celles de quelque autre peuple que ce fût.

Mais comme il y a des choses à faire dans la guerre dont un corps pesant n'est pas capable, ils voulurent que la légion contînt dans son sein une troupe légère qui pût en sortir pour engager le combat, et, si la nécessité l'exigeait, s'y retirer; qu'elle eût encore de la cavalerie, des hommes de trait et des frondeurs, pour poursuivre les fuyards et achever la victoire; qu'elle fût défendue par toutes sortes de machines de guerre qu'elle traînait avec elle; que chaque fois elle se retranchât et fût, comme dit Végèce, une espèce de place de guerre.

Pour qu'ils pussent avoir des armes plus pesantes que celles des autres hommes, il fallait qu'ils se rendissent plus qu'hommes; c'est ce qu'ils firent par un travail continuel qui augmentait leur force, et par des exercices qui leur donnaient de l'adresse, laquelle n'est autre chose qu'une juste dispensation des forces que l'on a.

Nous remarquons aujourd'hui que nos armées périssent beaucoup par le travail immodéré des soldats; et cependant c'était par un travail immense que les Romains se conservaient. La raison en est, je crois, que leurs fatigues étaient continuelles; au lieu que nos soldats passent d'un travail extrême à une extrême oisiveté, ce qui est la chose du monde la plus propre à les faire périr.

Il faut que je rapporte ici ce que les auteurs nous disent de l'éducation des soldats romains. On les accoutumait à aller le pas militaire, c'est-à-dire à faire en cinq heures vingt milles, et quelquefois vingt-quatre. Pendant ces marches, on leur faisait porter des poids de soixante livres. On les entretenait dans l'habitude de courir et de sauter tout armés; ils prenaient dans leurs exercices des épées, des javelots, des flèches d'une pesanteur double des armes ordinaires; et ces exercices étaient continuels.

Ce n'était pas seulement dans le camp qu'était l'école militaire; il y avait dans la ville un lieu où les citoyens allaient s'exercer (c'était le champ de Mars). Après le travail ils se jetaient dans le Tibre, pour s'entretenir dans l'habitude de nager et nettoyer la poussière et la sueur.

Nous n'avons plus une juste idée des exercices du corps : un homme qui s'y applique trop nous paraît méprisable, par la raison que la plupart de ces exercices n'ont d'autre objet que les agréments ; au lieu que chez les anciens, tout, jusqu'à la danse, faisait partie de l'art militaire.

Il est même arrivé, parmi nous, qu'une adresse trop recherchée dans l'usage des armes dont nous nous servons à la guerre est devenue ridicule, parce que depuis l'introduction de la coutume des combats singuliers, l'escrime a été regardée comme la science des querelleurs ou des poltrons.

Ceux qui critiquent Homère de ce qu'il relève ordinairement dans ses héros la force, l'adresse ou l'agilité du corps, devraient trouver Salluste bien ridicule, qui loue Pompée de ce qu'il courait, sautait et portait un fardeau aussi bien que homme de son temps.

Toutes les fois que les Romains se crurent en danger ou qu'ils voulurent réparer quelque perte, ce fut une pratique constante chez eux d'affermir la discipline militaire. Ont-ils à faire la guerre aux Latins, peuple aussi aguerri qu'eux-mêmes, Manlius songe à augmenter la force du commandement, et fait mourir son fils qui avait vaincu sans son ordre. Sont-ils battus à Numance, Scipion Emilien les prive d'abord de tout ce qui les avait amollis. Les légions romaines ont-elles passé sous le joug en Numidie, Metellus répare cette honte dès qu'il leur a fait reprendre les institutions anciennes. Marius, pour battre les Cimbres et les Teutons, commence par détourner les fleuves ; et Sylla fait si bien travailler les soldats de son armée effrayée de la guerre contre Mithridate, qu'ils lui demandent le combat comme la fin de leurs peines.

Publius Nasica, sans besoin, leur fit construire une armée navale. On craignait plus l'oisiveté que les ennemis.

Aulu-Gelle donne d'assez mauvaises raisons de la coutume des Romains de faire saigner les soldats qui avaient commis quelque faute ; la vraie est que, la force étant la principale qualité du soldat, c'était le dégrader que de l'affaiblir.

Des hommes si endurcis étaient ordinairement sains. On ne remarque pas dans les auteurs que les armées romaines, qui faisaient la guerre en tant de climats, périssent beaucoup par les maladies ; au lieu qu'il arrive presque continuellement aujourd'hui que des armées, sans avoir combattu, se fondent pour ainsi dire dans une campagne......

Comme leurs armées n'étaient pas nombreuses, il était aisé de pourvoir à leur subsistance ; le chef pouvait mieux les connaître, et voyait plus aisément les fautes et les violations de la discipline.

La force de leurs exercices, les chemins admirables qu'ils avaient construits, les mettaient en état de faire des marches longues et rapides. Leur présence inopinée glaçait les esprits ; ils se montraient surtout après un mauvais succès, dans les temps que leurs ennemis étaient dans cette négligence que donne la victoire.

Dans nos combats d'aujourd'hui, un particulier n'a guère de confiance qu'en la multitude ; mais chaque Romain, plus robuste et plus aguerri que son ennemi, comptait toujours sur lui-même ; il avait naturellement du courage, c'est-à-dire de cette vertu qui est le sentiment de ses propres forces.

Leurs troupes étant toujours les mieux disciplinées, il était difficile que, dans le combat le plus malheureux, ils ne se ralliassent quelque part, ou que le désordre ne se mît quelque part chez les ennemis. Aussi les voit-on continuellement dans les histoires, quoique surmontés dans le commencement par le nombre ou par l'ardeur des ennemis, arracher enfin la victoire de leurs mains. Leur principale attention était d'examiner en quoi leur ennemi pouvait avoir de la supériorité sur eux, et d'abord ils y mettaient ordre. Ils s'accoutumaient à voir le sang et les blessures dans les spectacles des gladiateurs, qu'ils prirent des Étrusques.

Les épées tranchantes des Gaulois, les éléphants de Pyrrhus, ne les surprirent qu'une fois. Ils suppléèrent à la faiblesse de leur cavalerie d'abord en ôtant les brides des chevaux, pour que l'impétuosité n'en pût être arrêtée, ensuite en y mêlant des vélites. Quand ils eurent connu l'épée espagnole, ils quittèrent la leur. Ils éludèrent la science des pilotes par l'invention d'une machine que Polybe nous a décrite. Enfin, comme dit Josèphe, la guerre était pour eux une méditation, la paix un exercice.

Si quelque nation tint de la nature ou de son institution quelque avantage particulier, ils en firent d'abord usage ; ils n'oublièrent rien pour avoir des chevaux numides, des archers crétois, des frondeurs baléares, des vaisseaux rhodiens.

Enfin, jamais nation ne prépara la guerre avec tant de prudence et ne la fit avec tant d'audace.

CHARLEMAGNE.

Charlemagne songea à tenir le pouvoir de la noblesse dans ses limites, et à empêcher l'oppression du clergé et des hommes libres. Il mit un tel tempérament dans les ordres de l'Etat, qu'ils furent contrebalancés et qu'il resta le maître. Tout fut uni par la force de son génie. Il mena continuellement la noblesse d'expédition en expédition ; il ne lui laissa pas le temps de former des desseins, et l'occupa tout entière à suivre les siens. L'empire se maintint par la grandeur du chef : le prince était grand, l'homme l'était davantage. Les rois ses enfants furent ses premiers sujets, les instruments de son pouvoir, et les modèles de l'obéissance. Il fit d'admirables règlements ; il fit plus, il les fit exécuter. Son génie se répandit sur toutes les parties de l'empire. On voit dans les lois de ce prince un esprit de prévoyance qui comprend tout, et une certaine force qui entraîne tout. Les prétextes pour éluder les devoirs sont ôtés, les négligences corrigées, les abus réformés ou prévenus. Il savait punir ; il savait encore mieux pardonner. Vaste dans ses desseins, simple dans l'exécution, personne n'eut à un plus haut degré l'art de faire les plus grandes choses avec facilité, et les difficiles avec promptitude. Il parcourait sans cesse son vaste empire, portant la main partout où il allait tomber. Les affaires renaissaient de toutes parts ; il les finissait de toutes parts. Jamais prince ne sut mieux braver les dangers, jamais prince ne les sut mieux éviter. Il se joua de tous les périls, et particulièrement de ceux qu'éprouvent presque toujours les grands conquérants, je veux dire les conspirations. Ce prince prodigieux était extrêmement modéré ; son caractère était doux, ses manières simples ; il aimait à vivre avec les gens de sa cour. Il mit une règle admirable dans sa dépense ; il fit valoir ses domaines avec sagesse, avec attention, avec économie ; un père de famille pourrait apprendre dans ses lois à gouverner sa maison. On voit dans ses capitulaires la source pure et sacrée d'où il tira ses richesses. Je ne dirai plus qu'un mot : il ordonnait qu'on vendît les œufs des basses-cours de ses domaines et les herbes inutiles de ses jardins ; il avait distribué à ses peuples toutes les richesses des Lombards et les immenses trésors de ces Huns qui avaient dépouillé l'univers.

FONTENELLE.

Neveu du grand Corneille par sa mère, Fontenelle est le patriarche des littérateurs français, car il est né à Rouen le 11 février 1657, et il est mort à Paris le 9 janvier 1757. Esprit vif, brillant et varié, il s'essaya dans tous les genres et réussit dans quelques-uns. Il a fait des comédies, des tragédies, des opéras, des pastorales, des dialogues des morts, mais son principal mérite est d'avoir tenté le premier une alliance entre l'érudition, les sciences et la littérature, en popularisant par un style animé, souvent entaché de recherche, mais toujours élégant et ingénieux, des notions qui, jusqu'à lui, étaient restées concentrées entre un petit nombre d'hommes spéciaux. Les *Entretiens sur la pluralité des mondes*, l'*Histoire des Oracles*, l'*Histoire de l'Académie des sciences*, les *Eloges des Académiciens*, ont ouvert chez nous une voie nouvelle et marqué le point de départ de la vulgarisation des sciences.

LES ÉCLIPSES.

Dans toutes les Indes orientales on croit que, quand le soleil et la lune s'éclipsent, c'est qu'un certain dragon, qui a les griffes fort noires, les étend sur ces astres dont il veut se saisir ; et vous voyez pendant ce temps-là les rivières couvertes de têtes d'Indiens qui se sont mis dans l'eau jusqu'au cou, parce que c'est une situation très-propre, selon eux, à obtenir du soleil et de la lune qu'ils se défendent bien contre le dragon. En Amérique, on était persuadé que le soleil et la lune étaient fâchés quand ils s'éclipsaient, et Dieu sait ce qu'on ne faisait pas pour se raccommoder avec eux. Mais les Grecs, qui étaient si raffinés, n'ont-ils pas cru longtemps que la lune était ensorcelée, et que des magiciennes la faisaient descendre du ciel pour jeter sur les herbes une certaine écume malfaisante? Et nous, n'avons-nous pas eu belle peur nous-mêmes, à une certaine éclipse de soleil, qui, à la vérité, fut totale? Une infinité de gens ne se tinrent-ils pas enfermés dans des caves? En vérité, tout cela est trop honteux pour les hommes : il devrait y avoir un arrêt du genre humain qui défendît qu'on parlât jamais d'éclipse, de peur que l'on ne conserve la mémoire des sottises qui ont été faites ou dites sur ce chapitre-là. Mais ne faudrait-il pas aussi que le même arrêt abolît la mémoire de toutes choses, et défendît qu'on parlât jamais de rien : car je ne sache rien au monde qui ne soit le monument de quelque sottise des hommes.

LES SCIENCES.

On traite volontiers d'inutile ce qu'on ne sait point, c'est une espèce de vengeance ; et comme les mathématiques et la physique sont assez généralement inconnues, elles passent assez généralement pour inutiles. La source de leur malheur est manifeste : elles sont épineuses, sauvages et d'un accès difficile.

Nous avons une lune pour nous éclairer pendant nos nuits Que nous importe, dira-t-on, que Jupiter en ait quatre? Pourquoi tant d'observations si pénibles, tant de calculs si fatigants, pour connaître exactement leur cours ? Nous n'en serons pas mieux éclairés, et la nature, qui a mis ces petits astres hors de la portée de nos yeux, ne paraît pas les avoir faits pour nous. En vertu d'un raisonnement si plausible, on aurait dû négliger de les observer avec le télescope et de les étudier, et il est sûr qu'on y eût beaucoup perdu. Pour peu qu'on entende les principes de la géographie et de la navigation, on sait que depuis que ces quatre lunes de Jupiter sont connues, elles nous ont été plus utiles par rapport à ces sciences que la nôtre elle-même ; qu'elles servent et serviront toujours de plus en plus à faire des cartes marines incomparablement plus justes que les anciennes, et qui sauveront apparemment la vie à une infinité de navigateurs. N'y eût-il dans l'astronomie d'autre utilité que celle qui se tire des satellites de Jupiter, elle justifierait suffisamment ces calculs immenses, ces observations si assidues et si scrupuleuses, ce grand appareil d'instruments travaillés avec tant de soin, ce bâtiment superbe uniquement élevé pour l'usage de cette science.

En outre, ce n'est pas une chose que l'on doive compter parmi les simples curiosités de la science que les sublimes réflexions où elles nous conduisent sur l'auteur de l'univers. Ce grand ouvrage, toujours plus merveilleux à mesure qu'il est plus connu, nous donne une si grande idée de son ouvrier, que nous en sentons notre esprit accablé d'admiration et de respect. Surtout, l'astronomie et l'anatomie sont les deux sciences qui nous offrent le plus sensiblement deux grands caractères du

Créateur : l'une, son immensité, par les distances, la grandeur et le nombre des corps célestes ; l'autre, son intelligence infinie, par la mécanique des animaux.

CORNEILLE ET RACINE.

Corneille n'a eu devant les yeux aucun auteur qui ait pu le guider ; Racine a eu Corneille.

Corneille a trouvé le théâtre français très-grossier, l'a porté à un haut point de perfection ; Racine ne l'a pas soutenu dans la perfection où il l'a trouvé.

Les caractères de Corneille sont vrais, quoiqu'ils ne soient pas communs ; les caractères de Racine ne sont vrais que parce qu'ils sont communs.

Quelquefois les caractères de Corneille ont quelque chose de faux, à force d'être nobles et singuliers ; souvent ceux de Racine ont quelque chose de bas, à force d'être naturels.

Quand on a le cœur noble, on voudrait ressembler aux héros de Corneille ; et, quand on a le cœur petit, on est bien aise que les héros de Racine nous ressemblent.

On rapporte des pièces de l'un le désir d'être vertueux ; et des pièces de l'autre, le plaisir d'avoir des semblables dans ses faiblesses.

Le tendre et le gracieux de Racine se trouvent quelquefois dans Corneille ; le grand de Corneille ne se trouve jamais dans Racine.

Racine n'a presque jamais peint que des Français, et que le siècle présent, même quand il a voulu peindre un autre siècle et d'autres nations ; on voit dans Corneille toutes les nations et tous les siècles qu'il a voulu peindre. Le nombre des pièces de Corneille est beaucoup plus grand que celui des pièces de Racine, et cependant Corneille s'est beaucoup moins répété lui-même que Racine n'a fait.

Dans les endroits où la versification de Corneille est belle, elle est plus hardie, plus noble, plus forte, et en même temps aussi nette que celle de Racine ; mais elle ne se soutient pas dans ce degré de beauté, et celle de Racine se soutient toujours dans le sien.

Des auteurs inférieurs à Racine ont réussi après lui dans son genre; aucun auteur, même Racine, n'a osé toucher, après Corneille, au genre qui lui était particulier.

VOLTAIRE.

Nous avons cherché dans notre *Introduction* à indiquer, autant que nous pouvions le faire en peu de mots, quel était le caractère du génie de Voltaire; nous n'avons donc point à y revenir ici, et nous nous bornerons à quelques détails purement biographiques.

Suivant quelques écrivains, François-Marie-Arouet de Voltaire serait né à Châtenay, village du département de la Seine, à deux kilomètres de Sceaux; mais il est plus probable qu'il naquit à Paris, et la date de sa naissance est fixée au 20 février 1694. Il fut élevé au collége Louis le Grand, dirigé par les jésuites, et quand il eut terminé ses études, il fut d'abord attaché, avec le titre de page, au marquis de Châteauneuf, et fit en cette qualité un voyage en Hollande. De retour en France, il fut placé par son père, et contre son gré, dans une étude de procureur. Une satire publiée contre Louis XIV, en 1715, l'année même de la mort de ce prince, lui ayant été attribuée, il fut mis à la Bastille; mais son innocence fut bientôt reconnue; il recouvra la liberté après une courte détention et débuta au théâtre par la tragédie d'*OEdipe*. En 1726, il eut des démêlés avec le chevalier de Rohan-Chabot; celui-ci, après l'avoir attiré dans un guet-apens, le fit bâtonner par ses domestiques. Voltaire lui envoya un cartel; le chevalier, pour toute réponse, le fit enfermer une seconde fois à la Bastille, et après six mois de captivité, il fut exilé et se retira en Angleterre. Il y reçut un accueil des plus distingués, et quand il obtint de rentrer en France, en 1730, il se fit l'apologiste des mœurs, des idées et des institutions de l'Angleterre. De 1730 à 1735 il habita Paris, où il obtint de brillants succès au théâtre; mais, à la suite de la publication des *Lettres philosophiques*, qui furent brûlées par la main du bourreau, il jugea prudent de quitter la capitale; il alla vivre en Champagne, à Cirey, chez la marquise du Châtelet, tout prêt à passer la frontière s'il se voyait menacé; ce ne fut qu'en 1743, à la mort du cardinal de Fleury, qu'il revint à Paris. Il y resta jusqu'en 1750, époque à laquelle il se rendit à Berlin, à la demande du roi Frédéric, qui lui accorda une pension de 20,000 livres. L'intimité entre le monarque et l'écrivain fut d'abord assez grande; mais elle ne tarda point à se refroidir, et en 1753 Voltaire fut obligé de quitter la Prusse. Pendant cinq ans il vécut tour à tour à Lyon, à Colmar, aux environs de Lausanne, à Genève; en 1758, il acheta la belle terre de Ferney, aujourd'hui chef-lieu de canton du département de l'Ain, et c'est du fond de cette retraite qu'il exerça sur la France et sur l'Europe une domination littéraire jusque-là sans exemple. En 1778 il fit son dernier voyage à Paris, et il y mourut le 30 mai, après avoir refusé les secours de la religion.

La faute irréparable de Voltaire, la triste et coupable erreur de sa vie entière, nous l'avons déjà dit, fut sa haine passionnée contre la religion. Cette haine surprend d'autant plus de la part d'un aussi grand esprit, que Voltaire, comme on l'a dit justement, avait la passion de la justice et de l'humanité, et que les plus beaux passages de ses tragédies, de ses poésies, de ses écrits en prose, sont précisément ceux dans lesquels il sait résister aux entraînements de l'esprit irréligieux, et où il s'inspire des idées chrétiennes, comme dans *Zaïre*, la plus belle de toutes ses compositions scéniques.

LETTRE A MILORD HARVEY, GARDE DES SCEAUX D'ANGLETERRE.

1740.

Je fais compliment à votre nation, Milord, sur la prise de Porto-Bello, et sur votre place de garde des sceaux. Vous voilà fixé en Angleterre ; c'est une raison pour moi d'y voyager encore. Ne jugez point, je vous prie, de mon Essai sur le siècle de Louis XIV par les deux chapitres imprimés en Hollande avec tant de fautes qui rendent l'ouvrage inintelligible ; mais surtout soyez un peu moins fâché contre moi de ce que j'appelle le siècle dernier le siècle de Louis XIV. Je sais bien que Louis XIV n'a pas eu l'honneur d'être le maître ni le bienfaiteur d'un Bayle, d'un Newton, d'un Halley, d'un Addison, d'un Dryden ; mais dans le siècle qu'on nomme de Léon X, le pape Léon X avait-il tout fait ? n'y avait-il pas d'autres princes qui contribuèrent à polir et à éclairer le genre humain ? Cependant le nom de Léon X a prévalu, parce qu'il encouragea les arts plus qu'aucun autre. Eh ! quel roi donc en cela a rendu plus de services à l'humanité que Louis XIV ? Quel roi a répandu plus de bienfaits, a marqué plus de goût, s'est signalé par de plus beaux établissements ? Il n'a pas fait tout ce qu'il pouvait faire, sans doute, parce qu'il était homme ; mais il a fait plus qu'aucun autre, parce qu'il était un grand homme : ma plus forte raison pour l'estimer beaucoup, c'est qu'avec des fautes connues, il a plus de réputation qu'aucun de ses contemporains ; c'est que, malgré un million d'hommes dont il a privé la France, et qui tous ont été intéressés à le décrier, toute l'Europe l'estime et le met au rang des plus grands et des meilleurs monarques.

Nommez-moi donc, Milord, un souverain qui ait attiré chez lui plus d'étrangers habiles, et qui ait plus encouragé le mérite dans ses sujets. Soixante savants de l'Europe reçurent à la fois des récompenses de lui, étonnés d'en être connus.

« Quoique le roi ne soit pas votre souverain, leur écrivait M. Colbert, il veut être votre bienfaiteur ; il m'a commandé de vous envoyer la lettre de change ci-jointe comme un gage de son estime. » Un Bohémien, un Danois, recevaient de ces lettres datées de Versailles. Guillemini bâtit une maison à Florence des bienfaits de Louis XIV ; il mit le nom de ce roi sur le frontispice ; et vous ne voulez pas qu'il soit à la tête du siècle dont je parle !

Ce qu'il a fait dans son royaume doit servir à jamais d'exemple. Il chargea de l'éducation de son fils et de son petit-fils les plus éloquents et les plus savants hommes de l'Europe. Il eut l'attention de placer trois enfants de Pierre Corneille, deux dans les troupes, et l'autre dans l'Eglise. Il excita le mérite naissant de Racine par un présent considérable pour un jeune homme inconnu et sans bien ; et, quand ce génie se fut perfectionné, ses talents, qui souvent sont l'exclusion de la fortune, firent la sienne. Il eut plus que de la fortune, il eut de la faveur, et quelquefois la familiarité d'un maître dont un regard était un bienfait ; il était, en 1688 et 1689, de ces voyages de Marly, tant brigués par les courtisans ; il couchait dans la chambre du roi pendant ses maladies, et lui lisait ces chefs-d'œuvre d'éloquence et de poésie qui décoraient ce beau règne.

Louis XIV songeait à tout, il protégeait les académies et distinguait ceux qui se signalaient. Il ne prodiguait point sa faveur à un genre de mérite à l'exclusion des autres, comme tant de princes qui favorisent, non ce qui est bon, mais ce qui leur plaît : la physique et l'étude de l'antiquité attirèrent son attention. Elle ne se ralentit pas même dans les guerres qu'il soutenait contre l'Europe ; car en bâtissant trois cents citadelles, en faisant marcher quatre cent mille soldats, il faisait élever l'Observatoire, et tracer une méridienne d'un bout du royaume à l'autre, ouvrage unique dans le monde. Il faisait imprimer dans son palais les traductions des bons auteurs grecs et latins ; il envoyait des géomètres et des physiciens au fond de l'Afrique et de l'Amérique chercher de nouvelles connaissances. Songez, Milord, que sans le voyage et les expériences de ceux qu'il envoya à Cayenne en 1672, et sans les mesures de

M. Picard, jamais Newton n'eût fait ses découvertes sur l'attraction. Regardez, je vous prie, un Cassini et un Huyghens, qui renoncent tous deux à leur patrie qu'ils honorent, pour venir en France jouir de l'estime et des bienfaits de Louis XIV.

Et pensez-vous que les Anglais même ne lui aient pas d'obligation? Dites-moi, je vous prie, dans quelle cour Charles II puisa tant de politesse et tant de goût. Les bons auteurs de Louis XIV n'ont-ils pas été vos modèles? N'est-ce pas d'eux que votre sage Addison, l'homme de votre nation qui avait le goût le plus sûr, a tiré souvent ses excellentes critiques? L'évêque Burnet avoue que ce goût, acquis en France par les courtisans de Charles II, réforma chez vous jusqu'à la chaire, malgré la différence de nos religions, tant la saine raison a partout d'empire. Dites-moi si les bons livres de ce temps n'ont pas servi à l'éducation de tous les princes de l'Europe? Dans quelle cour de l'Allemagne n'a-t-on pas vu de théâtres français? Quelle nation ne suivait pas alors les modes de la France?

Vous m'apportez, Milord, l'exemple du czar Pierre le Grand, qui a fait naître les arts dans son pays, et qui est le créateur d'une nation nouvelle. Vous me dites cependant que son siècle ne sera pas appelé dans l'Europe le siècle du czar Pierre. Vous en concluez que je ne dois pas appeler le siècle passé le siècle de Louis XIV. Il me semble que la différence est bien palpable : le czar Pierre s'est instruit chez les autres peuples; il a porté leurs arts chez lui ; mais Louis XIV a instruit les nations; tout, jusqu'à ses fautes, leur a été utile. Les protestants, qui ont quitté ses États, ont porté chez vous-mêmes une industrie qui faisait la richesse de la France. Comptez-vous pour rien tant de manufactures de soie et de cristaux? Ces dernières surtout furent perfectionnées chez vous par nos réfugiés, et nous avons perdu ce que vous avez acquis.

Enfin, la langue française, Milord, est devenue presque la langue universelle. A qui en est-on redevable? Etait-elle aussi étendue que du temps d'Henri IV? Non, sans doute; on ne connaissait que l'italien et l'espagnol. Ce sont nos excellents écrivains qui ont fait ce changement. Mais qui a protégé, employé, encouragé ces excellents écrivains? C'était M. Colbert, me direz-vous ; je l'avoue, et je prétends bien que le ministre doit partager la gloire du maître. Mais qu'eût fait un Colbert sous un autre prince? sous votre roi Guillaume qui n'aimait rien, sous le roi d'Espagne Charles II, sous tant d'autres souverains?

Croiriez-vous bien, Milord, que Louis XIV a réformé le goût

de sa cour en plus d'un genre? Il choisit Lulli pour son musicien, et ôta le privilége à Cambert, parce que Cambert était un homme médiocre, et Lulli un homme supérieur. Il savait distinguer l'esprit du génie ; il donnait à Quinault les sujets de ses opéras ; il dirigeait les peintures de Lebrun ; il soutenait Boileau, Racine et Molière contre leurs ennemis ; il encourageait les arts utiles, comme les beaux-arts, et toujours en connaissance de cause ; il prêtait de l'argent à Van Robais, pour établir ses manufactures ; il avançait des millions à la compagnie des Indes, qu'il avait formée ; il donnait des pensions aux savants et aux braves officiers. Non-seulement il s'est fait de grandes choses sous son règne, mais c'est lui qui les faisait. Souffrez donc, Milord, que je tâche d'élever à sa gloire un monument que je consacre encore plus à l'utilité du genre humain.

LETTRE A MADAME LA MARQUISE DU DEFFANT.

Aux Délices, 12 janvier 1759.

Libre d'ambition, de soins et d'esclavage,
Des sottises du monde éclairé spectateur,
Il se garda bien d'être acteur,
Et fut heureux autant que sage.
Il fuyait le vain nom d'auteur ;
Il dédaigna de vivre au temple de Mémoire,
Mais il vivra dans votre cœur :
C'est sans doute assez pour sa gloire.

Les fleurs que je jette, Madame, sur le tombeau de notre ami Formont sont sèches et fanées comme moi. Le talent s'en va ; l'âge détruit tout. Que pouvez-vous attendre d'un campagnard qui ne sait plus que planter et semer dans la saison? J'ai conservé de la sensibilité, c'est tout ce qui me reste, et ce reste est pour vous ; mais je n'écris guère que dans les occasions.

Que vous dirais-je du fond de ma retraite ? Vous ne me manderiez aucune nouvelle de la roue de fortune sur laquelle tournent nos ministres du haut en bas, ni des sottises publiques et particulières ? Les lettres, qui étaient autrefois la peinture du cœur, la consolation de l'absence, et le langage de la vérité, ne sont plus à présent que de tristes et vains témoignages de la crainte d'en trop dire et de la contrainte de l'esprit.

Je n'écris point au président Hénault, mais je lui souhaite, comme à vous, une vie longue et saine. Je dois la mienne au parti que j'ai pris. Si j'osais, je me croirais sage, tant je suis heureux. Je n'ai vécu que du jour où j'ai choisi ma retraite ; tout autre genre de vie me serait insupportable. Paris vous est nécessaire ; il me serait mortel ; il faut que chacun reste dans son élément. Je suis très fâché que le mien soit incompatible avec le vôtre, et c'est assurément ma seule affliction.

Vous avez voulu essayer de la campagne ; mais, Madame, elle ne vous convient pas. Il vous faut une société de gens aimables, comme il fallait à Rameau des connaisseurs en musique. Le goût de la propriété et du travail est d'ailleurs absolument nécessaire dans des terres. J'ai de très vastes possessions que je cultive. Je fais plus de cas de votre appartement que de mes blés et de mes pâturages ; mais ma destinée était de finir entre un semoir, des vaches et des Genevois.

Ces Genevois ont tous une raison cultivée. Ils sont si raisonnables qu'ils viennent chez moi et qu'ils trouvent bon que je n'aille jamais chez eux. On ne peut, à moins d'être madame de Pompadour, vivre plus commodément.

Voilà ma vie, Madame, telle que vous l'avez devinée, tranquille et occupée, opulente et philosophique, et surtout entièrement libre. Elle vous est absolument consacrée dans le fond de mon cœur, avec le respect le plus tendre et l'attachement le plus inviolable.

LE SIÈGE DE LA MAISON DE CHARLES XII.

L'ordre est donné dans le moment : les Turcs marchent aux retranchements ; les Tartares les attendaient déjà, et les canons commençaient à tirer. Les janissaires d'un côté et les Tartares de l'autre forcent en un instant ce petit camp ; à peine vingt Suédois tirèrent l'épée ; les trois cents soldats furent enveloppés et faits prisonniers sans résistance. Le roi était alors à cheval entre sa maison et son camp, avec les généraux Hord, Dahldorf et Sparre : voyant que tous les soldats s'étaient laissé prendre en sa présence, il dit de sang-froid à ces trois officiers : « Allons « défendre la maison ; nous combattrons, ajouta-t-il en sou- « riant, *pro aris et focis.* »

Aussitôt il galope avec eux vers cette maison, où il avait mis environ quarante domestiques en sentinelle, et qu'on avait fortifiée du mieux qu'on avait pu.

Ces généraux, tout accoutumés qu'ils étaient à l'opiniâtre intrépidité de leur maître, ne pouvaient se lasser d'admirer qu'il voulût de sang-froid et en plaisantant se défendre contre dix canons et toute une armée ; ils le suivirent avec quelques gardes et quelques domestiques, qui faisaient en tout vingt personnes.

Mais quand ils furent à la porte, ils la trouvèrent assiégée de janissaires ; déjà même près de deux cents Turcs ou Tartares étaient entrés par une fenêtre et s'étaient rendus maîtres de tous les appartements, à la réserve d'une grande salle où les domestiques du roi s'étaient retirés. Cette salle était heureusement près de la porte par où le roi voulait entrer avec sa petite troupe de vingt personnes ; il s'était jeté en bas de son cheval, le pistolet et l'épée à la main, et sa suite en avait fait autant.

Les janissaires tombent sur lui de tous côtés ; ils étaient animés par la promesse qu'avait faite le bacha de huit cents ducats d'or à chacun de ceux qui auraient seulement touché son habit, en cas qu'on pût le prendre.

Il blessait et il tuait tous ceux qui s'approchaient de sa personne. Un janissaire qu'il avait blessé lui appuya son mousqueton sur le visage : si le bras du Turc n'avait fait un mouvement causé par la foule, qui allait et qui venait comme des vagues, le roi était mort ; la balle glissa sur son nez, lui emporta un bout de l'oreille, et alla casser le bras au général Hord, dont la destinée était d'être toujours blessé à côté de son maître.

Le roi enfonça son épée dans l'estomac du janissaire; en même temps, ses domestiques qui étaient enfermés dans la grande salle en ouvrent la porte : le roi entre comme un trait suivi de sa petite troupe ; on referme la porte dans l'instant et on la barricade avec tout ce qu'on peut trouver.

Voilà Charles XII dans cette salle enfermé avec toute sa suite, qui consistait en près de soixante hommes, officiers, gardes, secrétaires, valets de chambre, domestiques de toute espèce.

Les janissaires et les Tartares pillaient le reste de la maison et remplissaient les appartements. « Allons un peu chasser de « chez moi ces barbares, » dit-il ; et, se mettant à la tête de son monde, il ouvrit lui-même la porte de la salle qui donnait dans son appartement à coucher ; il entre, et fait feu sur ceux qui pillaient.

Les Turcs, chargés de butin, épouvantés de la subite apparition de ce roi qu'ils étaient accoutumés à respecter, jettent leurs armes, sautent par la fenêtre, ou se retirent jusque dans les caves ; le roi profitant de leur désordre, et les siens animés par le succès, poursuivent les Turcs de chambre en chambre, tuent ou blessent ceux qui ne fuient point, et en un quart d'heure nettoient la maison d'ennemis.

Le roi aperçut, dans la chaleur du combat, deux janissaires qui se cachaient sous son lit ; il en tua un d'un coup d'épée ; l'autre lui demanda pardon, en criant : *Amman*. « Je te donne « la vie, dit le roi au Turc, à condition que tu iras faire au « bacha un fidèle récit de ce que tu as vu. » Le Turc promit aisément ce qu'on voulut, et on lui permit de sauter par la fenêtre comme les autres.

Les Suédois, étant enfin maîtres de la maison, refermèrent et barricadèrent encore les fenêtres. Ils ne manquaient point d'armes : une chambre basse, pleine de mousquets et de poudre, avait échappé à la recherche tumultueuse des janissaires ; on s'en servit à propos. Les Suédois tiraient à travers les fenêtres presque à bout portant sur cette multitude de Turcs, dont ils tuèrent deux cents en moins d'un demi-quart d'heure.

Le canon tirait contre la maison ; mais les pierres étant fort molles, il ne faisait que des trous et ne renversait rien.

Le kan des Tartares et le bacha, qui voulaient prendre le roi en vie, honteux de perdre du monde et d'occuper une armée entière contre soixante personnes, jugèrent à propos de mettre le feu à la maison, pour obliger le roi de se rendre. Ils firent lancer sur le toit, contre les portes et contre les fenêtres, des flèches entortillées de mèches allumées ; la maison fut en flammes en un moment. Le toit tout embrasé était prêt à fondre sur les Suédois. Le roi donna tranquillement ses ordres pour éteindre le feu. Trouvant un petit baril plein de liqueur, il prend le baril lui-même, et, aidé de deux Suédois, il le jette à l'endroit où le feu était le plus violent. Il se trouva que ce baril était rempli d'eau-de-vie ; mais la précipitation inséparable d'un tel embarras empêcha d'y penser.

L'embrasement redoubla avec plus de rage : l'appartement du roi était consumé ; la grande salle où les Suédois se tenaient était remplie d'une fumée affreuse, mêlée de tourbillons de feu qui entraient par les portes des appartements voisins ; la moitié du toit était abimée dans la maison même ; l'autre tombait en dehors en éclatant dans les flammes.

Un garde nommé Walberg osa, dans cette extrémité, crier qu'il fallait se rendre. « Voilà un étrange homme, dit le roi, qui

« s'imagine qu'il n'est pas plus beau d'être brûlé que d'être
« prisonnier. » Un autre garde, nommé Rosen, s'avisa de dire
que la maison de la chancellerie, qui n'était qu'à cinquante pas,
avait un toit de pierre et était à l'épreuve du feu ; qu'il fallait
faire une sortie, gagner cette maison et s'y défendre. « Voilà
« un vrai Suédois, » s'écria le roi; il embrassa ce garde et le créa
colonel sur-le-champ. « Allons, mes amis, dit-il, prenez avec
« vous le plus de poudre et de plomb que vous pourrez, et
« gagnons la chancellerie l'épée à la main. »

Les Turcs, qui cependant entouraient cette maison tout embrasée, voyaient avec une admiration mêlée d'épouvante que les Suédois n'en sortaient point ; mais leur étonnement fut encore plus grand lorsqu'ils virent ouvrir les portes, et le roi et les siens fondre sur eux en désespérés. Charles et ses principaux officiers étaient armés d'épées et de pistolets ; chacun tira deux coups à la fois à l'instant que la porte s'ouvrit. Dans le même clin d'œil, jetant leurs pistolets et s'armant de leurs épées, ils firent reculer les Turcs plus de cinquante pas. Mais le moment d'après cette petite troupe fut entourée ; le roi, qui était en bottes, selon sa coutume, s'embarrassa dans ses éperons et tomba ; vingt et un janissaires se jettent aussitôt sur lui. Il jette en l'air son épée, pour s'épargner la douleur de la rendre ; les Turcs l'emmènent au quartier du bacha, les uns le tenant sous les jambes, les autres sous les bras, comme on porte un malade que l'on craint d'incommoder.

Au moment que le roi se vit saisi, la violence de son tempérament, la fureur où un combat si long et si terrible avait dû le mettre, firent place tout à coup à la douceur et à la tranquillité.

Il ne lui échappa pas un mot d'impatience, pas un coup d'œil de colère. Il regardait les janissaires en souriant, et ceux-ci le portaient en criant : *allah*, avec une indignation mêlée de respect.

JEAN-JACQUES ROUSSEAU.

Fils d'un horloger de Genève, Jean-Jacques Rousseau naquit dans cette ville le 28 juin 1712. Jeté dès sa première jeunesse dans les aventures, impatient du repos et incapable de se plier à cette uniformité de la vie régulière qui peut seule assurer l'avenir, il fut successivement clerc dans un greffe, apprenti graveur, laquais, écuyer de la reine de Sardaigne, professeur de musique, précepteur de grande maison, secrétaire d'un ambassadeur, commis chez un fermier général, copiste de musique. Il arriva ainsi jusqu'à l'âge de quarante ans, sans avoir écrit rien autre chose qu'un opéra *les Muses galantes*, qui ne put obtenir les honneurs de la représentation. En 1749, l'académie de Dijon mit au concours la question suivante : « *Le progrès des arts et des sciences a-t-il contribué à corrompre ou à épurer les mœurs?* » Rousseau concourut; son travail, qui n'était qu'un réquisitoire paradoxal contre la société, mais un réquisitoire éloquent, produisit une impression profonde, et commença sa grande réputation. Ses succès littéraires ne devaient point cependant fixer l'inquiétude de son esprit, ni lui procurer la fortune; il continua de vivre dans la gêne, et fut recueilli par madame d'Épinay, qui lui donna, dans la vallée de Montmorency, une petite maison restée célèbre sous le nom d'*Ermitage*. Les opinions exprimées dans ses livres sur les matières de la politique et de la religion l'ayant fait décréter de prise de corps par le parlement de Paris, il se réfugia dans la principauté de Neuchâtel; mais ses démêlés avec le grand conseil de Genève, qui avait condamné ses livres, comme le parlement de Paris, le forcèrent bientôt à chercher un autre asile, et il se rendit en Angleterre. Au bout de quelques mois, il revint en France, où il vécut tantôt dans un lieu, tantôt dans un autre, voyant des ennemis partout, haïssant les hommes et se défiant de ceux même qui lui étaient le plus dévoués, jusqu'au moment où M. de Girardin lui offrit dans le beau domaine d'Ermenonville une retraite où il mourut subitement le 3 juillet 1778. Cette mort était-elle naturelle, ou doit-on, comme on l'a dit, l'attribuer à un suicide? C'est une question qui a été souvent débattue, et qui n'a jamais été éclaircie d'une manière satisfaisante.

La vie de Rousseau, comme ses œuvres, fut une longue série de contradictions. Né protestant, il embrassa dans sa jeunesse la religion catholique, et dans son âge mûr il retourna au protestantisme. Il épousa, avec un grand désintéressement, une fille d'auberge, Thérèse Levasseur, et il mit ses enfants à l'hôpital, lui qui dans ses livres défend, avec une mâle vigueur, la famille outragée par les mœurs dissolues du dix-huitième siècle. Il a des sentiments honnêtes et fait des bassesses; des sentiments religieux, et ne va pas au delà du pur déisme et de la religion naturelle. Il veut réformer la société, l'éducation, et les plans qu'il propose sont irréalisables; il proclame quelques grandes vérités, et propage les plus dangereux paradoxes; mais, jusque dans ses erreurs, il reste toujours l'un de nos plus grands écrivains.

Les principaux ouvrages de Rousseau sont : Le *Discours sur l'inégalité parmi les hommes*; le *Contrat social*; l'*Émile*; la *Nouvelle Héloïse*; les *Confessions*.

LA MAISON DE CAMPAGNE DE ROUSSEAU.

Sur le penchant de quelque agréable colline bien ombragée, j'aurais une petite maison rustique, une maison blanche avec des contrevents verts, et quoiqu'une couverture de chaume soit en toute saison la meilleure, je préférerais magnifiquement, non la triste ardoise, mais la tuile, parce qu'elle a l'air plus propre et plus gai que le chaume, qu'on ne couvre pas autrement les maisons dans mon pays, et que cela me rappellerait un peu l'heureux temps de ma jeunesse. J'aurais pour cour une basse-cour, et pour écurie, une étable avec des vaches, pour avoir du laitage que j'aime beaucoup. J'aurais un potager pour jardin, et pour parc un joli verger, semblable à celui dont il sera parlé ci-après. Les fruits, à la discrétion des promeneurs, ne seraient ni comptés, ni cueillis par mon jardinier ; et mon avare magnificence n'étalerait point aux yeux des espaliers superbes, auxquels à peine on osât toucher. Or cette petite prodigalité serait peu coûteuse, parce que j'aurais choisi mon asile dans quelque province éloignée où l'on voit peu d'argent et beaucoup de denrées, et où règnent l'abondance et la pauvreté.

Là, je rassemblerais une société plus choisie que nombreuse d'amis aimant le plaisir et s'y connaissant. Là, tous les airs de la ville seraient oubliés, et devenus villageois au village, nous nous trouverions livrés à des foules d'amusements divers, qui ne nous donneraient chaque soir que l'embarras du choix pour le lendemain. L'exercice et la vie active nous feraient un nouvel estomac et de nouveaux goûts. Tous nos repas seraient des festins, où l'abondance plairait plus que la délicatesse. La gaieté, les travaux rustiques, les folâtres jeux sont les premiers cuisiniers du monde, et les ragoûts fins sont bien ridicules à des gens en haleine depuis le lever du soleil. Le service n'aurait pas plus d'ordre que d'élégance ; la salle à manger serait partout, dans le jardin, dans un bateau, sous un arbre ; quelquefois au loin, près d'une source vive, sur l'herbe verdoyante et fraîche, sous des touffes d'aunes et de coudriers : une longue procession de gais convives porterait en chantant l'apprêt du festin ; on aurait le gazon pour table et pour chaises, les bords de la fontaine serviraient de buffet, et le dessert pendrait aux arbres. Les mets seraient servis sans ordre, l'appétit dispenserait des façons ; chacun, se préférant ouvertement à tout autre, trouverait

12

bon que tout autre se préférât de même à lui : de cette familiarité cordiale et modérée naîtrait, sans grossièreté, sans fausseté, sans contrainte, un conflit badin, plus charmant cent fois que la politesse, et plus fait pour lier les cœurs. Point d'importuns laquais épiant nos discours, critiquant tout bas nos maintiens, comptant nos morceaux d'un œil avide, s'amusant à nous faire attendre à boire, et murmurant d'un trop long dîner. Nous serions nos valets pour être nos maîtres; chacun serait servi par tous; le temps passerait sans le compter; le repas serait le repos, et durerait autant que l'ardeur du jour. S'il passait près de nous quelque paysan retournant au travail, ses outils sur l'épaule, je lui réjouirais le cœur par quelques bons propos, par quelques coups de bon vin, qui lui feraient porter plus gaiement sa misère; et moi, j'aurais aussi le plaisir de me sentir émouvoir un peu les entraillles, et de me dire en secret : je suis encore homme.

Si quelque fête champêtre rassemblait les habitants du lieu, j'y serais des premiers avec ma troupe; si quelques mariages se faisaient à mon voisinage, on saurait que j'aime la joie, et j'y serais invité. Je porterais à ces bonnes gens quelques dons simples comme eux, qui contribueraient à la fête, et j'y trouverais en échange des biens d'un prix inestimable, des biens si peu connus de mes égaux, la franchise et le vrai plaisir. Je souperais gaiement au bout de leur longue table, j'y ferais chorus au refrain d'une vieille chanson rustique, et je danserais dans leur grange de meilleur cœur qu'au bal de l'Opéra.

LE SÉJOUR DE JEAN-JACQUES ROUSSEAU A L'ILE DE SAINT-PIERRE.

De toutes les habitations où j'ai demeuré (et j'en ai eu de charmantes), aucune ne m'a rendu si véritablement heureux et ne m'a laissé de si tendres regrets que l'île de Saint-Pierre au milieu du lac de Bienne. Cette petite île, qu'on appelle à Neuchatel l'île de La Motte, est bien peu connue, même en Suisse. Aucun voyageur, que je sache, n'en a fait mention. Cependant elle est très-agréable, et singulièrement située pour le bonheur d'un homme qui aime à se circonscrire.

Les rives du lac de Bienne sont plus sauvages et romantiques que celles du lac de Genève, parce que les rochers et les bois y bordent l'eau de plus près; mais elles ne sont pas moins riantes; S'il y a moins de culture de champs et de vignes, moins de villes et de maisons, il y a aussi plus de verdure naturelle, plus de prairies, d'asiles ombragés de bocages, des contrastes plus fréquents et des accidents plus rapprochés. Comme il n'y a pas sur ces heureux bords de grandes routes commodes pour les voitures, le pays est peu fréquenté par les voyageurs; mais il est intéressant pour des contemplatifs solitaires qui aiment à s'enivrer à loisir des charmes de la nature, et à se recueillir dans un silence que ne trouble aucun autre bruit que le cri des aigles, le ramage entrecoupé de quelques oiseaux, et le roulement des torrents qui tombent de la montagne. Ce beau bassin, d'une forme presque ronde, enferme dans son milieu deux petites îles, l'une habitée et cultivée, d'environ une demi-lieue de tour, l'autre plus petite, déserte et en friche et qui sera détruite à la fin par les transports de la terre qu'on en ôte sans cesse pour réparer les dégâts que les vagues et les orages font à la grande.

Il n'y a dans l'île qu'une seule maison, mais grande, agréable et commode, qui appartient à l'hôpital de Berne, ainsi que l'île, et où loge un receveur avec sa famille et ses domestiques. Il y entretient une nombreuse basse-cour, une volière et des réservoirs pour le poisson. L'île, dans sa petitesse, est tellement variée dans ses terrains et ses aspects, qu'elle offre toute sorte de sites, et souffre toutes sortes de cultures. On y trouve des champs, des vignes, des bois, des vergers, de gras pâturages ombragés de bosquets, et bordés d'arbrisseaux de toute espèce, dont le bord des eaux entretient la fraîcheur; une haute terrasse plantée de deux rangs d'arbres borde l'île dans sa longueur, et dans le milieu de cette terrasse on a bâti un joli salon, où les habitants des rives voisines se rassemblent et viennent danser le dimanche durant les vendanges.

C'est dans cette île que je me réfugiai..... Transporté là brusquement, j'y fis venir successivement mes livres et mon petit équipage, dont j'eus le plaisir de ne rien déballer, laissant mes caisses et mes malles comme elles étaient arrivées, et vivant dans l'habitation où je comptais achever mes jours comme dans une auberge dont j'aurais dû partir le lendemain..... Un de mes plus grands délices était surtout de laisser mes livres bien encaissés, et de n'avoir point d'écritoire. Au lieu de ces tristes paperasses et de toute cette bouquinerie, j'emplissais ma chambre de fleurs et de foin; car j'étais alors dans ma première ferveur de botanique, pour laquelle le docteur d'Ivernois m'avait inspiré un goût qui devint bientôt une passion. J'entrepris de faire la *Flora petrinsularis*, et de décrire toutes les plantes de l'île, sans en omettre une seule, avec un détail suffisant pour m'occuper le reste de mes jours. On dit qu'un Allemand a fait un livre sur un zeste de citron ; j'en aurais fait un sur chaque gramen des prés, sur chaque mousse des bois, sur chaque lichen qui tapisse les rochers ; enfin je ne voulais pas laisser un poil d'herbe, pas un atome végétal qui ne fût amplement décrit. En conséquence de ce beau projet, tous les matins, après le déjeuner que nous faisions tous ensemble, j'allais, une loupe à la main, et mon *Système de la nature* sous le bras, visiter un canton de l'île, que j'avais pour cet effet divisée en petits carrés, dans l'intention de les parcourir l'un après l'autre en chaque saison. Rien n'est plus singulier que les ravissements, les extases que j'éprouvais à chaque observation que je faisais sur la structure et l'organisation végétale. La distinction des caractères génériques, dont je n'avais pas auparavant la moindre idée, m'enchantait en les vérifiant sur les espèces communes, en attendant qu'il s'en offrît à moi de plus rares. La fourchure des deux longues étamines de la brunelle, le ressort de celles de l'ortie et de la pariétaire, l'explosion du fruit de la balsamine et de la capsule du buis, mille petits jeux de la fructification, que j'observais pour la première fois, me comblaient de joie, et j'allais demandant si on avait vu les cornes de la brunelle, comme La Fontaine demandait si l'on avait lu Habacuc. Au bout de deux ou trois heures je m'en revenais chargé d'une ample moisson, provision d'amusement pour l'après-dînée au logis, en cas de pluie. L'exercice que j'avais fait dans la matinée, et la bonne humeur qui en est inséparable, me rendaient le repos du dîner très-agréable ; mais quand il se prolongeait trop, et que le beau temps m'invitait, je ne pouvais si longtemps attendre, et pendant qu'on était encore à table, je m'esquivais et j'allais me jeter seul dans un bateau que je conduisais au milieu du lac quand l'eau était calme ; et là, m'étendant tout de mon long dans le bateau les yeux tournés vers le ciel, je me laissais aller et dériver lentement au gré de l'eau, quelquefois pendant plusieurs heures, plongé dans mille rêveries confuses, mais délicieuses, et qui, sans avoir aucun objet bien déterminé, ni constant, ne laissaient pas d'être à mon gré cent fois préférables à tout ce que j'avais trouvé de plus doux dans ce qu'on appelle les plaisirs de la vie. Souvent averti par le baisser du soleil de l'heure de la retraite, je me trouvais si loin de l'île, que j'étais forcé de travailler de toute ma force pour arriver avant la nuit close. D'autres fois, au lieu de m'écarter en pleine eau, je me plaisais à côtoyer les verdoyantes rives de l'île, dont les limpides eaux et les ombrages frais m'ont souvent engagé à m'y baigner. Mais une de mes navigations les plus fréquentes était d'aller de la grande à la petite île, d'y débarquer et d'y passer l'après-dînée, tantôt à des promenades très-circonscrites au milieu des marceaux, des bourdaines, des persicaires, des arbrisseaux de toute espèce, et tantôt m'établissant au sommet d'un tertre sablonneux, couvert de gazon, de serpolet, de fleurs, même d'escarpette et de trèfles qu'on y avait vraisemblablement semés autrefois, et très-propre à loger des lapins qui pouvaient là multiplier en paix sans rien craindre, et sans nuire à rien.....

Quand le lac agité ne me permettait pas la navigation, je passais mon après-midi à parcourir l'île, en herborisant à droite et à gauche; m'asseyant tantôt dans les réduits les plus riants et les plus solitaires pour y rêver à mon aise, tantôt sur les terrasses et les tertres, pour parcourir des yeux le superbe et ravissant coup d'œil du lac et de ses rivages, couronnés d'un côté par des montagnes prochaines, et, de l'autre, élargis en riches et fertiles plaines, dans lesquelles la vue s'étendait jusqu'aux montagnes bleuâtres plus éloignées, qui la bornaient.

Quand le soir approchait, je descendais des cimes de l'île, et j'allois volontiers m'asseoir au bord du lac, sur la grève, dans quelque asile caché; là, le bruit des vagues et l'agitation de l'eau, fixant mes sens et chassant de mon âme toute autre agitation, la plongeaient dans une rêverie délicieuse, où la nuit me surprenait souvent sans que je m'en fusse aperçu. Le flux et le reflux de cette eau, son bruit continu, mais renflé par intervalles, frappant sans relâche mon oreille et mes yeux, suppléaient aux mouvements internes que la rêverie éteignait en moi, et suffisaient pour me faire sentir avec plaisir mon existence, sans prendre la peine de penser. De temps à autre naissait quelque faible et courte reflexion sur l'instabilité des choses de ce monde, dont la surface des eaux m'offrait l'image; mais bientôt ces impressions légères s'effaçaient dans l'uniformité du mouvement continu qui me berçait, et qui, sans aucun concours actif de mon âme, ne laissait point de m'attacher au point qu'appelé par l'heure et par le signal convenu je ne pouvais m'arracher de là sans efforts.

Après le souper, quand la soirée était belle, nous allions encore tous ensemble faire quelque tour de promenade sur la terrasse, pour y respirer l'air du lac et la fraîcheur.

Telle est la manière dont j'ai passé mon temps dans cette île durant le séjour que j'y ai fait.

S'il est un état où l'âme trouve une assiette assez solide pour s'y reposer tout entière, et rassembler là tout son être, sans avoir besoin de rappeler le passé, ni d'enjamber sur l'avenir, où le temps ne soit rien pour elle, où le présent dure toujours, sans néanmoins marquer sa durée et sans aucune trace de succession, sans aucun autre sentiment de privation ni de jouissance, de plaisir ni de peine, de désir ni de crainte, que celui seul de notre existence, et que ce sentiment seul puisse la remplir tout entière : tant que cet état dure, celui qui s'y trouve peut s'appeler heureux, non d'un bonheur imparfait, pauvre et relatif, tel que celui qu'on trouve dans les plaisirs de la vie, mais d'un bonheur suffisant, parfait et plein, qui ne laisse dans l'âme aucun vide qu'elle sente le besoin de remplir. Tel est l'état où je me suis trouvé souvent à l'île de Saint-Pierre, dans mes rêveries solitaires, soit couché dans mon bateau que je laissais dériver au gré de l'eau, soit assis sur les rives du lac agité, soit ailleurs, au bord d'une belle rivière ou d'un ruisseau murmurant sur le gravier.

LE LEVER DU SOLEIL.

On le voit s'annoncer de loin par les traits de feu qu'il lance au-devant de lui. L'incendie augmente, l'orient paraît tout en flammes : à leur éclat, on attend l'astre longtemps avant qu'il se montre ; à chaque instant on croit le voir paraître : on le voit enfin. Un point brillant part comme un éclair, et remplit aussitôt tout l'espace ; le voile des ténèbres s'efface et tombe ; l'homme reconnaît son séjour et le retrouve embelli. La verdure a pris, durant la nuit, une vigueur nouvelle ; le jour naissant qui l'éclaire, les premiers rayons qui la dorent, la montrent couverte d'un brillant réseau de rosée, qui réfléchit à l'œil la lumière et les couleurs. Les oiseaux en chœur se réunissent et saluent de concert le père de la vie : en ce moment pas un seul ne se tait. Leur gazouillement, faible encore, est plus lent et plus doux que dans le reste de la journée : il se sent de la langueur d'un paisible réveil. Le concours de ces objets porte aux sens une impression de fraîcheur qui semble pénétrer jusqu'à l'âme. Il y a là une demi-heure d'enchantement auquel nul homme ne résiste : un spectacle si grand, si beau, si délicieux, n'en laisse aucun de sang-froid.

BUFFON.

Nous avons dit, en parlant de Fontenelle, que le premier parmi tous les écrivains français, il avait tenté une alliance entre les sciences et la littérature; cette alliance fut scellée par Buffon : « Sur « les traces d'Aristote et de Pline, dit M. Geruzez, avec plus de « savoir que n'en eut Pline, avec moins de méthode, mais plus de « hardiesse et d'éloquence qu'en eut Aristote, doué d'une patience « infatigable et d'une imagination brillante et forte, il conçut le « dessein d'embrasser, de coordonner et de peindre, dans un « tableau unique, l'ensemble des œuvres de la création. Non-seule-« ment il prétendit faire connaître, par l'étude des trois règnes de « la nature, tout ce qui couvre la surface de la terre et ce qu'elle « renferme dans ses entrailles; mais il osa remonter par la pensée « vers des âges où l'œuvre divine se formait sans autre témoin « que Dieu lui-même; il voulut nous faire assister à ces révolutions « successives qui ont façonné le théâtre où l'homme, dernier venu « de la création, règne en souverain. » Cette appréciation répond exactement à la grande division même de l'*Histoire naturelle* de Buffon, qui comprend une *Théorie de la terre*, les *Époques de la nature*, l'*Histoire de l'homme et des animaux*.

Dans la partie théorique de ses ouvrages, Buffon est un de ces génies initiateurs et pénétrants qui confirment les vérités entrevues par leurs prédécesseurs, et qui laissent en germe à la postérité des vérités qu'elle confirme à son tour. Il est le véritable créateur de l'histoire naturelle dans le monde moderne, et comme écrivain, il reflète dans la majesté de son style quelque chose des splendeurs de la nature dont il retrace les merveilles. Né à Montbar (Côte-d'Or), en 1707, il publia, dans sa première jeunesse, quelques traductions d'ouvrages scientifiques anglais. Membre de l'Académie des Sciences en 1739, il fut appelé la même année à la direction du Jardin du Roi, aujourd'hui Muséum d'histoire naturelle; et c'est là qu'il a vécu jusqu'à l'époque de sa mort arrivée en 1788. Absorbé dans la contemplation des œuvres de la création, Buffon resta étranger à toutes les agitations de son siècle, et l'histoire de sa vie est tout entière dans ses ouvrages.

DIGNITÉ DE L'HOMME.

L'homme a la force et la majesté ; les grâces et la beauté sont l'apanage de l'autre sexe.

Tout annonce dans tous deux les maîtres de la terre ; tout marque dans l'homme, même à l'extérieur, sa supériorité sur tous les êtres vivants ; il se soutient droit et élevé ; son attitude est celle du commandement ; sa tête regarde le ciel, et présente une face auguste sur laquelle est imprimé le caractère de sa dignité ; l'image de l'âme y est peinte par la physionomie ; l'excellence de sa nature perce à travers les organes matériels, et anime d'un feu divin les traits de son visage ; son port majestueux, sa démarche ferme et hardie, annoncent sa noblesse et son rang ; il ne touche à la terre que par ses extrémités les plus éloignées, il ne la voit que de loin, et semble la dédaigner ; les bras ne lui sont pas donnés pour servir de piliers, d'appui à la masse de son corps ; sa main ne doit pas fouler la terre, et perdre, par des frottements réitérés, la finesse du toucher dont elle est le principal organe ; le bras et la main sont faits pour servir à des usages plus nobles, pour exécuter les ordres de la volonté, pour saisir les choses éloignées, pour écarter les obstacles, pour prévenir les rencontres et le choc de ce qui pourrait nuire, pour embrasser et retenir ce qui peut plaire, pour le mettre à portée des autres sens.

Lorsque l'âme est tranquille, toutes les parties du visage sont dans un état de repos : leur proportion, leur union, leur ensemble, marquent encore assez la douce harmonie des pensées, et répondent au calme de l'intérieur ; mais, lorsque l'âme est agitée, la face humaine devient un tableau vivant où les passions sont rendues avec autant de délicatesse que d'énergie, où chaque mouvement de l'âme est exprimé par un trait, chaque action par un caractère dont l'impression vive et prompte devance la volonté, nous décèle, et rend au dehors, par des signes pathétiques, les images de nos secrètes agitations.

C'est surtout dans les yeux qu'elles se peignent, et qu'on peut les reconnaître ; l'œil appartient à l'âme plus qu'aucun autre organe ; il semble y toucher et participer à tous ses mouvements ; il en exprime les passions les plus vives et les émotions les plus tumultueuses, comme les mouvements les plus doux et les sentiments les plus délicats ; il les rend dans toute leur force, dans toute leur pureté, tels qu'ils viennent de naître ; il les transmet par des traits rapides qui portent dans une autre âme le feu, l'action, l'image de celle dont ils partent ; l'œil reçoit et réfléchit en même temps la lumière de la pensée et la chaleur du sentiment ; c'est le sens de l'esprit et la langue de l'intelligence.

L'ARABIE PETRÉE.

Qu'on se figure un pays sans verdure et sans eaux, un soleil brûlant, un ciel toujours sec, des plaines sablonneuses, des montagnes encore plus arides, sur lesquelles l'œil s'étend et le regard se perd sans pouvoir s'arrêter sur aucun objet vivant ; une terre morte, et pour ainsi dire écorchée par les vents, laquelle ne présente que des ossements, des cailloux jonchés des rochers debout ou renversés ; un désert entièrement découvert, où le voyageur n'a jamais respiré sous l'ombrage, où rien ne l'accompagne, rien ne lui rappelle la nature vivante : solitude absolue, mille fois plus affreuse que celle des forêts ; car les arbres sont encore des êtres pour l'homme qui se voit seul ; plus isolé, plus dénué, plus perdu dans ces lieux vides et sans bornes, il voit partout l'espace comme son tombeau ; la lumière du jour, plus triste que l'ombre de la nuit, ne renaît que pour éclairer sa nudité, son impuissance, et pour lui présenter l'horreur de sa situation, en reculant à ses yeux les barrières du vide, en étendant autour de lui l'abîme de l'immensité qui le sépare de la terre habitée ; immensité qu'il tenterait en vain de parcourir : car la faim, la soif et la chaleur brûlante pressent tous les instants qui lui restent entre le désespoir et la mort.

LES SAVANES DE L'AMÉRIQUE.

Ce n'est point en se promenant dans nos campagnes cultivées, ni même en parcourant toutes les terres du domaine de l'homme, que l'on peut connaître les grands effets des variétés de la nature ; c'est en se transportant des sables brûlants de la zone torride aux glacières des pôles ; c'est en descendant du sommet des montagnes au fond des mers ; c'est en comparant les déserts avec les déserts que nous la jugerons mieux, et l'admirerons davantage. En effet, sous le point de vue de ses sublimes contrastes et des majestueuses oppositions, elle paraît plus grande en se montrant telle qu'elle est. Nous avons ci-devant peint les déserts arides de l'Arabie Pétrée; ces solitudes nues où l'homme n'a jamais respiré sous l'ombrage, où la terre, sans verdure, n'offre aucune subsistance aux animaux, aux oiseaux, aux insectes, où tout paraît mort, parce que rien ne peut naître, et que l'élément nécessaire au développement des germes de tout être vivant ou végétant, loin d'arroser la terre par des ruisseaux d'eau vive, ou de la pénétrer par des pluies fécondes, ne peut même l'humecter d'une simple rosée.

Opposons ce tableau d'une sécheresse absolue dans une terre trop ancienne à celui des vastes plaines de fange, des savanes noyées du nouveau continent; nous y verrons par excès ce que l'autre n'offrait que par défaut; des fleuves d'une largeur immense, tels que l'Amazone, la Plata, l'Orénoque, roulant à grands flots leurs vagues écumantes, et se débordant en toute liberté, semblent menacer la terre d'un envahissement, et faire effort pour l'occuper tout entière. Des eaux stagnantes et répandues près et loin de leur cours couvrent le limon vaseux qu'elles ont déposé; et ces vastes marécages, exhalant leurs vapeurs en brouillards fétides, communiqueraient à l'air l'infection de la terre, si bientôt elles ne retombaient en pluies précipitées par les orages, ou dispersées par les vents. Et ces plages, alternativement sèches et noyées, où la terre et l'eau semblent se disputer des possessions illimitées, et ces broussailles de mangles, jetées sur les confins indécis de ces deux éléments, ne sont peuplées que d'animaux immondes qui pullulent dans ces repaires, cloaques de la nature où tout retrace l'image des déjections monstrueuses de l'antique limon.

Les énormes serpents tracent de larges sillons sur cette terre bourbeuse, les crocodiles, les crapauds, les lézards, et mille autres reptiles à larges pattes, en pétrissent la fange; des millions d'insectes enflés par la chaleur humide en soulèvent la vase, et tout ce peuple impur rampant sur le limon ou bourdonnant dans l'air qu'il obscurcit encore, toute cette vermine dont fourmille la terre, attire de nombreuses cohortes d'oiseaux ravisseurs dont les cris confondus, multipliés et mêlés aux coassements des reptiles, en troublant le silence de ces affreux déserts, semblent ajouter la crainte à l'horreur, pour en écarter l'homme et en interdire l'entrée aux autres êtres sensibles; terres d'ailleurs impraticables, encore informes, et qui ne serviraient qu'à lui rappeler l'idée de ces temps voisins du premier chaos où les éléments n'étaient pas séparés, où la terre et l'eau ne faisaient qu'une masse commune, et où les espèces vivantes n'avaient pas encore trouvé leur place dans les différents districts de la nature.

LA CHÈVRE ET LA BREBIS.

La chèvre a, de sa nature, plus de sentiment et de ressource que la brebis ; elle vient à l'homme volontiers, elle se familiarise aisément, elle est sensible aux caresses, et capable d'attachement ; elle est aussi plus forte, plus légère, plus agile et moins timide que la brebis ; elle est vive, capricieuse et vagabonde. Ce n'est qu'avec peine qu'on la conduit et qu'on peut la réduire en troupeau : elle aime à s'écarter dans les solitudes, à grimper sur les lieux escarpés, à se placer et même à dormir sur la pointe des rochers et sur le bord des précipices ; elle est robuste, aisée à nourrir ; presque toutes les herbes lui sont bonnes, et il y en a peu qui l'incommodent. Le tempérament, qui dans tous les animaux influe beaucoup sur le naturel, ne paraît cependant pas dans la chèvre différer essentiellement de celui de la brebis. Ces deux espèces d'animaux, dont l'organisation intérieure est presque entièrement semblable, se nourrissent, croissent et se multiplient de la même manière, et se ressemblent encore par le caractère des maladies, qui sont les mêmes, à l'exception de quelques-unes auxquelles la chèvre n'est pas sujette : elle ne craint pas, comme la brebis, la trop grande chaleur ; elle dort au soleil, et s'expose volontiers à ses rayons les plus vifs sans en être incommodée, et sans que cette ardeur lui cause ni étourdissement, ni vertiges ; elle ne s'effraie point des orages, ne s'impatiente pas à la pluie, mais elle paraît sensible à la rigueur du froid. Les mouvements extérieurs, lesquels, comme nous l'avons dit, dépendent beaucoup moins de la conformation du corps que de la force et de la variété des sensations relatives à l'appétit et au désir, sont par cette raison beaucoup moins mesurés, beaucoup plus vifs dans la chèvre que dans la brebis. L'inconstance de son naturel se marque par l'irrégularité de ses actions ; elle marche, elle s'arrête, elle court, elle bondit, elle saute, s'approche, s'éloigne, se montre, se cache ou fuit, comme par caprice, et sans autre cause déterminante que celle de la vivacité bizarre de son sentiment intérieur; et toute la souplesse des organes, tous les nerfs du corps suffisent à peine à la pétulance et à la rapidité de ces mouvements, qui lui sont naturels.

LE PAON.

Si l'empire appartenait à la beauté et non à la force, le paon serait, sans contredit, le roi des oiseaux ; il n'en est point sur qui la nature ait versé ses trésors avec plus de profusion : la taille grande, le port imposant, la démarche fière, la figure noble, les proportions du corps élégantes et sveltes, tout ce qui annonce un être de distinction lui a été donné. Une aigrette mobile et légère, peinte des plus riches couleurs, orne sa tête et l'élève sans la charger ; son incomparable plumage semble réunir tout ce qui flatte nos yeux dans le coloris tendre et frais des plus belles fleurs, tout ce qui les éblouit dans les reflets pétillants des pierreries, tout ce qui les étonne dans l'éclat majestueux de l'arc-en-ciel ; non-seulement la nature a réuni sur le plumage du paon toutes les couleurs du ciel et de la terre pour en faire le chef-d'œuvre de sa magnificence, elle les a encore mêlées, assorties, nuancées, fondues de son inimitable pinceau, et en a fait un tableau unique, où elles tirent de leur mélange avec des nuances plus sombres, et de leurs oppositions entre elles, un nouveau lustre et des effets de lumière si sublimes, que notre art ne peut ni les imiter ni les décrire.

Tel paraît à nos yeux le plumage du paon, lorsqu'il se promène paisible et seul dans un beau jour de printemps..... Ses beautés se multiplient ; ses yeux s'animent et prennent de l'expression ; son aigrette s'agite sur sa tête ; les longues plumes de sa queue déploient, en se relevant, leurs richesses éblouissantes ; sa tête et son cou, se renversant noblement en arrière, se dessinent avec grâce sur ce fond radieux, où la lumière du soleil se joue en mille manières, se perd et se reproduit sans cesse, et semble prendre un nouvel éclat plus doux et plus moelleux, de nouvelles couleurs plus variées et plus harmonieuses ; chaque mouvement de l'oiseau produit des milliers de nuances nouvelles, des gerbes de reflets ondoyants et fugitifs, sans cesse remplacés par d'autres reflets et d'autres nuances toujours diverses et toujours admirables.

Mais ces plumes brillantes, qui surpassent en éclat les plus belles fleurs, se flétrissent aussi comme elles, et tombent chaque année. Le paon, comme s'il sentait la honte de sa perte, craint de se faire voir dans cet état humiliant, et cherche les retraites les plus sombres pour s'y cacher à tous les yeux, jusqu'à ce qu'un nouveau printemps, lui rendant sa parure accoutumée, le ramène sur la scène pour y jouir des hommages dus à sa beauté ; car on prétend qu'il en jouit en effet ; qu'il est sensible à l'admiration ; que le vrai moyen de l'engager à étaler ses belles plumes, c'est de lui donner des regards d'attention et des louanges ; qu'au contraire, lorsqu'on paraît le regarder froidement et sans beaucoup d'intérêt, il replie tous ses trésors et les cache à qui ne sait point les admirer.

LA FAUVETTE.

Le triste hiver, saison de mort, est le temps du sommeil, ou plutôt de la torpeur de la nature ; les insectes sans vie, les reptiles sans mouvement, les végétaux sans verdure et sans accroissement, tous les habitants de l'air détruits ou relégués, ceux des eaux renfermés dans des prisons de glace, et la plupart des animaux terrestres confinés dans les cavernes, les antres et les terriers, tout nous présente les images de la langueur et de la dépopulation ; mais le retour des oiseaux au printemps est le premier signal et la douce annonce du réveil de la nature vivante, et les feuillages renaissants, et les bocages revêtus de leur nouvelle parure, sembleraient moins frais et moins touchants sans les nouveaux hôtes qui viennent les animer.

De ces hôtes des bois, les fauvettes sont les plus nombreuses comme les plus aimables ; vives, agiles, légères et sans cesse remuantes, tous leurs mouvements ont l'air du sentiment, tous leurs accents le ton de la joie. Ces jolis oiseaux arrivent au moment où les arbres développent leurs feuilles, et commencent à laisser épanouir leurs fleurs ; ils se dispersent dans toute l'étendue de nos campagnes : les uns viennent habiter nos jardins ; d'autres préfèrent les avenues et les bosquets ; plusieurs espèces s'enfoncent dans les grands bois, et quelques-unes se cachent au milieu des roseaux. Ainsi les fauvettes remplissent tous les lieux de la terre, et les animent par les mouvements et les accents de leur tendre gaîté.

La fauvette à tête noire est de toutes les fauvettes celle qui a le chant le plus agréable et le plus continu ; il tient un peu de celui du rossignol, et l'on en jouit plus longtemps ; car plusieurs semaines après que ce chantre du printemps s'est tu, l'on entend les bois résonner partout du chant de ces fauvettes ; leur voix est facile, pure et légère, et leur chant s'exprime par une suite de modulations peu étendues, mais agréables, flexibles et nuancées ; ce chant semble tenir de la fraîcheur des lieux où il se fait entendre ; il en peint la tranquillité, il en exprime même le bonheur ; car les cœurs sensibles n'entendent pas sans une douce émotion les accents inspirés par la nature aux êtres qu'elle rend heureux.

MIRABEAU.

Gabriel-Honoré de Riquetti, comte de Mirabeau, le plus grand orateur de la révolution française, né le 9 mars 1749 aux environs de Nemours, mort en 1791, est l'un des hommes les plus extraordinaires du xviii⁰ siècle. Doué de la plus précoce et de la plus vaste intelligence, « enfant monstrueux au physique comme au moral, » — c'est un mot de son père, « péroreur à perte de vue dès l'âge de neuf ans, » il faisait dire de lui à l'un de ses oncles « ou c'est le plus habile persifleur de l'univers, ou ce sera le plus grand sujet de l'Europe, pour être général de terre ou de mer, ou ministre, ou chancelier, ou pape, ou tout ce qu'il voudra. » — Cette appréciation n'avait rien d'exagéré ; Mirabeau pouvait choisir entre les carrières les plus diverses et y prétendre au premier rang ; mais sa nature emportée et fougueuse l'empêcha de se fixer ; il se jeta dans une vie de désordres et de hasards, et son père, qui était d'une sévérité extrême, obtint contre lui une lettre de cachet. Quoiqu'il fût marié et père de famille, il le fit enfermer d'abord au château d'If et ensuite au fort de Joux. Après diverses aventures plus ou moins scandaleuses, dont nous n'avons point à nous occuper ici, Mirabeau se réfugia en Hollande, et y publia des livres qui firent grand bruit. Le gouvernement français, à qui ces livres faisaient ombrage, demanda son extradition, et le fit enfermer au donjon de Vincennes ; il y resta prisonnier pendant quarante-deux mois. Lorsqu'il eut recouvré la liberté, il fit plusieurs voyages en Allemagne et en Angleterre, et revint définitivement se fixer en France en 1787. Au milieu des agitations de sa vie aventureuse, Mirabeau publia une quantité de livres et de brochures dans lesquelles il soulevait les plus importantes questions politiques, économiques et sociales, et dont les plus remarquables sont : l'*Essai sur le despotisme* ; — les *Lettres de ca-*

chet; — les *Prisons d'État;* — le *Mémoire sur la situation de l'Europe en 1786;* — la *Dénonciation de l'agiotage;* — la *Monarchie prussienne;* — les *Lettres sur l'administration de M. Necker;* — la *Réponse aux alarmes des bons citoyens,* etc. Ces divers écrits, où l'auteur agitait la plupart des idées de la révolution, produisirent une impression profonde; et quand il fut élu député à l'Assemblée constituante, il se trouvait désigné par l'opinion publique pour y occuper la première place. Son influence ou plutôt sa domination fut souveraine dans cette assemblée célèbre, et l'on peut dire, pour résumer en quelques mots son rôle politique, qu'il essaya de concilier le maintien de la monarchie et le respect de la royauté avec les principes de la liberté et de l'égalité modernes, et de prévenir, par de sages réformes et la suppression de ce qu'on appelle justement les abus de l'ancien régime, le mouvement qui devait aboutir au renversement de l'ancienne société. Malheureusement, Mirabeau n'était point désintéressé dans l'appui qu'il prêtait à la monarchie; il faisait payer ses dettes par Louis XVI, et recevait une pension de 6,000 livres par mois, sans compter quatre billets de 250,000 livres chacun, qui avaient été déposés en mains tierces, mais dont il ne toucha rien, car il mourut avant les échéances.

Quoi qu'il en soit de cette triste vénalité, Mirabeau à force de talent et d'éloquence était parvenu à contenir les partis dans les limites de la constitution, et à arrêter la monarchie sur la pente qui l'entraînait à sa ruine; aurait-il réussi à la sauver? nous ne le pensons pas; et il avait lui-même le pressentiment de sa chute lorsqu'il prononçait peu d'instants avant sa mort ces paroles mémorables : « J'emporte dans mon cœur le deuil de la monarchie, dont les débris vont être la proie des factieux. »

Mirabeau avait défendu la prérogative royale au sujet du droit de paix et de guerre contre Lameth, Robespierre et Barnave. Cette défense le fit accuser de complicité avec la cour; le peuple de Paris menaçait de le pendre. On criait de toutes parts à la trahison; Mirabeau se rendit à l'assemblée et prononça un discours resté célèbre, auquel nous empruntons le fragment suivant :

On répand depuis huit jours que la section de l'Assemblée nationale qui veut le concours de la volonté royale dans l'exercice du droit de la paix et de la guerre est parricide de la liberté publique; on répand les bruits de perfidie, de corruption; on invoque les vengeances populaires pour soutenir la tyrannie des opinions. On dirait qu'on ne peut, sans crime, avoir deux avis dans une des questions les plus délicates et les plus difficiles de l'organisation sociale. C'est une étrange manie, c'est un déplorable aveuglement, que celui qui anime ainsi les uns contre les autres des hommes qu'un même but, un sentiment indestructible devraient, au milieu des débats les plus acharnés, toujours rapprocher, toujours réunir ; des hommes qui substituent ainsi l'irascibilité de l'amour-propre au culte de la patrie, et se livrent les uns les autres aux préventions populaires.

Et moi aussi, on voulait, il y a peu de jours, me porter en triomphe, et maintenant on crie dans les rues : *La grande trahison du comte de Mirabeau*..... Je n'avais pas besoin de cette leçon pour savoir qu'il est peu de distance du Capitole à la roche Tarpéienne ; mais l'homme qui combat pour la raison, pour la patrie, ne se tient pas si aisément pour vaincu. Celui qui a la conscience d'avoir bien mérité de son pays, et surtout de lui être encore utile ; celui que ne rassasie pas une vaine célébrité, et qui dédaigne les succès d'un jour pour la véritable gloire ; celui qui veut dire la vérité, qui veut faire le bien public, indépendamment des mobiles mouvements de l'opinion populaire, cet homme porte avec lui la récompense de ses services, le charme de ses peines, et le prix de ses dangers ; il ne doit attendre sa moisson, sa destinée, la seule qui l'intéresse, la destinée de son nom, que du temps, ce juge incorruptible qui fait justice à tous. Que ceux qui prophétisaient depuis huit jours mon opinion sans la connaître, qui calomnient en ce moment mon discours sans l'avoir compris, m'accusent d'encenser des idoles impuissantes au moment où elles sont renversées, ou d'être le vil stipendié des hommes que je n'ai cessé de combattre ; qu'ils dénoncent comme un ennemi de la révolution celui qui peut-être n'y a pas été inutile, et qui, cette révolution fût-elle étrangère à sa gloire, pourrait, là seulement, trouver sa sûreté ; qu'ils livrent aux fureurs du peuple trompé celui qui depuis vingt ans combat toutes les oppressions, qui parlait aux Français de liberté, de constitution, de résistance, lorsque ses vils calomniateurs suçaient le lait des cours, et vivaient de tous les préjugés dominants : que m'importe ? Ces coups de bas en haut ne m'arrêteront pas dans ma carrière. Je leur dirai : répondez, si vous pouvez ; calomniez ensuite tant que vous voudrez.

Je rentre donc dans la lice, armé de mes seuls principes et de la fermeté de ma conscience. Je vais poser à mon tour le véritable point de la difficulté avec toute la netteté dont je suis capable, et je prie tous ceux de mes adversaires qui ne m'entendront pas de m'arrêter, afin que je m'exprime plus clairement, car je suis décidé à déjouer les reproches tant répétés d'évasion, de subtilité, d'entortillage ; et s'il ne tient qu'à moi, cette journée dévoilera le secret de nos loyautés respectives. . . . .
. . . .

Je ne crois pas que des hommes qui doivent servir la cause publique en véritables frères d'armes aient bonne grâce à se combattre en vils gladiateurs, à lutter d'imputations et d'intrigues, et non de lumières et de talents, à chercher dans la ruine et la dépression les uns des autres de coupables succès, des trophées d'un jour, nuisibles à tout et même à la gloire. Mais je vous dirai : parmi ceux qui soutiennent ma doctrine vous compterez tous les hommes modérés qui ne croient pas que la sagesse soit dans les extrêmes, ni que le courage de démolir ne doive jamais faire place à celui de reconstruire ; vous compterez la plupart de ces énergiques citoyens qui, au commencement des états généraux (c'est ainsi que s'appelait alors cette convention nationale, encore garrottée dans les langes de la liberté), foulèrent aux pieds tant de préjugés, bravèrent tant de périls, déjouèrent tant de résistances pour passer au sein des communes à qui ce dévouement donna les encouragements et la force qui ont vraiment opéré votre révolution glorieuse ; vous y verrez ces tribuns du peuple que la nation comptera longtemps encore, malgré les glapissements de l'envieuse médiocrité, au nombre des libérateurs de la patrie ; vous y verrez des hommes dont le nom désarme la calomnie, et dont les libellistes les plus effrénés n'ont pas essayé de ternir la réputation ni d'hommes privés, ni d'hommes publics ; des hommes, enfin, qui, sans tache, sans intérêt et sans crainte s'honoreront jusqu'au tombeau de leurs amis et de leurs ennemis.

BERNARDIN DE SAINT-PIERRE.

Au premier rang des écrivains qui depuis Buffon ont contribué chez nous à propager le goût des sciences naturelles se place Bernardin de Saint-Pierre. C'est à lui, nous n'avons pas besoin de le rappeler, que nous devons *Paul et Virginie*, le plus populaire de tous les romans après *Don Quichotte* et *Robinson Crusoé* ; mais ce beau livre n'est point son seul titre à la gloire, et ses *Études*, ainsi que ses *Harmonies de la Nature*, seront toujours lues avec un vif intérêt. Né au Havre en 1737, Bernardin de Saint-Pierre est mort en 1814, et des deux ouvrages que nous venons de nommer, le premier parut en 1784, et le second en 1796. L'auteur, dans ces beaux livres, n'a point cherché à faire une œuvre de science ; il a voulu faire passer sous les yeux de ses lecteurs les merveilles de la création et montrer la sagesse et la toute-puissance de Dieu dans la grandeur infinie le ses œuvres. Il a observé en poëte plutôt qu'en savant, et l'on peut dire que, par la beauté du style, par la grâce des sentiments, par la grandeur des idées, il s'est élevé souvent à la hauteur de son sujet.

LES HARMONIES DE LA NATURE.

Dès que le soleil, parvenu au signe du Bélier, a donné le signal du printemps à notre hémisphère, le vent pluvieux et chaud du sud part de l'Afrique, soulève les mers, fait déborder les fleuves, qui engraissent de leur limon les champs voisins, et renverse dans les forêts les vieux arbres, les troncs desséchés, et tout ce qui présente quelque obstacle à la végétation future ; il fond les neiges qui couvrent nos campagnes, et, s'avançant jusque sous le pôle, il brise et dissout les masses énormes de glace que l'hiver y avait accumulées. Quand cette révolution, connue par toute la terre sous le nom de coup de vent de l'équinoxe, est arrivée au mois de mars, le soleil tourne nuit et jour autour de notre pôle, sans qu'il y ait un seul point dans tout l'hémisphère septentrional qui échappe à sa chaleur. A chaque parallèle qu'il décrit dans les cieux, une ceinture de plantes nouvelles éclôt autour du globe ; chacune d'elles paraît successivement au poste et au jour qui lui sont assignés : elle reçoit à la fois la lumière dans ses fleurs, et la rosée du ciel dans son feuillage. A mesure qu'elle prend de l'accroissement, les diverses tribus d'insectes qu'elle nourrit se développent aussi ; c'est à cette époque que chaque espèce d'oiseaux se rend à l'espèce de plante qui lui est connue, pour y faire son nid et y nourrir ses petits de la proie animale qu'elle lui présente, au défaut des semences qu'elle n'a pas encore produites. On voit bientôt accourir les oiseaux voyageurs, qui viennent en prendre aussi leur part : d'abord l'hirondelle vient en préserver nos maisons en bâtissant son nid à l'entour ; les cailles quittent l'Afrique, et, rasant les flots de la Méditerranée, elles se répandent par troupes innombrables dans les vastes prairies de l'Ukraine ; les francolins remontent au Nord jusque dans la Laponie ; les canards, les oies sauvages, les cygnes argentés, formant dans les airs de longs triangles, s'avancent jusque dans les îles voisines du pôle ; la cigogne, jadis adorée dans l'Egypte qu'elle abandonne, traverse l'Europe, et s'arrête çà et là jusque dans les villes, sur les toits de l'Allemagne hospitalière : tous ces oiseaux nourrissent leurs petits des insectes et des reptiles que les herbes nouvelles font éclore. C'est alors que les poissons quittent en foule les abîmes septentrionaux de l'Océan, attirés aux embouchures des fleuves par des nuées d'insectes qui sont entraînés dans leurs eaux, ou qui éclosent le long de leurs rivages ; ils remontent en flotte contre leurs cours, et s'avancent en bondissant jusqu'à leurs sources ; d'autres, comme les nord-capers, se laissent entraîner au courant général de l'océan Atlantique, et apparaissent comme des carènes de vaisseaux sur les côtes du Brésil et sur celles de la Guinée. Les quadrupèdes mêmes entreprennent alors de longs voyages. Les uns vont du midi au nord avec le soleil, d'autres d'orient en occident ; il y en a qui côtoient les âpres chaînes des montagnes ; d'autres suivent le cours des fleuves qui n'ont jamais été navigués ; de longues colonnes de bœufs pâturent en Amérique le long des bords du Mississipi, qu'ils font retentir de leurs mugissements ; des escadrons nombreux de chevaux traversent les fleuves et les déserts de la Tartarie ; et des brebis sauvages errent en bêlant au milieu de ces vastes solitudes. Ces troupeaux n'ont ni pâtres ni bergers qui les guident dans les déserts au son des chalumeaux ; mais le développement des herbes qui leur sont connues détermine les moments de leurs départs et les termes de leurs courses. C'est alors que chaque animal habite son site naturel, et se repose à l'ombre du végétal de ses pères ; c'est alors que les chaînes de l'harmonie se resserrent, et que tout étant animé par des consonnances ou par des contrastes, les airs, les eaux, les forêts et les rochers semblent avoir des voix, des passions et des murmures.

Mais, quelques charmes que puissent répandre les animaux et les plantes sur les sites qui leur sont assignés par la nature, je ne trouve point qu'un paysage ait toute sa beauté, si je n'y vois au moins une petite cabane. L'habitation de l'homme donne à chaque espèce de végétal un nouveau degré d'intérêt ou de majesté. Il ne faut souvent qu'un arbre pour caractériser dans un pays les besoins d'un peuple et les soins de la Providence. J'aime à voir la famille d'un Arabe sous le dattier du désert, et le bateau d'un insulaire des Maldives, chargé de cocos, sous les cocotiers de leurs grèves sablonneuses. La hutte d'un pauvre nègre sans industrie me plaît sous un calebassier qui porte toutes les pièces de son ménage. Nos hôtels fastueux ne sont, à la ville, que des maisons bourgeoises ; à la campagne, ce sont des châteaux, des palais, des temples ; les longues avenues qui les annoncent se confondent avec celles qui font communiquer les empires. Ce n'est pas, à la vérité, ce que je trouve de plus intéressant dans nos paysages : je leur ai préféré souvent la vue d'une petite cabane de pêcheur, bâtie sur le bord d'une rivière. Je me suis reposé quelquefois avec délices à l'ombre des saules et des peupliers où étaient suspendues des nasses faites de leurs propres rameaux.

LA MORT DE VIRGINIE.

Tout présageait l'arrivée prochaine d'un ouragan. Les nuages qu'on distinguait au zénith étaient à leur centre d'un noir affreux, et cuivrés sur leurs bords. L'air retentissait des cris des pailles-en-queue, des frégates, des coupeurs-d'eau et d'une multitude d'oiseaux de marine, qui, malgré l'obscurité de l'atmosphère, venaient de tous les points de l'horizon chercher des retraites dans l'île.

Vers les neuf heures du matin, on entendit du côté de la mer des bruits épouvantables, comme si des torrents d'eau, mêlés à des tonnerres, eussent roulé du haut des montagnes. Tout le monde s'écria : « Voilà l'ouragan ! » et dans l'instant un tourbillon affreux de vent enleva la brume qui couvrait l'île d'Ambre et son canal. Le *Saint-Géran* parut alors à découvert avec son pont chargé de monde, ses vergues et ses mâts de hune amenés sur le tillac, son pavillon en berne, quatre câbles sur son avant, et un de retenue sur son arrière. Il était mouillé entre l'île d'Ambre et la terre, en deçà de la ceinture de récifs qui entoure l'Ile-de-France, et qu'il avait franchie par un endroit où jamais vaisseau n'avait passé avant lui. Il présentait son avant aux flots qui venaient de la pleine mer, et à chaque lame d'eau qui s'engageait dans le canal, sa proue se soulevait tout entière, de sorte qu'on en voyait la carène en l'air ; mais dans ce mouvement sa poupe, venant à plonger, disparaissait à la vue jusqu'au couronnement, comme si elle eût été submergée. Dans cette position où le vent et la mer le jetaient à terre, il lui était également impossible de s'en aller par où il était venu, ou, en coupant ses câbles, d'échouer sur le rivage, dont il était séparé par de hauts-fonds semés de récifs. Chaque lame qui venait briser sur la côte s'avançait en mugissant jusqu'au fond des anses, et y jetait des galets à plus de cinquante pieds dans les terres ; puis, venant à se retirer, elle découvrait une grande partie du lit du rivage dont elle roulait les cailloux avec un bruit rauque et affreux. La mer, soulevée par le vent, grossissait à chaque instant, et tout le canal compris entre cette île et l'île d'Ambre n'était qu'une vaste nappe d'écumes blanches, creusées de vagues noires et profondes. Ces écumes s'amassaient dans le fond des anses à plus de six pieds de hauteur, et le vent qui en balayait la surface, les portait par dessus l'escarpement du rivage à plus d'une demi-lieue dans les terres. A leurs flocons blancs et innombrables, qui étaient chassés horizontalement jusqu'au pied des montagnes, on eût dit d'une neige qui sortait de la mer. L'horizon offrait tous les signes d'une longue tempête ; la mer y paraissait confondue avec le ciel. Il s'en détachait sans cesse des nuages d'une forme horrible, qui traversaient le zénith avec la vitesse des oiseaux, tandis que d'autres y paraissaient immobiles comme de grands rochers. On n'apercevait aucune partie azurée du firmament ; une lueur olivâtre et blafarde éclairait seule tous les objets de la terre, de la mer et des cieux.

Dans les balancements du vaisseau, ce qu'on craignait arriva. Les câbles de son avant rompirent, et comme il n'était plus retenu que par une seule ansière, il fut jeté sur les rochers à une demi-encâblure du rivage. Ce ne fut qu'un cri de douleur parmi nous. Paul allait s'élancer à la mer, lorsque je le saisis par le bras. « Mon fils, lui dis-je, voulez-vous périr ? » — « Que j'aille à son secours, s'écria-t-il, ou que je meure ! » Comme le désespoir lui ôtait la raison, pour prévenir sa perte, Domingue et moi nous lui attachâmes à la ceinture une longue corde dont nous saisîmes l'une des extrémités. Paul alors s'avança vers le *Saint-Géran*, tantôt nageant, tantôt marchant sur les récifs. Quelquefois il avait l'espoir de l'aborder ; car la mer, dans ses mouvements irréguliers, laissait le vaisseau presque à sec, de manière qu'on eût pu faire le tour à pied ; mais bientôt après, revenant sur ses pas avec une nouvelle furie, elle le couvrait d'énormes voûtes d'eau qui soulevaient tout l'avant de sa carène, et rejetaient bien loin sur le rivage le malheureux Paul, les jambes en sang, la poitrine meurtrie et à demi noyé. A peine ce jeune homme avait-il repris l'usage de ses sens, qu'il se relevait, et retournait avec une nouvelle ardeur vers le vaisseau, que la mer cependant entr'ouvrait par d'horribles secousses. Tout l'équipage, désespérant alors de son salut, se précipitait en foule à la mer, sur des vergues, des planches, des cages à poules, des tables et des tonneaux. On vit alors un objet digne d'une éternelle pitié : une jeune demoiselle parut dans la galerie de la poupe du *Saint-Géran*, tendant les bras vers celui qui faisait tant d'efforts pour la joindre. C'était Virginie. Elle avait reconnu Paul à son intrépidité. La vue de cette aimable personne, exposée à un si terrible danger, nous remplit de douleur et de désespoir. Pour Virginie, d'un port noble et assuré, elle faisait des signes de la main, comme nous disant un éternel adieu. Tous les matelots s'étaient jetés à la mer. Il n'en restait plus qu'un sur le pont, qui était tout nu et nerveux comme Hercule. Il s'approcha de Virginie avec respect ; nous le vîmes se jeter à ses genoux et s'efforcer même de lui ôter ses habits ; mais elle, le repoussant avec dignité, détourna de lui sa vue. On entendit aussitôt ces cris redoublés des spectateurs : « Sauvez-la, sauvez-la ; ne la quittez pas ! » Mais dans ce moment une montagne d'eau d'une effroyable grandeur s'engouffra entre l'île d'Ambre et la côte, et s'avança en rugissant vers le vaisseau, qu'elle menaçait de ses flancs noirs et de ses sommets écumants. A cette terrible vue, le matelot s'élança seul à la mer ; et Virginie, voyant la mort inévitable, posa une main sur ses habits, l'autre sur son cœur, et levant en haut des yeux sereins, parut un ange qui prend son vol vers les cieux.

O jour affreux ! hélas ! tout fut englouti. La lame jeta bien avant dans les terres une partie des spectateurs, qu'un mouvement d'humanité avait portés à s'avancer vers Virginie, ainsi que le matelot qui l'avait voulu sauver à la nage. Cet homme, échappé à une mort presque certaine, s'agenouilla sur le sable en disant : « O mon Dieu ! vous m'avez sauvé la vie ; mais je « l'aurais donnée de bon cœur pour cette digne demoiselle qui « n'a jamais voulu se déshabiller comme moi. » Domingue et moi, nous retirâmes des flots le malheureux Paul sans connaissance, rendant le sang par la bouche et par les oreilles. Le gouverneur le fit mettre entre les mains des chirurgiens ; et nous cherchâmes de notre côté, le long du rivage, si la mer n'y apporterait point le corps de Virginie ; mais le vent ayant tourné subitement, comme il arrive dans les ouragans, nous eûmes le chagrin de penser que nous ne pourrions pas même rendre à cette fille infortunée les devoirs de la sépulture. Nous nous éloignâmes de ce lieu, accablés de consternation, tous l'esprit frappé d'une seule perte, dans un naufrage où un grand nombre de personnes avaient péri.

L'EMPEREUR NAPOLÉON Ier.

Ce n'est point seulement comme homme de guerre, comme législateur et comme souverain d'un grand empire, que l'empereur Napoléon Ier apparaît aux yeux de la postérité; c'est aussi comme écrivain, et comme écrivain de premier ordre. Sous ce dernier rapport, sa vie se partage en trois périodes distinctes : le temps de sa jeunesse, le temps de sa grandeur et son séjour à Sainte-Hélène.

A l'époque du consulat, ce grand homme qui, suivant ses propres expressions, *se voyait déjà dans l'histoire*, songea à mettre en sûreté tous les papiers de sa première jeunesse; il les plaça dans un carton sur lequel il écrivit : *à remettre au cardinal Fesch, seul*. Les pièces qui s'y trouvaient contenues ont été conservées; elles se composent des cahiers de géographie de l'école de Brienne, et, par un singulier jeu du hasard, les derniers mots écrits sur la dernière page de ces cahiers sont ceux-ci :

Sainte-Hélène, petite île de l'Océan.

— De notes intitulées : *Époques de ma vie*, où Napoléon a consigné une foule de dates et de faits relatifs à sa première jeunesse; — d'un *Essai sur l'histoire de la Corse*; — d'un roman corse; — d'une nouvelle empruntée à l'histoire d'Angleterre, le comte d'Essex; — d'un conte oriental, *les Masques prophètes*; — d'un *Dialogue sur l'amour*, et de quelques autres opuscules traitant de sujets très-divers.

Dès l'âge de treize ans, Napoléon s'occupait déjà de littérature et faisait des vers; on connaît de cette époque une fable intitulée : *le Chien, le Lapin et le Chasseur*; plus tard, étant à l'école de Brienne, il composa un poëme sur la Corse, et il rappelait à cette occasion que la poésie était un goût inné dans sa famille.

Devenu consul, puis empereur, Napoléon n'a laissé que des pièces officielles, discours, lettres, proclamations, bulletins, instructions politiques et militaires, car durant cette période il n'écrivait plus que pour les affaires du gouvernement ou de la guerre; mais jusque dans les moindres détails la supériorité de son génie extraordinaire reparaît toujours. Le style est coloré, entraînant, les idées nettes et saisissantes; il touche à tout avec une vue pénétrante et profonde, et, parmi les plus grands hommes, il n'en est aucun qui ait montré une pareille universalité de pensée. Ses bulletins et ses proclamations militaires sont le modèle du genre, et dans les discussions du conseil d'État relatives à la rédaction du Code il se place au premier rang des législateurs.

A Sainte-Hélène une vie nouvelle commença pour Napoléon : ce fut une vie de lectures, de conversations littéraires, de souvenirs politiques. Dans les mémoires écrits sous sa dictée, dans les causeries recueillies par les compagnons de son exil, il se montre un penseur profond et un véritable métaphysicien, quand il traite des questions religieuses ou philosophiques ; — un grand historien militaire, quand il retrace et juge les campagnes d'Annibal, de César, de Turenne, de Frédéric, de Gustave-Adolphe, et ses propres campagnes ; — un grand historien politique et un savant économiste, quand il s'occupe des événements, des souverains, des institutions sociales ; — un éminent critique littéraire lorsqu'il examine les écrivains de l'antiquité et des temps modernes. Ces grands côtés du génie de Napoléon ne sont point encore appréciés chez nous à leur juste valeur, et, sans aucun doute, plus on s'éloignera de notre temps, plus l'écrivain grandira dans l'admiration de la postérité.

LA DIVINITÉ DE JÉSUS-CHRIST.

Le Christ propose à notre foi une série de mystères. Il commande avec autorité d'y croire, sans donner d'autre raison que cette parole formidable : Je suis Dieu.

Sans doute il faut la foi pour cet article-là, qui est celui duquel dérivent tous les autres. Mais le caractère de la divinité une fois admis, la doctrine chrétienne se présente avec la précision et la clarté de l'algèbre ; il faut y admirer l'enchaînement et l'unité d'une science.

Appuyée sur la Bible, cette doctrine explique le mieux les traditions du monde ; elle les éclaircit, et les autres dogmes s'y rapportent étroitement comme les anneaux scellés d'une même chaîne. L'existence du Christ, d'un bout à l'autre, est un tissu merveilleux, j'en conviens, mais le mystère répond à des difficultés qui sont dans toutes les existences. Rejetez-le et le monde est une énigme ; acceptez-le, et vous avez une admirable solution de l'histoire de l'homme.

Le christianisme a un avantage sur tous les philosophes et sur toutes les religions ; les chrétiens ne se font pas illusion sur la nature des choses. On ne peut leur reprocher ni la subtilité, ni le charlatanisme des idéologues qui ont cru résoudre la grande énigme des questions théologiques avec de vaines dissertations sur les grands objets. Insensés dont la folie ressemble à celle d'un enfant qui veut toucher le ciel avec la main, ou qui demande la lune pour son jouet ou sa curiosité!

Le christianisme dit avec simplicité : « Nul homme n'a vu « Dieu si ce n'est Dieu. » Dieu a révélé ce qu'il était ; sa révélation est un mystère que la raison ni l'esprit ne peuvent concevoir. Mais puisque Dieu a parlé, il faut y croire ; cela est d'un grand bon sens.

L'Évangile possède une vertu secrète, je ne sais quoi d'efficace, une chaleur qui agit sur l'entendement et qui charme le cœur ; on éprouve à le méditer ce qu'on éprouve à contempler le ciel. L'Évangile n'est pas un livre, c'est un être vivant avec une action, une puissance qui envahit tout ce qui s'oppose à son extension. Le voici sur cette table, ce livre par excellence (et ici l'Empereur le toucha avec respect), je ne me lasse pas de le lire, et tous les jours avec le même plaisir.

Le Christ ne varie pas, il n'hésite jamais dans son enseignement, et la moindre affirmation de lui est marquée d'un cachet de simplicité et de profondeur qui captive l'ignorant et le savant, pour peu qu'ils y prêtent leur attention.

Nulle part on ne trouve cette série de belles idées, de belles maximes morales, qui défilent comme les bataillons de la milice céleste, et qui produisent dans notre âme le même sentiment que l'on éprouve à considérer l'étendue infinie du ciel resplendissant par une belle nuit d'été, et l'éclat des astres.

Non-seulement notre esprit est préoccupé, mais il est dominé par cette lecture, et jamais l'âme ne court le risque de s'égarer avec ce livre.

Une fois maître de notre esprit, l'Évangile captive notre cœur. Dieu même est notre ami, notre père, et vraiment notre Dieu. Une mère n'a pas plus soin de l'enfant qu'elle allaite. L'âme, séduite par la beauté de l'Évangile, ne s'appartient plus, Dieu s'en empare tout à fait, il en dirige les pensées et les facultés ; elle est à lui.

Quelle preuve de la divinité du Christ! Avec un empire aussi absolu il n'a qu'un seul but, l'amélioration spirituelle des individus, la pureté de la conscience, l'union à ce qui est vrai, la sainteté de l'âme !

Enfin, et c'est mon dernier argument, il n'y a pas de Dieu dans le ciel si un homme a pu concevoir et exécuter avec un plein succès le dessein gigantesque de dérober pour lui le culte suprême, en usurpant le nom de Dieu. Jésus est le seul qui l'ait osé. Il est le seul qui ait affirmé imperturbablement et dit clairement, en parlant de lui-même : « Je suis Dieu. » Ce qui est bien différent de cette affirmation : « Je suis un dieu, » ou de cette autre : « Il y a des dieux. » L'histoire ne mentionne aucun autre individu qui se soit qualifié lui-même de ce titre de Dieu dans le sens absolu. La Fable n'établit nulle part que Jupiter et les autres dieux se soient jamais divinisés. C'eût été de leur part le comble de l'orgueil et une monstruosité, une extravagance absurde. C'est la postérité, ce sont les héritiers des premiers despotes qui les ont déifiés. Tous les hommes étant d'une même race, Alexandre a pu se dire le fils de Jupiter. Mais toute la Grèce a souri de cette supercherie ; et de même, l'apothéose des empereurs n'a jamais été une chose sérieuse pour les Romains. Moïse, Mahomet et Confucius se sont donnés simplement pour des agents de la Divinité. La déesse Égérie de Numa n'a jamais été que la personnification d'une inspiration puisée dans la solitude des bois. Les dieux Brama, Vischnou, de l'Inde, sont une invention psychologique.

Comment donc un Juif, dont l'existence historique est plus avérée que toutes celles des temps où il a vécu, lui seul, fils d'un charpentier, se donne-t-il tout d'abord pour Dieu même, pour l'être par excellence, pour le créateur des êtres ? Il s'arroge toutes sortes d'adorations. Il bâtit son culte de ses mains, non avec des pierres, mais avec des hommes. On s'extasie sur les conquêtes d'Alexandre. Eh bien ! voici un conquérant qui confisque à son profit, qui unit, qui incorpore à lui-même, non pas une nation, mais l'espèce humaine. Quel miracle ! L'âme humaine, avec toutes ses facultés, devient une annexe de l'existence du Christ.

Et comment ? Par un prodige qui surpasse tout prodige. Il veut l'amour des hommes, c'est-à-dire ce qu'il y a de plus difficile au monde d'obtenir : ce qu'un sage demande vainement à quelques amis, un père à ses enfants, une épouse à son époux, un frère à son frère ; en un mot, le cœur : c'est là ce qu'il veut pour lui ; il l'exige absolument, et il réussit tout de suite. J'en conclus sa divinité.

Le Christ parle, et désormais les générations lui appartiennent par des liens plus étroits, plus intimes que ceux du sang, par une union plus intime, plus sacrée, plus impérieuse que quelque union que ce soit. Il allume la flamme d'un amour qui fait mourir l'amour de soi, qui prévaut sur tout autre amour.

A ce miracle de sa volonté, comment ne pas reconnaître le Verbe, créateur du monde ?

Les fondateurs de religions n'ont pas même eu l'idée de cet

amour mystique qui est l'essence du christianisme, sous le beau nom de charité.

C'est qu'ils n'avaient garde de se lancer contre un écueil; c'est que, dans une opération semblable, se faire aimer, l'homme porte en lui-même le sentiment profond de son impuissance.

Aussi le plus grand miracle du Christ, sans contredit, c'est le règne de la charité.

Lui seul, il est parvenu à élever le cœur des hommes jusqu'à l'invisible, jusqu'au sacrifice du temps ; lui seul, en créant cette immolation, a créé un lien entre le ciel et la terre.

Tous ceux qui croient sincèrement en lui ressentent cet amour admirable, surnaturel, supérieur, phénomène inexplicable, impossible à la raison et aux forces de l'homme, feu sacré donné à la terre par ce nouveau Prométhée, dont le temps, ce grand destructeur, ne peut ni user la force, ni limiter la durée... Moi, Napoléon, c'est ce que j'admire davantage, parce que j'y ai pensé souvent, et c'est ce qui me prouve absolument la divinité du Christ.

PROCLAMATION DU GÉNÉRAL EN CHEF A L'OUVERTURE
DE LA CAMPAGNE D'ITALIE.

Soldats, vous êtes nus, mal nourris; le gouvernement vous doit beaucoup, il ne peut rien vous donner. Votre patience, le courage que vous montrez au milieu de ces rochers, sont admirables ; mais ils ne vous procurent aucune gloire, aucun éclat ne rejaillit sur vous. Je veux vous conduire dans les plus fertiles plaines du monde. De riches provinces, de grandes villes seront en votre pouvoir : vous y trouverez honneur, gloire et richesses. Soldats d'Italie, manqueriez-vous de courage ou de constance ?

AU ROI D'ANGLETERRE.

Paris, le 12 nivôse an XIII (2 janvier 1805).

Monsieur mon Frère, appelé au trône de France par la Providence et par les suffrages du Sénat, du peuple et de l'armée, mon premier sentiment est un vœu de paix. La France et l'Angleterre usent leur prospérité. Elles peuvent lutter des siècles. Mais leurs gouvernements remplissent-ils bien le plus sacré de leurs devoirs ? Et tant de sang versé inutilement, et sans la perspective d'aucun but, ne les accuse-t-il pas dans leur propre conscience ? Je n'attache point de déshonneur à faire le premier pas. J'ai assez, je pense, prouvé au monde que je ne redoute aucune des chances de la guerre ; elle ne m'offre d'ailleurs rien que je doive redouter. La paix est le vœu de mon cœur, mais la guerre n'a jamais été contraire à ma gloire. Je conjure Votre Majesté de ne pas se refuser au bonheur de donner elle-même la paix au monde. Qu'elle ne laisse pas cette douce satisfaction à ses enfants ! Car enfin il n'y eut jamais de plus belle circonstance ni de moment plus favorable pour faire taire toutes les passions et écouter uniquement le sentiment de l'humanité et de la raison. Ce moment une fois perdu, quel terme assigner à une guerre que tous mes efforts n'auraient pu terminer ? Votre Majesté a plus gagné depuis dix ans en territoire et en richesses que l'Europe n'a d'étendue. Sa nation est au plus haut point de prospérité. Que veut-elle espérer de la guerre ? Coaliser quelques puissances du continent ? Le continent restera tranquille ; une coalition ne ferait qu'accroître la prépondérance et la grandeur continentale de la France. Renouveler des troubles intérieurs ? Les temps ne sont plus les mêmes. Détruire nos finances ? Des finances fondées sur une bonne agriculture ne se détruisent jamais. Enlever à la France ses colonies ? Les colonies sont pour la France un objet secondaire ; et Votre Majesté n'en possède-t-elle pas déjà plus qu'elle n'en peut garder ? Si Votre Majesté veut elle-même y songer, elle verra que la guerre est sans but, sans aucun résultat présumable pour elle. Eh ! quelle triste perspective de faire battre les peuples pour qu'ils se battent ! Le monde est assez grand pour que nos deux nations y puissent vivre, et la raison a assez de puissance pour qu'on trouve les moyens de tout concillier, si de part et d'autre on en a la volonté. J'ai toutefois rempli un devoir saint et précieux à mon cœur. Que Votre Majesté croie à la sincérité des sentiments que je viens de lui exprimer et à mon désir de lui en donner des preuves.

PROCLAMATION.

Soldats,

Je suis content de vous : vous avez, à la journée d'Austerlitz, justifié ce que j'attendais de votre intrépidité ; vous avez décoré vos aigles d'une immortelle gloire ; une armée de cent mille hommes, commandée par les empereurs de Russie et d'Autriche, a été, en moins de quatre heures, ou coupée, ou dispersée ; ce qui a échappé à votre fer s'est noyé dans les lacs.

Quarante drapeaux, les étendards de la garde impériale de Russie, cent vingt pièces de canon, vingt généraux, plus de trente mille prisonniers sont le résultat de cette journée à jamais célèbre. Cette infanterie tant vantée et en nombre supérieur n'a pu résister à votre choc, et désormais vous n'avez plus de rivaux à redouter. Ainsi, en deux mois, cette troisième coalition a été vaincue et dissoute. La paix ne peut être éloignée ; mais, comme je l'ai promis avant de passer le Rhin, je ne ferai qu'une paix qui nous donne des garanties et assure des récompenses à nos alliés.

Soldats, lorsque le peuple français plaça sur ma tête la couronne impériale, je me confiai à vous pour la maintenir toujours dans ce haut éclat de gloire qui seul pouvait lui donner du prix à mes yeux ; mais, dans le même moment, nos ennemis pensaient à la détruire et à l'avilir ; et cette couronne de fer conquise par le sang de tant de Français, ils voulaient m'obliger de la placer sur la tête de nos plus cruels ennemis : projets téméraires et insensés, que le jour même de l'anniversaire du couronnement de votre empereur vous avez anéantis et confondus. Vous leur avez appris qu'il est plus facile de nous braver et de nous menacer que de nous vaincre.

Soldats, lorsque tout ce qui est nécessaire pour assurer le bonheur et la prospérité de notre patrie sera accompli, je vous ramènerai en France. Là, vous serez l'objet de mes plus tendres sollicitudes. Mon peuple vous reverra avec joie, et il vous suffira de dire : *J'étais à la bataille d'Austerlitz*, pour que l'on réponde : *Voilà un brave*.

PROCLAMATION (1).

Soldats,

Vous avez, en quinze jours, remporté six victoires, pris vingt drapeaux, cinquante pièces de canon, plusieurs places fortes, conquis la partie la plus riche du Piémont ; vous avez fait quinze mille prisonniers, tué ou blessé plus de dix mille hommes.

Vous vous étiez jusqu'ici battus pour des rochers stériles, illustrés par votre courage, mais inutiles à la patrie : vous égalez aujourd'hui par vos services l'armée conquérante de Hollande et du Rhin ; dénués de tout, vous avez suppléé à tout ; vous avez gagné des batailles sans canons, passé des rivières sans ponts, fait des marches forcées sans souliers, bivouaqué sans eau-de-vie et quelquefois sans pain. Les phalanges républicaines, les soldats de la liberté étaient seuls capables de souffrir ce que vous avez souffert. Grâces vous en soient rendues, soldats ! la patrie reconnaissante vous devra sa prospérité ; et si, vainqueurs de Toulon, vous présageâtes l'immortelle campagne de l'an III, vos victoires actuelles en présagent une plus belle encore.

Les deux armées qui naguère vous attaquaient avec audace fuient épouvantées devant vous. Les hommes pervers qui riaient des privations auxquelles vous étiez condamnés, et se réjouissaient, dans leur pensée, du troimphe de vos ennemis, sont confondus et tremblants.

Mais, soldats, il ne faut pas le dissimuler, vous n'avez rien fait puisqu'il vous reste encore à faire : ni Turin ni Milan ne sont à vous ; les cendres des vainqueurs des Tarquins sont encore foulées par vos ennemis.

Vous étiez dénués de tout au commencement de la campagne : vous êtes aujourd'hui abondamment pourvus ; les magasins pris à nos ennemis sont nombreux ; l'artillerie est arrivée ; la patrie a droit d'attendre de vous de grandes choses : justifierez-vous son attente ? Les plus grands obstacles sont franchis, sans doute ; mais vous avez encore des combats à livrer, des villes à prendre, des rivières à passer. En est-il d'entre vous dont le courage s'amollisse ? En est-il qui préféreraient retourner sur les sommets de l'Apennin ou des Alpes, essuyer patiemment les injures d'une soldatesque esclave ? Non, il n'en est point parmi les vain-

---

(1) Après la bataille de Mondovi, le 22 avril 1796.

queurs de Monténotte, de Millesimo, de Dego et de Mondovi ! Tous brûlent de porter au loin la gloire du peuple français, tous veulent humilier ces rois orgueilleux qui osaient méditer de nous donner des fers, tous veulent dicter une paix glorieuse, qui indemnise la patrie des sacrifices immenses qu'elle a faits ; tous veulent, en rentrant dans leurs villages, pouvoir dire avec fierté : *J'étais de l'armée conquérante de l'Italie.*

LETTRE A LA PRINCESSE DE BADE (1).

« Madame ma cousine, la lettre de Votre Altesse, du 3 février, m'a été très-agréable. L'assurance de vos sentiments d'amitié m'est chère au pair du cas que je fais de sa personne. J'ai aimé le prince Charles lorsque aucun lien ne m'attachait à lui : aujourd'hui qu'il épouse ma fille, il trouvera en moi une tendresse qui ne cédera qu'à celle que vous lui portez. Je me flatte que vous avez les mêmes sentiments pour ma fille et que vous ne doutez pas de mon désir de trouver des circonstances de vous être agréable, car vous ne sauriez douter de mon estime et de ma sincère amitié. J'ai estimé Votre Altesse pour ses grandes qualités avant de la connaître ; depuis que je l'ai connue, et dans les nouvelles circonstances qui vont unir nos enfants, elle peut compter sur moi comme sur une des personnes les plus désireuses de lui plaire. »

LETTRE A LA PRINCESSE AUGUSTE-AMÉLIE (2).

« Ma fille, je vous envoie mon portrait, comme une preuve de mon estime et de mon amitié. J'ai reçu votre dernière lettre. J'ai écouté avec grand plaisir tout le bien qu'on me dit de vous. J'imagine que vous avez reçu votre corbeille ; je vous ai envoyé

---

(1) Les lettres qu'on va lire montrent l'empereur sous un jour tout particulier, c'est-à-dire dans sa vie privée et ses rapports de famille. De ce côté, il est aussi aimable, aussi affectueux, qu'il est profond et entraînant lorsqu'il parle de politique, de guerre, ou de philosophie.
(2) Cette princesse, fille du roi de Bavière, avait épousé Eugène de Beauharnais, beau-fils de l'empereur.

en même temps une bibliothèque. Dites à Eugène combien je l'aime et combien je suis aise d'apprendre que vous êtes réciproquement heureux. »

LETTRE A LA PRINCESSE EUGÈNE DE BEAUHARNAIS.

« Ma fille, j'ai reçu votre lettre du 26 mai. Je sens la solitude que vous devez éprouver de vous trouver seule au milieu de la Lombardie ; mais Eugène reviendra bientôt, et l'on ne sent bien que l'on aime que lorsqu'on se revoit ou que l'on est absent. On n'apprécie la santé que lorsqu'on a un peu de migraine ou lorsqu'elle vous quitte. Il est d'ailleurs utile, pour toutes sortes de raisons, de voir un peu de monde et de se dissiper. Tout ce qui m'est revenu d'Italie m'apprend que vous menez une vie beaucoup trop sage. Je n'entends pas parler de madame Wurmb ; j'imagine qu'elle est auprès de vous et que vous l'aimez toujours. Je reçois toujours avec plaisir de vos nouvelles ; je m'en informe de ceux qui viennent du pays, et j'apprends avec plaisir que tout le monde vous trouve parfaite. »

LETTRE AU PRINCE EUGÈNE.

« Mon fils, je suis bien aise que la grande décoration de l'ordre de la Couronne de fer que je vous ai envoyée vous ait fait plaisir. Je suis heureux des circonstances que je puis trouver de vous témoigner mon amitié. Rien ne saurait ajouter aux sentiments que je vous porte ; mon cœur ne connaît rien qui lui soit plus cher que vous ; ces sentiments sont inaltérables. Toutes les fois que je vous vois déployer du talent ou que j'apprends du bien de vous, mon cœur en éprouve une satisfaction bien douce. »

SITUATION DE L'EMPIRE APRÈS LA BATAILLE D'AUSTERLITZ.

(Message au Sénat et au Corps législatif.)

« Messieurs les députés des départements au Corps législatif, messieurs les tribuns et les membres de mon conseil d'Etat, depuis votre dernière session, la plus grande partie de l'Europe s'est coalisée avec l'Angleterre. Mes armées n'ont cessé de vaincre que lorsque je leur ai ordonné de ne plus combattre. J'ai vengé les droits des États faibles opprimés par les forts. Mes alliés ont augmenté en puissance et en considération ; mes ennemis ont été humiliés et confondus. La maison de Naples a perdu sa couronne sans retour. La presqu'île de l'Italie tout entière fait partie du grand empire. J'ai garanti, comme chef suprême, les souverains et les constitutions qui en gouvernent les différentes parties.

La Russie ne doit le retour des débris de son armée qu'au bienfait de la capitulation que je lui ai accordée. Maître de renverser le trône impérial d'Autriche, je l'ai raffermi. La conduite du cabinet de Vienne sera telle que la postérité ne me reprochera pas d'avoir manqué de prévoyance. J'ai ajouté une entière confiance aux protestations qui m'ont été faites par son souverain. D'ailleurs les hautes destinées de ma couronne ne dépendent pas des sentiments et des dispositions des cours étrangères. Mon peuple maintiendra toujours ce trône à l'abri des efforts de la haine et de la jalousie. Aucun sacrifice ne lui sera pénible pour assurer ce premier intérêt de la patrie.

Nourri dans les camps, et dans des camps toujours triomphants, je dois dire cependant que, dans ces dernières circonstances, mes soldats ont surpassé mon attente. Mais il m'est doux de déclarer aussi que mon peuple a rempli tous ses devoirs. Au fond de la Moravie, je n'ai pas cessé un instant d'éprouver les effets de son amour et de son enthousiasme. Jamais il ne m'en a donné des marques qui aient pénétré mon cœur de plus douces émotions. Français! je n'ai pas été trompé dans mes espérances. Votre amour, plus que l'étendue et la richesse de votre territoire, fait ma gloire. Magistrats, prêtres, citoyens, tous se sont montrés dignes des hautes destinées de cette belle France, qui, depuis deux siècles, est l'objet des ligues et de la jalousie de ses voisins.

Mon ministre de l'intérieur vous fera connaître les événements qui se sont passés dans le cours de l'année. Mon conseil d'État vous présentera des projets de lois pour améliorer les différentes branches de l'administration. Mes ministres des finances et du trésor public vous communiqueront les comptes qu'ils m'ont rendus. Vous y verrez l'état prospère de nos finances. Depuis mon retour, je me suis occupé sans relâche de rendre à l'administration ce ressort et cette activité qui portent la vie jusqu'aux extrémités de ce vaste empire. Mon peuple ne supportera pas de nouvelles charges ; mais il vous sera proposé de nouveaux développements au système des finances dont les bases ont été posées l'année dernière.

Les tempêtes nous ont fait perdre quelques vaisseaux après un combat imprudemment engagé. Je ne saurais trop me louer de la grandeur d'âme et de l'attachement que le roi d'Espagne a montrés dans ces circonstances pour la cause commune. Je désire la paix avec l'Angleterre ; de mon côté, je n'en retarderai jamais le moment, je serai toujours prêt à la conclure, en prenant pour bases les stipulations du traité d'Amiens.

Messieurs les députés au Corps législatif, l'attachement que vous m'avez montré, la manière dont vous m'avez secondé dans les dernières sessions, ne me laissent point de doute sur votre assistance. Rien ne vous sera proposé qui ne soit nécessaire pour garantir la gloire et la sûreté de mes peuples.

RÉSULTATS DE LA RÉVOLUTION FRANÇAISE.

La révolution française a été un mouvement général de la nation contre les privilégiés ; elle eut pour but principal de détruire tous les privilèges, d'abolir les justices seigneuriales, de supprimer les droits féodaux, comme un reste de l'ancien esclavage des peuples, de proclamer l'égalité de l'impôt et des droits. Le royaume était formé de réunions successives faites au domaine de la couronne, soit par héritages, soit par conquêtes. Les provinces n'avaient entre elles aucunes limites naturelles ; elles étaient inégales en étendue, en population ; elles étaient régies par des lois et des coutumes locales au droit civil et administratif : la France n'était pas un État, c'était la réunion de plusieurs États placés les uns à côté des autres sans amalgame. La révolution, guidée essentiellement par le principe de l'égalité, détruisit tous les restes des temps féodaux ; elle fit une France nouvelle, ayant une division homogène de territoire, d'accord avec les circonstances locales ; même organisation judiciaire, même organisation administrative, mêmes lois civiles, mêmes lois criminelles, même système d'impositions. Le bouleversement que produisirent dans les personnes et dans les propriétés les effets de la révolution fut aussi grand que celui opéré par les principes mêmes de la révolution. Tout ce qui était le résultat des événements qui s'étaient succédé depuis l'établissement de la monarchie cessa d'exister. La France nouvelle présenta le spectacle de vingt-cinq millions d'âmes ne formant qu'une seule classe de citoyens gouvernés par une même loi, un même règlement, un même ordre. Tous ces changements étaient conformes au bien de la nation, à ses droits, à la marche de la civilisation.

SUR LA MORT DE CÉSAR.

Pendant que ce grand homme se préparait à remplir ses grandes destinées, les débris du parti de l'aristocratie, qui devaient la vie à sa générosité, conjurèrent contre sa vie : Brutus et Cassius étaient à la tête ; Brutus était stoïcien, élève de Caton. César l'affectionnait et lui avait deux fois sauvé la vie ; mais la secte dont il était n'admettait rien qui le pût fléchir. Plein des idées enseignées dans les écoles grecques contre la tyrannie, l'assassinat de tout homme qui était de fait au-dessus des lois était regardé comme légitime. César, dictateur perpétuel, gouvernait tout l'univers romain ; il n'avait qu'un simulacre de sénat : cela ne pouvait pas être autrement, après les proscriptions de Marius et de Sylla, la violation des lois par Pompée, cinq ans de guerre civile, un aussi grand nombre de vétérans établis en Italie, attachés à leurs généraux, attendant tout de la grandeur de quelques hommes, et rien de la république. Dans un tel état de choses, ces assemblées délibérantes ne pouvaient plus gouverner ; la personne de César était donc la cause de la suprématie de Rome sur l'univers, et faisait la sécurité des citoyens de tous les partis : son autorité était donc légitime.

Les conjurés n'eurent pas de peine à réussir ; César avait confiance en eux ; Brutus, Cassius, Decimus, etc., étaient ses amis et ses familiers : César était confiant ; il les croyait tous intéressés à la conservation de sa personne, car il protégeait tout ce que Rome avait de grand et d'hommes élevés, malgré les murmures du parti populaire et de l'armée.

Pour justifier un lâche et impolitique assassinat, les conjurés et leurs partisans ont prétendu que César voulait se faire roi ; assertion évidemment absurde et calomnieuse, qui cependant s'est transmise d'âge en âge, et passe aujourd'hui pour une vérité historique...

On a été plus loin pour indisposer les Romains : on a dit que César, roi, devait porter le siège de l'empire à Alexandrie ou à Ilion... Si César eût trouvé quelque avantage pour son autorité à s'asseoir sur le trône, il y fût arrivé par les acclamations de son armée et du sénat, avant d'y avoir introduit la faction de Pompée... Si la couronne royale eût été utile à Auguste et à ses successeurs, ils l'eussent placée sur leur tête ; mais César, qui était essentiellement Romain, populaire, et qui, dans ses harangues et ses écrits, employait toujours la magie du peuple avec tant d'ostentation, ne l'eût fait qu'avec regret.

En immolant César, Brutus céda à un préjugé d'éducation qu'il avait puisé dans les écoles grecques ; il l'assimila à ces obscurs tyrans des villes du Péloponèse qui, à la faveur de quelques intrigants, usurpèrent l'autorité de la ville : il ne voulut pas voir que l'autorité de César était légitime, parce qu'elle était nécessaire et protectrice, parce qu'elle conservait tous les intérêts de Rome, parce qu'elle était l'effet de l'opinion et de la volonté du peuple. César mort, il a été remplacé par Antoine, par Octave, par Tibère, par Néron, et après celui-ci toutes les combinaisons humaines se sont épuisées pendant six cents ans ; mais ni la république, ni la monarchie royale n'y ont paru, signe certain que ni l'une ni l'autre n'étaient plus appropriées aux événements et au siècle. César n'a pas voulu être roi, parce qu'il n'a pas pu le vouloir ; il n'a pas pu le vouloir, puisque, après lui, pendant six cents ans, aucun de ses successeurs ne l'a voulu. C'eût été une étrange politique de remplacer la chaise curule des vainqueurs du monde par le trône pourri, méprisé des vaincus !

JOSEPH-MARIE DE MAISTRE.

Ce grand publiciste, l'un des écrivains les plus remarquables de l'époque moderne, est né à Chambéry en 1754, d'une famille originaire du Languedoc. Sincèrement attaché à la maison de Savoie, de Maistre refusa de reconnaître l'autorité française aussi longtemps que son pays fut placé sous notre domination. Il passa une grande partie de sa vie à Saint-Pétersbourg, et ne revint en Piémont qu'en 1817, époque à laquelle il reçut le titre de ministre d'État. Il mourut en 1821. Il a laissé les ouvrages suivants : *Considérations sur la révolution française; — Essais sur les principes générateurs des constitutions politiques; — Du Pape; — De l'Eglise gallicane dans ses rapports avec le souverain pontif; —Les soirées de Saint-Pétersbourg; — le Roman de la philosophie de Bacon.*

— En philosophie, le comte de Maistre appartient à l'école catholique, et dans tous ses ouvrages il a défendu la religion avec une conviction profonde, sincère, une force de pensée et de style qui le placent dans bien des pages presque au niveau des prosateurs les plus célèbres du xviie siècle. En politique il est absolutiste, il veut fonder les gouvernements sur la force et la sévérité, et il est l'ennemi déclaré des principes libéraux de la révolution française.

FRAGMENT SUR LA PUNITION DES COUPABLES (1).

De cette prérogative redoutable des souverains dont je vous parlais tout à l'heure, la *punition des coupables*, résulte l'existence nécessaire d'un homme destiné à infliger aux crimes les châtiments décernés par la justice humaine; et cet homme, en effet, se trouve partout, sans qu'il y ait aucun moyen d'expliquer comment; car la raison ne découvre dans la nature de l'homme aucun motif capable de déterminer le choix de cette profession.

Je vous crois trop accoutumés à réfléchir, messieurs, pour qu'il ne vous soit pas arrivé souvent de méditer sur le bourreau. Qu'est-ce donc que cet être inexplicable qui a préféré à tous les métiers agréables, lucratifs, honnêtes et même honorables qui se présentent en foule à la force ou à la dextérité humaine, celui de tourmenter et de mettre à mort ses semblables? Cette tête, ce cœur sont-ils faits comme les nôtres? Ne contiennent-ils rien de particulier et d'étranger à notre nature?

Pour moi, je n'en sais pas douter. Il est fait comme nous extérieurement; il naît comme nous; mais c'est un être extraordinaire, et pour qu'il existe dans la famille humaine, il faut un décret particulier, un *fiat* de la puissance créatrice. Il est créé comme un monde. Voyez ce qu'il est dans l'opinion des hommes, et comprenez, si vous pouvez, comment il peut ignorer cette opinion ou l'affronter! A peine l'autorité a-t-elle désigné sa demeure, à peine a-t-il pris possession, que les autres habitations reculent jusqu'à ce qu'elles ne voient plus la sienne.

C'est au milieu de cette solitude et de cette espèce de vide formé autour de lui qu'il vit seul avec sa femelle et ses petits, qui lui font connaître la voix de l'homme : sans eux il n'en connaîtrait que les gémissements..... Un signal lugubre est donné; un ministre abject de la justice vient frapper à sa porte et l'a-

(1) Ce morceau, d'une grandeur sauvage, a été écrit avant la révolution, c'est-à-dire à une époque où les supplices étaient encore d'une cruauté terrible. Nous n'avons pas besoin de faire remarquer que les phrases qui le terminent ne sont qu'un paradoxe, et que la société a de tout autres bases que celles qui sont ici indiquées par de Maistre.

vertir qu'on a besoin de lui : il part ; il arrive sur une place publique couverte d'une foule pressée et palpitante. On lui jette un empoisonneur, un parricide, un sacrilége : il le saisit, il l'étend, il le lie sur une croix horizontale, il lève le bras : alors il se fait un silence horrible, et l'on n'entend plus que le cri des os qui éclatent sous la barre, et les hurlements de la victime. Il la détache ; il la porte sur une roue : les membres fracassés s'enlacent dans les rayons ; la tête pend ; les cheveux se hérissent, et la bouche, ouverte comme une fournaise, n'envoie plus par intervalles qu'un petit nombre de paroles sanglantes qui appellent la mort. Il a fini : le cœur lui bat, mais c'est de joie ; il s'applaudit, il dit dans son cœur : nul ne roue mieux que moi. Il descend : il tend sa main souillée de sang, et la justice y jette de loin quelques pièces d'or qu'il emporte à travers une double haie d'hommes écartés par l'horreur. Il se met à table, et il mange ; au lit ensuite, et il dort. Et, le lendemain, en s'éveillant, il songe à toute autre chose qu'à ce qu'il a fait la veille. Est-ce un homme ? Oui : Dieu le reçoit dans ses temples et lui permet de prier. Il n'est pas criminel ; cependant aucune langue ne consent à dire, par exemple, *qu'il est vertueux, qu'il est honnête homme, qu'il est estimable*, etc. Nul éloge moral ne peut lui convenir, car tous supposent des rapports avec les hommes, et il n'en a point.

Et cependant toute grandeur, toute puissance, toute subordination repose sur l'exécuteur : il est l'horreur et le lien de l'association humaine. Otez du monde cet agent incompréhensible ; dans l'instant même l'ordre fait place au chaos, les trônes s'abîment et la société disparait. Dieu, qui est l'auteur de la souveraineté, l'est donc aussi du châtiment : il a jeté notre terre sur ces deux pôles ; car Jéhovah est le maître des deux pôles, et sur eux il fait tourner le monde.

UNE SOIRÉE D'ÉTÉ À SAINT-PÉTERSBOURG.

Il était à peu près neuf heures du soir ; le soleil se couchait par un temps superbe ; le faible vent qui nous poussait expira dans la voile que nous vîmes *badiner*. Bientôt le pavillon qui annonce du haut du palais impérial la présence du souverain, tombant immobile le long du mât qui le supporte, proclama le silence des airs. Nos matelots prirent la rame ; nous leur ordonnâmes de nous conduire lentement.

Rien n'est plus rare, mais rien n'est plus enchanteur qu'une belle nuit d'été à Saint-Pétersbourg, soit que la longueur de l'hiver et la rareté de ces nuits leur donnent, en les rendant plus désirables, un charme particulier ; soit que réellement, comme je le crois, elles soient plus douces et plus calmes que dans les plus beaux climats.

Le soleil qui, dans les zones tempérées, se précipite à l'occident, et ne laisse après lui qu'un crépuscule fugitif, rase ici lentement une terre dont il semble se détacher à regret. Son disque, environné de vapeurs rougeâtres, roule comme un char enflammé sur les sombres forêts qui couronnent l'horizon, et ses rayons, réfléchis par le vitrage des palais, donnent au spectateur l'idée d'un vaste incendie.

Les grands fleuves ont ordinairement un lit profond et des bords escarpés qui leur donnent un aspect sauvage. La Néva coule à pleins bords au sein d'une cité magnifique ; ses eaux limpides touchent le gazon des îles qu'elle embrasse, et dans toute l'étendue de la ville elle est contenue par deux quais de granit, alignés à perte de vue, espèce de magnificence répétée dans les trois grands canaux qui parcourent la capitale, et dont il n'est pas possible de trouver ailleurs le modèle ni l'imitation.

Mille chaloupes se croisent et sillonnent l'eau en tous sens : on voit de loin les vaisseaux étrangers qui plient leurs voiles et jettent l'ancre. Ils apportent sous le pôle les fruits des zones brûlantes et de toutes les productions de l'univers. Les brillants oiseaux d'Amérique voguent sur la Néva avec des bosquets d'orangers ; ils retrouvent en arrivant la noix du cocotier, l'ananas, le citron, et tous les fruits de leur terre natale.

Nous rencontrions de temps en temps d'élégantes chaloupes dont on avait retiré les rames, et qui se laissaient aller doucement au paisible courant de ces belles eaux. Les rameurs chantaient un air national, tandis que leurs maîtres jouissaient en silence de la beauté du spectacle et du calme de la nuit.

A mesure que notre chaloupe s'éloignait, le chant des bateliers et le bruit confus de la ville s'éteignaient insensiblement. Le soleil était descendu sous l'horizon ; des nuages brillants répandaient une clarté douce, un demi-jour doré qu'on ne saurait peindre, et que je n'ai jamais vu ailleurs. La lumière et les ténèbres semblaient se mêler et comme s'entendre pour former le voile transparent qui couvre alors ces campagnes.

LA LOI DE DESTRUCTION.

Dans le vaste domaine de la nature vivante, il règne une violence manifeste, une espèce de rage prescrite qui arme tous les êtres *in mutua funera* (1) : dès que vous sortez du règne insensible, vous trouvez le décret de la mort violente écrit sur les frontières mêmes de la vie. Déjà, dans le règne végétal, on commence à sentir la loi : depuis l'immense *catalpa* jusqu'au plus humble graminée, combien de plantes *meurent*, et combien sont *tuées!* Mais, dès que vous entrez dans le règne animal, la loi prend tout à coup une épouvantable évidence. Une force à la fois cachée et palpable se montre continuellement occupée à mettre à découvert le principe de la vie par des moyens violents. Dans chaque grande division de l'espèce animale, elle a choisi un certain nombre d'animaux qu'elle a chargés de dévorer les autres : ainsi, il y a des insectes de proie, des reptiles de proie, des oiseaux de proie, des poissons de proie, et des quadrupèdes de proie.

Il n'y a pas un instant de la durée où l'être vivant ne soit dévoré par un autre. Au-dessus de ces nombreuses races d'animaux est placé l'homme, dont la main destructive n'épargne rien de ce qui vit ; il tue pour se nourrir, il tue pour se vêtir, il tue pour se parer, il tue pour attaquer, il tue pour se défendre, il tue pour s'instruire, il tue pour s'amuser, il tue pour tuer : roi superbe et terrible, il a besoin de tout, et rien ne lui résiste. Il sait combien la tête du requin ou du cachalot lui fournira de barriques d'huile ; son épingle déliée pique sur le carton des musées l'élégant papillon qu'il a saisi au vol sur le sommet du mont Blanc ou du Chimboraço ; il empaille le crocodile ; il embaume le colibri ; à son ordre, le serpent à sonnettes vient mourir dans la liqueur conservatrice qui doit le montrer intact aux yeux d'une longue suite d'observateurs. Le cheval qui porte son maître à la chasse du tigre se pavane sous la peau de ce même animal ; l'homme demande tout à la fois à l'agneau ses entrailles, pour faire résonner une harpe, à la baleine ses fanons pour soutenir le corset de la jeune vierge, au loup sa dent la plus meurtrière pour polir les ouvrages légers de l'art, à l'éléphant ses défenses pour façonner le jouet d'un enfant : ses tables sont couvertes de cadavres. Le philosophe peut même découvrir

---

(1) *Pour les meurtres qu'ils commettent les uns contre les autres.*

comment le carnage permanent est prévu et ordonné dans le grand tout. Mais cette loi s'arrêtera-t-elle à l'homme? Non, sans doute. Cependant quel être exterminera celui qui les extermine tous? Lui. C'est l'homme qui est chargé d'égorger l'homme. Mais comment pourra-t-il accomplir la loi, lui qui est un être moral et miséricordieux ; lui qui est né pour aimer ; lui qui pleure sur les autres comme sur lui-même, qui trouve du plaisir à pleurer, et qui finit par inventer des fictions pour se faire pleurer ; lui enfin à qui il a été déclaré qu'on redemandera jusqu'à la dernière goutte du sang qu'il aura versé injustement? C'est la guerre qui accomplira le *décret*.

N'entendez-vous pas la *terre* qui crie et demande du sang? Le sang des animaux ne lui suffit pas, ni même celui des coupables versé par la glaive des lois. Si la justice humaine les frappait tous, il n'y aurait point de guerre ; mais elle ne saurait en atteindre qu'un petit nombre, et souvent même elle les épargne, sans se douter que la féroce humanité contribue à nécessiter la guerre, si, dans le même temps surtout, un autre aveuglement, non moins stupide et non moins funeste, travaillait à éteindre l'expiation dans le monde. La terre n'a pas crié en vain : la guerre s'allume. L'homme, saisi tout à coup d'une fureur *divine*, étrangère à la haine et à la colère, s'avance sur le champ de bataille sans savoir ce qu'il veut ni même ce qu'il fait. Qu'est-ce donc que cette horrible énigme?... Rien n'est plus contraire à sa nature, et rien ne lui répugne moins : il fait avec enthousiasme ce qu'il a en horreur.

N'avez-vous jamais remarqué que, sur le champ de mort, l'homme ne désobéit jamais ? Il pourra bien massacrer Nerva ou Henri IV ; mais le plus abominable tyran, le plus insolent boucher de chair humaine n'entendra jamais là : Nous ne voulons plus vous servir. Une révolte sur le champ de bataille, un accord pour s'embrasser en reniant un tyran, est un phénomène qui ne se présente pas à ma mémoire. Rien ne résiste, rien ne peut résister à la force qui traîne l'homme au combat; innocent meurtrier, instrument passif d'une main redoutable, il se plonge tête baissée dans l'abîme qu'il a creusé lui-même ; il donne, il reçoit la mort sans se douter que c'est lui qui a fait la mort.

XAVIER DE MAISTRE.

Né en Savoie en 1764, le comte Xavier de Maistre, frère cadet de Joseph, a conquis comme ce dernier, mais dans un genre tout différent, un rang éminent dans la littérature française, quoiqu'il ait toujours vécu éloigné de la France et qu'il ne soit venu qu'une seule fois à Paris. Deux fantaisies philosophiques : le *Voyage* et l'*Expédition nocturne autour de ma chambre;* trois nouvelles : *la Jeune Sibérienne, les Prisonniers du Caucase* et *le Lépreux de la cité d'Aoste*, le tout formant un mince volume, voilà tout ce qui compose son bagage littéraire; mais ce volume est un modèle de grâce, de rêverie, de simplicité sévère, et il vivra aussi longtemps que notre langue. En 1792, au moment où l'armée française pénétra dans la Savoie, Xavier de Maistre se rendit en Russie; il y servit d'abord dans la marine, puis dans l'armée de terre, fut nommé major général, et prit part, en cette qualité, à diverses expéditions contre les Persans. Il est mort en 1852.

L'AMITIÉ.

Heureux celui qui possède un ami ! J'en avais un : la mort me l'a ôté ; elle l'a saisi au commencement de sa carrière, au moment où son amitié était devenue un besoin pressant pour mon cœur. — Nous nous soutenions mutuellement dans les travaux pénibles de la guerre ; nous n'avions qu'une pipe à nous deux ; nous buvions dans la même coupe ; nous couchions sous la même toile ; et, dans les circonstances malheureuses où nous sommes, l'endroit où nous vivions ensemble était pour nous une nouvelle patrie : je l'ai vu en butte à tous les périls de la guerre, et d'une guerre désastreuse. — La mort semblait nous épargner l'un pour l'autre : elle épuisa mille fois ses traits autour de lui sans l'atteindre ; mais c'était pour me rendre sa perte plus sensible. Le tumulte des armes, l'enthousiasme qui s'empare de l'âme à l'aspect du danger, auraient peut-être empêché ses cris d'aller jusqu'à mon cœur. — Sa mort eût été utile à son pays, et funeste aux ennemis : — je l'aurais moins regretté. — Mais le perdre au milieu des délices d'un quartier d'hiver ! le voir expirer dans mes bras au moment où il paraissait regorger de santé, au moment où notre liaison se resserrait encore dans le repos et la tranquillité ! — Ah ! je ne m'en consolerai jamais ! Cependant sa mémoire ne vit plus que dans mon cœur, elle n'existe plus parmi ceux qui l'environnaient et qui l'ont remplacé : cette idée me rend plus pénible le sentiment de sa perte. La nature, indifférente de même au sort des individus, remet sa robe brillante du printemps, et se pare de toute sa beauté autour du cimetière où il repose. Les arbres se couvrent de feuilles et entrelacent leurs branches ; les oiseaux chantent sous le feuillage ; les mouches bourdonnent parmi les fleurs ; tout respire la joie et la vie dans le séjour de la mort. — Et le soir, tandis que la lune brille dans le ciel, et que je médite près de ce triste lieu, j'entends le grillon poursuivre gaiment son chant infatigable, caché sous l'herbe qui couvre la tombe silencieuse de mon ami. La destruction insensible des êtres et tous les malheurs de l'humanité sont comptés pour rien dans le grand tout. — La mort d'un homme sensible qui expire au milieu de ses amis désolés et celle d'un papillon que l'air froid du matin fait périr dans le calice d'une fleur, sont deux époques semblables dans le cours de la nature. L'homme n'est rien qu'un fantôme, une ombre, une vapeur qui se dissipe dans les airs.....

Mais l'aube matinale commence à blanchir le ciel ; les noires idées qui m'agitaient s'évanouissent avec la nuit, et l'espérance renaît dans mon cœur : — non, celui qui inonde ainsi l'Orient de lumière ne l'a point fait briller à mes regards pour me plonger bientôt dans la nuit du néant. Celui qui étendit cet horizon incommensurable, celui qui éleva ces masses énormes dont le soleil dore les sommets glacés, est aussi celui qui a ordonné à mon cœur de battre et à mon esprit de penser.

Non, mon ami n'est point entré dans le néant ; quelle que soit la barrière qui nous sépare, je le reverrai. — Ce n'est point sur un syllogisme que je fonde mon espérance. — Le vol d'un insecte qui traverse les airs suffit pour me persuader ; et souvent l'aspect de la campagne, le parfum des airs et je ne sais quel charme répandu autour de moi élèvent tellement mes pensées qu'une preuve invincible de l'immortalité entre avec violence dans mon âme et l'occupe tout entière.

LE GÉNÉRAL FOY

Né à Ham, dans le département de la Somme, en 1775, le général Foy fit, avec la plus grande distinction, les guerres de la république et de l'empire, et se signala principalement en Espagne. Il fut blessé à Waterloo, rentra dans la vie privée après la chute de l'empire et fut nommé député en 1819. Le général Foy ne cessa de combattre la restauration, et son éloquence simple, patriotique et toujours contenue jusque dans ses plus vives attaques, eut dans la France entière un immense retentissement. Sa mort, arrivée en 1825, fut un véritable deuil national ; cent mille personnes suivirent son convoi, et la souscription ouverte en faveur de sa famille produisit plus d'un million.

Outre ses discours, le général Foy a laissé inachevée une *Histoire des guerres de la Péninsule*, véritable modèle de littérature militaire. C'est à cet ouvrage que nous empruntons le fragment qu'on va lire.

PARALLÈLE ENTRE L'ARMÉE FRANÇAISE ET L'ARMÉE ANGLAISE.

On est frappé des contrastes qu'offrent les armées dans leur économie animale et leur train de vie journalier. Voyez les bataillons français arriver au bivouac après une marche longue et pénible. Dès que les tambours ont cessé de battre, les havre-sacs, déposés en rond derrière les faisceaux d'armes, dessinent le terrain où la chambrée doit passer la nuit. On met bas les habits ; vêtus seulement de leurs capotes, les soldats courent aux vivres, au bois, à l'eau, à la paille. Le feu s'allume ; bientôt la marmite est dressée ; les arbres apportés de la forêt sont grossièrement façonnés en pieux et en poutres. Pendant que les baraques s'élèvent, l'air retentit en mille endroits à la fois des coups de la hache et des cris des travailleurs. On dirait la ville d'Idoménée bâtie par enchantement sous l'influence inaperçue de Minerve. En attendant que la viande soit cuite, nos jeunes gens, impatients de l'oisiveté, recousent les sous-pieds à la guêtre, visitent les gibernes, nettoient et éclaircissent les fusils. La soupe est prête ; on la mange. Si le vin manque, la conversation est calme sans être triste, et on ne tarde pas à chercher dans le sommeil les forces nécessaires pour entreprendre la fatigue du lendemain. Si au contraire la liqueur inspiratrice des propos joyeux, transportée dans des tonneaux ou dans des outres, sur les épaules des coureurs qu'on avait envoyés chercher de l'eau, est arrivée au camp, la veillée se prolonge. Les anciens racontent aux conscrits, rangés autour du feu, les batailles où le régiment a donné avec tant de gloire. Ils frémissent encore d'allégresse en exprimant le transport dont on fut saisi quand l'Empereur, qu'on croyait bien loin, apparut tout à coup devant le front des grenadiers, monté sur son cheval blanc et suivi de son Mamelouk. « Oh ! quelle

« déconfiture on eût fait des Russes et des Prussiens, si le régi-
« ment qui était à notre droite se fût battu comme le nôtre ;
« si la cavalerie se fut trouvée là au moment où l'ennemi a
« commencé à fléchir ; si le général de la réserve eût égalé en
« talent et en courage celui qui commandait l'avant-garde !
« Pas un de ces gueux-là, pas un seul n'aurait échappé…. »
Quelquefois la diane retentit, et l'aurore commence à poindre
avant que les contours aient fini. Cependant on a souvent humecté le récit, et il est aisé de s'en apercevoir à la contenance de
l'auditoire. Mais l'ivresse des Français est gaie, scintillante et
téméraire ; c'est pour eux un avant-goût de la bataille et de la
victoire.

Tournez vos regards vers l'autre camp. Voyez ces Anglais
fatigués, ennuyés et presque immobiles ; attendent-ils, comme
les spahis des armées turques, que des esclaves dressent leurs
tentes et préparent leurs aliments ? Cependant on leur a fait
faire à pas comptés une marche très-courte, et ils sont arrivés
avant deux heures après-midi sur le terrain où ils doivent passer
la nuit. On leur apporte le pain et la viande. Le sergent distribue
le service et les corvées ; il dit où est l'eau, où est la paille, et
quels arbres il faut abattre.

Quand les matériaux sont arrivés, il montre la place où chaque
pièce de bois doit être posée ; il réprimande les maladroits et
corrige les paresseux. Le fouet est peu propre à éveiller l'intelligence, et on s'en aperçoit à la lenteur avec laquelle se dressent
des baraques informes. Où est donc l'esprit industrieux, entre-
prenant, de cette nation qui a devancé les autres dans le perfectionnement des arts mécaniques ?

Les soldats ne savent faire que ce qu'on leur a commandé ;
au delà de la routine tout leur est embarras et désappointement.
Une fois sortis de la discipline (et peut-on faire la guerre sans
en sortir souvent?) ils se livrent à des excès qui étonneraient les
Cosaques ; ils s'enivrent dès qu'ils le peuvent, et leur ivresse
est froide, apathique, anéantissante. La subordination de tous
les instants est la condition *sine qua non* de l'existence des
armées anglaises. Elles ne sont pas composées d'hommes faits
pour jouir avec modération de l'abondance, et on les verrait se
débander dans la disette.

GEORGES CUVIER.

Ce grand naturaliste est né à Montbéliard en 1769; il est mort à Paris, du choléra, en 1832, après avoir occupé, sous l'Empire et la Restauration, les fonctions les plus élevées. On lui doit de savantes recherches sur l'anatomie comparée, sur les mollusques, les poissons, les reptiles; mais son ouvrage le plus important, celui qui assure à son nom une renommée qui ne périra pas, a pour objet la géologie, c'est-à-dire la science qui traite de la structure intérieure du globe, de la nature des terrains, de leur formation successive; et la paléontologie, c'est-à-dire la science qui s'occupe de l'histoire naturelle des animaux disparus dans les cataclysmes qui ont bouleversé la terre. Les découvertes de Cuvier relatives au monde antédiluvien ont fait une véritable révolution en histoire naturelle : elles sont consignées dans les *Recherches sur les ossements fossiles*, dont le premier volume parut en 1821 ; et dans le *Discours sur les révolutions du globe*. C'est à ce discours que nous empruntons les morceaux suivants.

LES RÉVOLUTIONS DE LA SURFACE DU GLOBE.

Lorsque le voyageur parcourt ces plaines fécondes où des eaux tranquilles entretiennent par leur cours régulier une végétation abondante, et dont le sol, foulé par un peuple nombreux, orné de villages florissants, de riches cités, de monuments superbes, n'est jamais troublé que par les ravages de la guerre ou par l'oppression des hommes, il n'est pas tenté de croire que la nature ait eu aussi ses guerres intestines, et que la surface du globe ait été bouleversée par des révolutions et des catastrophes ; mais ses idées changent dès qu'il cherche à creuser ce sol, aujourd'hui si paisible, ou qu'il s'élève aux collines qui bordent la plaine ; elles se développent pour ainsi dire avec sa vue, elles commencent à embrasser l'étendue et la grandeur de ces événements antiques dès qu'il gravit les chaînes plus élevées dont ces collines couvrent le pied, ou qu'en suivant les lits des torrents qui descendent de ces chaînes, il pénètre dans leur intérieur.

Les terrains les plus bas, les plus unis, ne nous montrent, même lorsque nous y creusons à de très-grandes profondeurs, que des couches horizontales de matières plus ou moins variées, qui enveloppent presque toutes d'innombrables produits de la mer. Des couches pareilles, des produits semblables, composent les collines jusqu'à d'assez grandes hauteurs. Quelquefois les coquilles sont si nombreuses qu'elles forment à elles seules toute la masse du sol ; elles s'élèvent à des hauteurs supérieures au niveau de toutes les mers, et où nulle mer ne pourrait être portée aujourd'hui par des causes existantes ; elles ne sont pas seulement enveloppées dans des sables mobiles, mais les pierres les plus dures les incrustent souvent et en sont pénétrées de toutes parts. Toutes les parties du monde, tous les hémisphères, tous les continents, toutes les îles un peu considérables, présentent le même phénomène. Le temps n'est plus où l'ignorance pouvait soutenir que ces restes de corps organisés étaient de simples jeux de la nature, des produits conçus dans le sein de la terre par ses forces créatrices ; et les efforts que renouvellent quelques métaphysiciens ne suffiront probablement pas pour rendre de la faveur à ces vieilles opinions.

Une comparaison scrupuleuse des formes de ces dépouilles, de leur tissu, souvent même de leur composition chimique, ne montre pas la moindre différence entre les coquilles fossiles et celles que la mer nourrit. Leur conservation n'est pas moins parfaite ; l'on n'y observe le plus souvent ni détrition, ni rupture, rien qui annonce un transport violent ; les plus petites d'entre elles gardent leurs parties les plus délicates, leurs crêtes les plus subtiles, leurs pointes les plus déliées. Ainsi non-seulement elles ont vécu dans la mer, elles ont été déposées par la mer ; c'est la mer qui les a laissées dans les lieux où on les trouve : mais cette mer a séjourné dans ces lieux ; elle y a séjourné assez longtemps et assez paisiblement pour y former les dépôts si réguliers, si épais, si vastes, et en partie si solides, que remplissent ces dépouilles d'animaux aquatiques. Le bassin des mers a donc éprouvé au moins un changement soit en étendue, soit en situation. Voilà ce qui résulte déjà des premières fouilles et de l'observation la plus superficielle.

LES ALLUVIONS.

Les eaux qui tombent sur les crêtes et les sommets des montagnes, ou les vapeurs qui s'y condensent, ou les neiges qui s'y liquéfient, descendent par une infinité de filets le long de leurs pentes ; elles en enlèvent quelques parcelles, et y tracent par leur passage des sillons légers. Bientôt ces filets se réunissent dans les creux plus marqués dont la surface des montagnes est labourée ; ils s'écoulent par les vallées profondes qui en entament le pied, et vont former ainsi les rivières et les fleuves, qui reportent à la mer les eaux que la mer avait données à l'atmosphère. A la fonte des neiges, ou lorsqu'il survient un orage, le volume de ces eaux des montagnes, subitement augmenté, se précipite avec une vitesse proportionnelle aux pentes ; elles vont heurter avec violence le pied de ces croupes de débris qui couvrent les flancs de toutes les hautes vallées ; elles entraînent avec elles les fragments déjà arrondis qui les composent ; elles les émoussent, les polissent encore par le frottement ; mais à mesure qu'elles arrivent à des vallées plus unies, où leur chute diminue, ou dans des bassins plus larges, où il leur est permis de s'épandre, elles jettent sur la plage les plus grosses de ces pierres qu'elles roulaient ; les débris plus petits sont déposés plus bas ; et il n'arrive guère au grand canal de la rivière que les parcelles les plus menues ou le limon le plus imperceptible. Souvent même le cours de ces eaux, avant de former le grand fleuve inférieur, est obligé de traverser un lac vaste et profond où leur limon se dépose, et d'où elles ressortent limpides. Mais les fleuves inférieurs, et tous les ruisseaux qui naissent des montagnes plus basses, ou des collines, produisent aussi dans les terrains qu'ils parcourent des effets plus ou moins analogues à ceux des torrents des hautes montagnes. Lorsqu'ils sont gonflés par de grandes pluies, ils attaquent le pied des collines terreuses ou sableuses qu'ils rencontrent dans leur cours, et en portent les débris sur les terrains bas qu'ils inondent, et que chaque inondation élève d'une quantité quelconque. Enfin, lorsque les fleuves arrivent aux grands lacs ou à la mer, et que cette rapidité qui entraîne les parcelles de limon vient à cesser tout à fait, ces parcelles se déposent aux côtés de l'embouchure ; elles finissent par y former des terrains qui prolongent la côte ; et, si cette côte est telle que la mer y jette de son côté du sable et contribue à cet accroissement, il se crée ainsi des provinces, des royaumes entiers, ordinairement les plus fertiles, et bientôt les plus riches du monde, si les gouvernements laissent l'industrie s'y exercer en paix.

CHARLES NODIER.

Cet écrivain est, sans contredit, l'un des plus charmants esprits de notre temps ; il s'est exercé dans tous les genres : la poésie, le roman, la philologie, la bibliographie, l'histoire naturelle, le journalisme ; mais il s'est surtout distingué dans les contes, le roman, la nouvelle. Doué d'une fécondité prodigieuse, Charles Nodier, outre les nombreux volumes qu'il a publiés, a écrit dans tous les recueils littéraires de son temps, et il avait fini par ne plus se rappeler lui-même le titre et le nombre de ses productions. Après avoir dit dans un de ses livres que nous en étions arrivés au cinquième âge du monde, l'*âge du papier*, il s'était chargé mieux que personne de justifier cet axiome. Ce qui distingue son talent, qui n'est point apprécié à sa juste valeur, c'est un bon sens exquis, une mélancolie douce, tempérée par la vieille malice gauloise, une sensibilité vive et sincère, un style élégant et pur. Ses principales œuvres littéraires, longtemps dispersées, ont été recueillies dans la *Bibliothèque Charpentier*. Né à Besançon en 1780, Nodier est mort à Paris en 1844 ; il remplissait alors les fonctions de bibliothécaire à *l'Arsenal*.

LES NIDS D'HIRONDELLES.

Heureuse, mille fois heureuse la maison aux nids d'hirondelles ! Elle est placée, entre toutes les autres, sous les auspices de cette douce sécurité dont les âmes pieuses ont obligation à la Providence. Et, en effet, sans chercher dans l'hirondelle un instinct merveilleux de prophétie que les poëtes lui accordent un peu trop libéralement, n'est-il pas permis de supposer du moins qu'elle n'est point privée de l'instinct commun à tant d'autres espèces qui leur fait deviner le séjour le plus assuré d'une famille en espérance ? Ne craignez pas qu'elle se loge sous la paille inflammable d'un toit champêtre ou sous les fragiles soliveaux d'une baraque nomade. Elle a si grand'peur des mutations qui bouleversent nos domiciles d'un jour, qu'on la voit se fixer de préférence aux édifices abandonnés dont nous sommes fatigués de remuer les ruines, et que n'inquiète plus le mouvement d'une population turbulente. Les hommes n'y sont plus, dit-elle, et elle construit paisiblement sa demeure au lieu qui a déjà vu passer plus d'une génération sans s'émouvoir de leurs ébranlements. Si elle redescend aux villes et aux campagnes, elle ne se fixe qu'à la maison paisible où nul bruit ne troublera sa petite colonie, et à l'abri de laquelle la hutte solide qu'elle s'est si soigneusement pratiquée peut subsister assez longtemps pour lui épargner l'année prochaine de nouveaux labeurs. Si vous l'avez observée, notre hirondelle se prévient volontiers en faveur des figures bienveillantes ; elle se fie, comme une étrangère de lointain pays, aux procédés de bon accueil ;

elle aime qu'on ne la dérange pas, et s'abandonne à qui l'aime. Je ne suis pas sûr que sa présence promette le bonheur pour l'avenir, mais elle me le démontre intelligiblement dans le présent. Aussi je n'ai jamais vu la maison aux nids d'hirondelles sans me sentir favorablement prévenu en faveur de ses habitants. Il n'y a là, j'en suis sûr, ni les orgies tumultueuses de la débauche, ni le fracas des querelles domestiques. Les valets n'y sont pas cruels ; les enfants n'y sont pas impitoyables ; vous y trouverez quelque sage vieillard ou quelque tendre jeune fille qui protége le nid d'hirondelle, et j'irais, un million sur la main, y cacher ma tête proscrite, sans souci du lendemain. Les gens qui ne chassent pas l'oiseau importun et sa couvée babillarde sont essentiellement bons, et les bons sont heureux de tout le bonheur qu'on peut goûter sur la terre.

DE CHATEAUBRIAND.

Cet écrivain célèbre naquit à Saint-Malo le 4 septembre 1768, et mourut à Paris le 4 juillet 1848. Sous-lieutenant au régiment de Navarre en 1786, Chateaubriand quitta la France en 1791 pour faire un grand voyage dans l'Amérique du Nord. Il revint en Europe en 1792, servit pendant quelque temps avec les émigrés dans l'armée dite *des Princes*, et fut blessé au siége de Thionville. Il se rendit ensuite en Angleterre, et y séjourna jusqu'au moment où la révolution du 18 brumaire (10 novembre 1799) permit aux émigrés de rentrer en France. En 1803, Napoléon, alors premier consul, l'attacha à l'ambassade de Rome, mais il ne remplit ces fonctions que pendant peu de temps ; en 1806, il partit pour Jérusalem, et visita successivement la Grèce, la Syrie, l'Egypte et l'Espagne. Sous la première restauration, il fut nommé par le gouvernement royal ambassadeur en Suède; pendant les cent-jours, il alla rejoindre Louis XVIII à Gand, et fut créé pair de France, quand ce prince, après la bataille de Waterloo, monta pour la seconde fois sur le trône. Mais, à force d'être royaliste, Chateaubriand avait fini par l'être plus que le roi, et, en se plaçant à la tête du parti exagéré qu'on appelait alors le parti des *ultra*, il tomba en disgrâce, vit saisir quelques-uns de ses livres, et fit une opposition des plus vives à la monarchie qu'il avait appelée de tous ses vœux, et qu'il avait servie de sa plume avec beaucoup plus d'ardeur et de talent qu'aucun autre écrivain de son époque. Cette opposition dura jusqu'en 1820 ; mais, à cette date, Chateaubriand se rapprocha du pouvoir, et il fut successivement ambassadeur à Berlin en 1821, ambassadeur à Londres en 1822, ministre plénipotentiaire au congrès de Vérone et ministre des affaires étrangères. Son influence à cette époque fut prépondérante dans les conseils du gouvernement, et cette influence contribua à décider la guerre d'Espagne en 1823, guerre tout à fait impopulaire en France, parce qu'elle avait pour objet de combattre les idées libérales. En 1828, il fut ambassadeur à Rome, et occupa ce poste pendant un an. Rentré dans la vie privée au moment où éclata la révolution de 1830, il essaya, mais en vain, de soutenir le gouvernement de Charles X, et fit une violente opposition au roi Louis-Philippe. Cette opposition, qui se manifesta pendant trois ou quatre ans avec une extrême vivacité, s'apaisa vers 1836, et M. de Chateaubriand, à dater de cette époque, ne s'occupa plus que de littérature. Il mourut en 1848, et, suivant ses volontés, fut inhumé sur une petite île, au milieu de la rade de Saint-Malo.

Les détails que nous venons de donner montrent qu'en politique M. de Chateaubriand eut plutôt des passions que des principes. Sa vie ne fut qu'une série de contradictions, et, malgré les hautes positions qu'il a occupées, il ne peut être rangé parmi les grands hommes d'État; mais, au milieu de ses contradictions, il eut du moins le mérite d'être sincère.

Comme écrivain, M. de Chateaubriand est, sans aucun doute, celui qui a le plus occupé l'opinion, et qui a exercé sur les esprits de son temps la plus grande influence. Ses principaux ouvrages sont : le *Génie du christianisme*, dans lequel il démontre la vérité et la grandeur de la religion chrétienne ; l'*Itinéraire de Paris à Jérusalem*, les *Martyrs*, *Atala*, *René*, les *Études historiques* et les *Mémoires d'outre-tombe*. Esprit plus brillant que profond, et poète plutôt que penseur, M. de Chateaubriand a excellé avant tout à peindre les scènes de la nature ; il a des beautés de style de premier ordre, mais ces beautés sont souvent entachées de mauvais goût, et, en cherchant la grandeur, il tombe dans l'exagération. Aussi ses œuvres, tout en gardant une grande popularité, sont-elles jugées aujourd'hui beaucoup plus sévèrement que lors de leur publication, et c'est là précisément ce qui le distingue des écrivains tels que Bossuet, Pascal, la Bruyère, dont le temps n'a fait que confirmer la gloire.

L'ÉLOQUENCE CHRÉTIENNE.

Les anciens n'ont connu que l'éloquence judiciaire et politique : l'éloquence morale, c'est-à-dire l'éloquence de tout temps, de tout gouvernement, de tout pays, n'a paru sur la terre qu'avec la loi évangélique. Cicéron défend un client, Démosthène combat un adversaire, ou tâche de rallumer l'amour de la patrie chez un peuple dégénéré ; l'un et l'autre ne savent que remuer les passions, et fondent toutes leurs espérances de succès sur le trouble qu'ils jettent dans les cœurs. L'éloquence de la chaire a cherché les siens dans une région plus élevée. C'est en combattant les mouvements de l'âme qu'elle prétend la séduire ; c'est en apaisant toutes les passions qu'elle s'en veut faire écouter. Dieu et la charité, voilà son texte, toujours le même, toujours inépuisable. Il ne lui faut ni les cabales d'un parti, ni des émotions populaires, ni de grandes circonstances pour briller. Dans la paix la plus profonde, sur le cercueil du citoyen le plus obscur, elle trouvera ses mouvements les plus sublimes ; elle saura intéresser pour une vertu ignorée ; elle fera couler des larmes pour un homme dont on n'a jamais entendu parler. Incapable de crainte et d'injustice, elle donne des leçons aux rois, mais sans les insulter ; elle console le pauvre, mais sans flatter ses vices. La politique et les choses de la terre ne lui sont point inconnues ; mais ces choses, qui faisaient les premiers motifs de l'éloquence antique, ne sont pour elle que des raisons secondaires : elle les voit des hauteurs où elle domine, comme un aigle aperçoit du sommet de la montagne les objets abaissés de la plaine.

LA FÊTE-DIEU.

Il n'en est pas des fêtes chrétiennes comme des cérémonies du paganisme ; on n'y traîne pas en triomphe un bœuf-dieu, un bouc sacré ; on n'est pas obligé, sous peine d'être mis en pièces, d'adorer un chat ou un crocodile, ou de se rouler ivre dans les rues, en commettant toutes sortes d'abominations, pour Vénus, Flore ou Bacchus : dans nos solennités, tout est essentiellement moral. Si l'Église en a seulement banni les danses, c'est qu'elle sait combien de passions se cachent sous ce plaisir en apparence innocent.

Le Dieu des chrétiens ne demande que les élans du cœur et les mouvements égaux d'une âme que règle le paisible concert des vertus. Et quelle est, par exemple, la solennité païenne qu'on peut opposer à la fête où nous célébrons le nom du Seigneur ?

Aussitôt que l'aurore a annoncé la fête du Roi du monde, les maisons se couvrent de tapisseries de laine et de soie, les rues se jonchent de fleurs, et les cloches appellent au temple la troupe des fidèles. Le signal est donné : tout s'ébranle, et la pompe commence à défiler.

On voit paraître d'abord les corps qui composent la société des peuples ; leurs épaules sont chargées de l'image des protecteurs de leurs tribus, et quelquefois des reliques de ces hommes qui, nés dans une classe inférieure, ont mérité d'être adorés des rois pour leurs vertus : sublime leçon que la religion chrétienne a seule donnée à la terre.

Après ces groupes populaires, on voit s'élever l'étendard de Jésus-Christ, qui n'est plus un signe de douleur, mais une marque de joie. A pas lents s'avance sur deux files une longue suite de ces époux de la solitude, de ces enfants du torrent et du rocher, dont l'antique vêtement retrace à la mémoire d'autres mœurs et d'autres siècles. Le clergé séculier vient après ces solitaires ; quelquefois des prélats, revêtus de la pourpre romaine, prolongent encore la chaîne religieuse.

Enfin, le pontife de la fête apparaît seul dans le lointain. Ses mains soutiennent la radieuse Eucharistie, qui se montre sous un dais à l'extrémité de la pompe, comme on voit quelquefois le soleil briller sous un nuage d'or, au bout d'une avenue illuminée de ses feux.

Cependant des groupes d'adolescents marchent entre les rangs de la procession ; les uns présentent les corbeilles de fleurs, les autres les vases de parfums. Au signal répété par le maître des pompes, les choristes se retournent vers l'image du soleil éternel, et font voler des roses effeuillées sur son passage. Des lévites, en tuniques blanches, balancent l'encensoir devant le Très-Haut. Alors des chants s'élèvent le long des lignes saintes; le bruit des cloches et le roulement des canons annoncent que le Tout-Puissant a franchi le seuil de son temple. Par intervalles, les voix et les instruments se taisent, et un silence, aussi majestueux que celui des grandes mers dans un jour de calme, règne parmi cette multitude recueillie : on n'entend plus que ses pas mesurés sur les pavés retentissants.

Mais où va-t-il ce Dieu redoutable, dont les puissances de la terre proclament ainsi la majesté ? Il va se reposer sous des tentes de lin, sous des arches de feuillages, qui lui présentent, comme au jour de l'ancienne alliance, des temples innocents et des retraites champêtres. Les humbles de cœur, les pauvres, les guerriers, les potentats, le suivent. Il marche entre la simplicité et la grandeur, comme en ce mois qu'il a choisi pour sa fête ; il se montre aux hommes entre la saison des fleurs et celle des foudres.

Les fenêtres et les murs de la cité sont bordés d'habitants dont le cœur s'épanouit à cette fête du Dieu de la patrie : le nouveau-né tend ses bras au Jésus de la montagne, et le vieillard penché vers la tombe se sent tout à coup délivré de ses craintes ; il ne sait quelle assurance de vie le remplit de joie à la vue du Dieu vivant.

Les solennités du christianisme sont coordonnées d'une manière admirable aux scènes de la nature. La fête du Créateur arrive au moment où la terre et le ciel déclarent sa puissance, où les bois et les champs fourmillent de générations nouvelles : tout est uni par les plus doux liens ; il n'y a pas une seule plante veuve dans les campagnes.

La chute des feuilles, au contraire, amène la fête des Morts pour l'homme, qui tombe comme les feuilles des bois.

Au printemps, l'Eglise déploie dans nos hameaux une autre pompe. La Fête-Dieu convient aux splendeurs des cours, les Rogations aux naïvetés du village. L'homme rustique sent avec joie son âme s'ouvrir aux influences de la religion, et sa glèbe aux rosées du ciel : heureux celui qui portera des moissons utiles, et dont le cœur humble s'inclinera sous ses propres vertus, comme le chaume sous le grain dont il est chargé !

LE CONVOI D'ATALA.

Vers le soir nous transportâmes ses précieux restes à une ouverture de la grotte qui donnait vers le nord. L'ermite les avait roulés dans une pièce de lin d'Europe, filé par sa mère : c'était le seul bien qui lui restât de sa patrie, et depuis longtemps il le destinait à son propre tombeau. Atala était couchée sur un gazon de sensitives de montagne ; ses pieds, sa tête, ses épaules et une partie de son sein étaient découverts. On voyait dans ses cheveux une fleur de magnolia fanée..., celle-là même que j'avais déposée sur le lit de la vierge pour la rendre féconde. Ses lèvres, comme un bouton de rose cueilli depuis deux matins, semblaient languir et sourire. Dans ses joues d'une blancheur éclatante, on distinguait quelques veines bleues. Ses beaux yeux étaient fermés, ses pieds modestes étaient joints, et ses mains d'albâtre pressaient sur son cœur un crucifix d'ébène ; le scapulaire de ses vœux était passé à son cou.

Elle paraissait enchantée par l'ange de la mélancolie, et par le double sommeil de l'innocence et de la tombe. Je n'ai rien vu de plus céleste. Quiconque eût ignoré que cette jeune fille avait joui de la lumière aurait pu la prendre pour la statue de la Virginité endormie.

Le religieux ne cessa de prier toute la nuit. J'étais assis en silence au chevet du lit funèbre de mon Atala. Que de fois, durant son sommeil, j'avais supporté sur mes genoux cette tête charmante ! Que de fois je m'étais penché sur elle, pour entendre et pour respirer son souffle ! Mais à présent aucun bruit ne sortait de ce sein immobile, et c'était en vain que j'attendais le réveil de la beauté !

La lune prêta son pâle flambeau à cette veillée funèbre. Elle se leva au milieu de la nuit, comme une blanche vestale qui vient pleurer sur le cercueil d'une compagne. Bientôt elle répandit dans les bois ce grand secret de mélancolie qu'elle aime à raconter aux vieux chênes et aux rivages antiques des mers.

De temps en temps, le religieux plongeait un rameau fleuri dans une eau consacrée; puis, secouant la branche humide, il parfumait la nuit des baumes du ciel. Parfois il répétait sur un air antique quelques vers d'un vieux poëte nommé Job ; il disait :

« J'ai passé comme une fleur ; j'ai séché comme l'herbe des « champs.

« Pourquoi la lumière a-t-elle été donnée à un misérable, et « la vie à ceux qui sont dans l'amertume du cœur ? »

Ainsi chantait l'ancien des hommes. Sa voix grave et un peu cadencée allait roulant dans le silence des déserts. Le nom de Dieu et du tombeau sortait de tous les échos, de tous les torrents, de toutes les forêts. Les roucoulements de la colombe de Virginie, la chute du torrent dans la montagne, les tintements de la cloche qui appelait les voyageurs, se mêlaient à ces chants funèbres, et l'on croyait entendre dans les bocages de la mort le chœur lointain des décédés, qui répondaient à la voix du solitaire.

Cependant une barre d'or se forma dans l'orient. Les éperviers criaient sur les rochers, et les martres rentraient dans le creux des ormes : c'était le signal du convoi d'Atala. Je chargeai le corps sur mes épaules ; l'ermite marchait devant moi, une bêche à la main. Nous commençâmes à descendre de rocher en rocher ; la vieillesse et la mort ralentissaient également nos pas. A la vue du chien qui nous avait trouvés dans la forêt, et qui maintenant, bondissant de joie, nous traçait une autre route, je me mis à fondre en larmes. Souvent la longue chevelure d'Atala, jouet des brises matinales, étendait son voile d'or sur mes yeux ; souvent, pliant sous le fardeau, j'étais obligé de le déposer sur la mousse, de m'asseoir auprès pour reprendre des forces. Enfin, nous arrivâmes au lieu marqué par ma douleur ; nous descendîmes sous l'arche du pont.

O mon fils, il eût fallu voir un jeune sauvage et un vieil ermite, à genoux l'un vis-à-vis de l'autre dans un désert, creusant avec leurs mains un tombeau pour une pauvre fille dont le corps était étendu près de là, dans la ravine desséchée d'un torrent !

Quand notre ouvrage fut achevé, nous transportâmes la beauté dans son lit d'argile. Hélas ! j'avais espéré de préparer une autre couche pour elle ! Prenant alors un peu de poussière dans ma main, et gardant un silence effroyable, j'attachai, pour la dernière fois, mes yeux sur le visage d'Atala. Ensuite je répandis la terre du sommeil sur un front de dix-huit printemps ; je vis graduellement disparaître les traits de ma sœur, et ses grâces se cacher sous le rideau de l'éternité ; son sein surmonta quelque temps le sol noirci, comme un lis blanc s'élève du milieu d'une sombre argile. « Lopez, m'écriai-je alors, vois ton fils inhumer ta fille ! » et j'achevai de couvrir Atala de la terre du sommeil.

UNE BELLE NUIT DANS LES DÉSERTS DU NOUVEAU MONDE.

Une heure après le coucher du soleil, la lune se montra au-dessus des arbres, à l'horizon opposé. Une brise embaumée que cette reine des nuits amenait de l'orient avec elle semblait la précéder dans les forêts, comme sa fraîche haleine. L'astre solitaire monta peu à peu dans le ciel : tantôt il suivait paisiblement sa course azurée, tantôt il reposait sur des groupes de nues qui ressemblaient à la cime des hautes montagnes couronnées de neige. Ces nues, ployant et déployant leurs voiles, se déroulaient en zones diaphanes de satin blanc, se dispersaient en légers flocons d'écume, ou formaient dans les cieux des bancs d'une ouate éblouissante, si doux à l'œil, qu'on croyait ressentir leur mollesse et leur élasticité.

La scène sur la terre n'était pas moins ravissante ; le jour bleuâtre et velouté de la lune descendait dans les intervalles des arbres, et poussait des gerbes de lumière jusque dans l'épaisseur des plus profondes ténèbres. La rivière qui coulait à mes pieds, tour à tour se perdait dans les bois, tour à tour reparaissait brillante des constellations de la nuit, qu'elle répétait dans son sein. Dans une vaste prairie, de l'autre côté de cette rivière, la clarté de la lune dormait sans mouvement sur les gazons. Des bouleaux agités par les brises, et dispersés çà et là dans la savane, formaient des îles d'ombres flottantes, sur une mer immobile de lumière. Auprès, tout aurait été silence et repos, sans la chute de quelques feuilles, le passage brusque d'un vent subit, les gémissements de la hulotte ; au loin, par intervalles, on entendait les sourds mugissements de la cataracte de Niagara, qui, dans le calme de la nuit, se prolongeaient de désert en désert, et expiraient à travers les forêts solitaires.

La grandeur, l'étonnante mélancolie de ce tableau, ne sauraient s'exprimer dans des langues humaines ; les plus belles nuits en Europe ne peuvent en donner une idée. En vain, dans nos champs cultivés, l'imagination cherche à s'étendre ; elle rencontre de toutes parts les habitations des hommes ; mais, dans ces pays déserts, l'âme se plaît à s'enfoncer dans un océan de forêts, à planer sur le gouffre des cataractes, à méditer au bord des lacs et des fleuves, et, pour ainsi dire, à se trouver seule devant Dieu.

LE MESCHACÉBÉ OU MISSISSIPI.

Ce fleuve, dans un cours de plus de mille lieues, arrose une délicieuse contrée que les habitants des États-Unis appellent le Nouvel Éden, et à qui les Français ont laissé le doux nom de Louisiane. Mille autres fleuves, tributaires du Meschacébé, le Missouri, l'Illinois, l'Akanza, l'Ohio, le Wabache, le Tenaze, l'engraissent de leur limon et le fertilisent de leurs eaux. Quand tous ces fleuves se sont gonflés des déluges de l'hiver, quand les tempêtes ont abattu des pans entiers de forêts, les arbres déracinés s'assemblent sur les sources. Bientôt les vases les cimentent, les lianes les enchaînent, et des plantes y prenant racine de toutes parts achèvent de consolider ces débris. Charriés par les vagues écumantes, ils descendent au Meschacébé. Le vieux fleuve s'en empare, et les pousse à son embouchure pour y former une nouvelle branche. Par intervalles, il élève sa grande voix en passant sous les monts ; il répand ses eaux débordées autour des colonnades des forêts et des pyramides des tombeaux indiens : c'est le Nil des déserts. Mais la grâce est toujours unie à la magnificence dans les scènes de la nature, et, tandis que le courant du milieu entraîne vers la mer les cadavres des pins et des chênes, on voit sur les deux courants latéraux remonter, le long des rivages, des îles flottantes de pistias et de nénuphars, dont les roses jaunes s'élèvent comme de petits pavillons. Des serpents verts, des hérons bleus, des flamants roses, de jeunes crocodiles, s'embarquent passagers sur ces vaisseaux de fleurs, et la colonie, déployant au vent ses voiles d'or, va aborder endormie dans quelque anse retirée du fleuve.

Les deux rives du Meschacébé présentent le tableau le plus extraordinaire. Sur le bord occidental, des savanes se déroulent à perte de vue; leurs flots de verdure, en s'éloignant, semblent monter dans l'azur du ciel, où ils s'évanouissent. On voit dans ces prairies sans bornes errer à l'aventure des troupeaux de trois ou quatre mille buffles sauvages. Quelquefois un bison chargé d'années, fendant les flots à la nage, se vient coucher parmi les hautes herbes, dans une île du Meschacébé. A son front orné de deux croissants, à sa barbe antique et limoneuse, vous le prendriez pour le dieu mugissant du fleuve, qui jette un regard satisfait sur la grandeur de ses ondes et la sauvage abondance de ses rives.

Telle est la scène sur le bord occidental; mais elle change tout à coup sur le bord opposé, et forme avec la première un admirable contraste. Suspendus sur le cours des ondes, groupés sur les rochers et sur les montagnes, dispersés dans les vallées, des arbres de toutes les formes, de toutes les couleurs, de tous les parfums, se mêlent, croissent ensemble, montent dans les airs à des hauteurs qui fatiguent les regards. Les vignes sauvages, les bignonias, les coloquintes, s'entrelacent au pied de ces arbres, escaladent leurs rameaux, grimpent à l'extrémité des branches, s'élancent de l'érable au tulipier, du tulipier à l'alcée, en formant mille grottes, mille voûtes, mille portiques. Souvent, égarées d'arbre en arbre, ces lianes traversent des bras de rivières, sur lesquelles elles jettent des ponts et des arches de fleurs. Du sein de ces massifs embaumés, le superbe magnolia élève son cône immobile; surmonté de ses larges roses blanches, il domine toute la forêt, et n'a d'autre rival que le palmier, qui balance légèrement auprès de lui ses éventails de verdure.

Une multitude d'animaux, placés dans ces belles retraites par la main du Créateur, y répandent l'enchantement et la vie. De l'extrémité des avenues on aperçoit des ours enivrés de raisins qui chancellent sur les branches des ormeaux; des troupes de cariboux se baignent dans un lac; des écureuils noirs se jouent dans l'épaisseur des feuillages ; des oiseaux moqueurs, des colombes virginiennes de la grosseur d'un passereau, descendent sur les gazons rougis par les fraises ; des perroquets verts à tête jaune, des piverts empourprés, des cardinaux de feu, grimpent en circulant au haut des cyprès ; des colibris étincellent sur le jasmin des Florides, et des serpents-oiseleurs sifflent suspendus aux dômes des bois, en s'y balançant comme des lianes.

Si tout est silence et repos dans les savanes de l'autre côté du fleuve, tout ici, au contraire, est mouvement et murmure : des coups de bec contre le tronc des chênes, des froissements d'animaux qui marchent, broutent ou broient entre leurs dents les noyaux des fruits ; des bruissements d'ondes, de faibles gémissements, de sourds meuglements, de doux roucoulements, remplissent ces déserts d'une tendre et sauvage harmonie. Mais, quand une brise vient à animer toutes ces solitudes, à balancer tous ces corps flottants, à confondre toutes ces masses de blanc, d'azur, de vert, de rose, à mêler toutes ces couleurs, à réunir tous ces murmures, alors il sort de tels bruits du fond des forêts, il se passe de telles choses aux yeux, que j'essayerais en vain de les décrire à ceux qui n'ont point parcouru ces champs primitifs de la nature.

L'ABBÉ DE LAMENNAIS.

Les écrits de Lamennais présentent, comme sa vie, les plus singuliers contrastes, tout en gardant toujours l'empreinte du plus grand talent. Né en 1782 à Saint-Malo, il fut d'abord destiné au commerce par son père, qui était armateur ; mais il refusa de suivre la carrière que lui destinait sa famille, et après des occupations très-diverses, il entra dans les ordres en 1816, à l'âge de 34 ans. De 1817 à 1823, il fit paraître l'*Essai sur l'indifférence en matière de religion*, puis il entra dans des affaires de librairie, se fit journaliste, et en 1830 il se tourna tout à coup contre l'Église et l'autorité catholique, dont il avait été l'un des plus ardents défenseurs. Le journal l'*Avenir*, qu'il avait fondé à cette époque, lui attira les censures ecclésiastiques. Il se rendit à Rome dans l'intention de se soumettre à l'autorité du Saint-Siège, mais bientôt il se sépara de nouveau de l'Église, et dans *Les paroles d'un croyant* il se rattacha aux doctrines les plus exagérées du républicanisme. Ce livre fut condamné par le pape, et dès ce moment, Lamennais continua la guerre contre le Saint-Siège, les institutions sociales et le principe d'autorité, sous quelque forme qu'il se manifestât, arrivant ainsi à se placer sur un terrain complétement différent de celui de son point de départ. — Au milieu des agitations qui suivirent la révolution de Février, Lamennais tendit la main aux partis les plus exagérés; il fut nommé membre de l'Assemblée constituante où il siégea sur les bancs de la Montagne. Il reprit à cette époque sa plume de journaliste, et travailla au *Peuple constituant* et à la *Réforme*. Il avait publié en 1841 les premiers volumes d'une *Esquisse de philosophie*. Comme penseur, comme publiciste, Lamennais n'a pu réussir à fonder une doctrine; il a traversé tous les partis et tous les systèmes, et dans chacun de ses systèmes, il est arrivé jusqu'aux dernières limites de l'exagération; mais comme écrivain, il a laissé des pages admirables, et son style offre avec celui de Rousseau une frappante analogie. Il mourut le 27 février 1854.

LE PETIT BERGER.

Il avait allumé près du talus, au coin du bois, un feu de bruyères, et assis sur la mousse, le pauvre enfant, il réchauffait ses mains à la flamme pétillante.

La fumée, jaunie par de fauves rayons qui glissaient entre les nuages, montait dans l'air pesant. Il la regardait onduler comme un serpent qui gonfle et déroule ses anneaux; puis s'épandre en nappes brunes, puis s'évanouir dans l'épaisse atmosphère.

Plus de chants dans les buissons, plus d'insectes ailés étincelants d'or, d'émeraude, d'azur, promenant de fleur en fleur leurs amours aériens; partout le silence, un morne repos; partout une teinte uniforme et triste.

Les longues herbes flétries blanchissaient penchées sur leurs tiges; on eût dit le linceul de la nature ensevelie.

Quelquefois un petit souffle, naissant et mourant presque au même moment, roulait sur la terre les feuilles sèches. Immobile et pensif, il prêtait l'oreille à cette voix de l'hiver. Recueillie dans son âme, elle s'y perdait comme se perdent le soir les soupirs de la solitude au fond des forêts.

Quelquefois aussi, bien haut dans les airs, une nuée d'oiseaux d'un autre climat passait au-dessus de sa tête, poussant des cris semblables aux aboiements d'une meute. Son œil les suivait à travers l'espace, et, dans ses vagues rêveries, il se sentait entraîné comme eux en des régions lointaines, mystérieuses, par un secret instinct et une force inconnue.

Enfant, déjà tu aspires au terme : prends patience, Dieu t'y conduira.

LA JEUNE FILLE SURPRISE PAR LA MER.

L'automne n'a point de plus belles journées. La mer scintillait au soleil ; chaque goutte d'eau reflétait, comme une pointe de diamant, une lumière blanche et pure, que l'œil supportait à peine. Du village déserté, hommes, femmes, enfants, arrivaient en foule sur les dunes, où, mêlé au thym, l'œillet sauvage, aux fleurs violettes, exhalait son parfum de girofle.

Munis de paniers, de légers filets, de pelles et de longs bâtons armés de crochets de fer, ils attendaient que la marée laissât à découvert la vaste grève et ses rochers, pour recueillir le riche butin préparé par la Providence, le lançon argenté qui glisse dans le sable humide, les crabes voraces, et les homards aux larges pinces, et la crevette, et la moule nacrée, et les coquillages de toute sorte.

Vers le soir, à l'heure où le flux accourt comme un fleuve gonflé par les pluies, la troupe joyeuse regagnait le village. Mais tous n'y revinrent pas.

Plongée dans les songes de son cœur, une jeune fille s'était oubliée sur un rocher lointain. Lorsqu'elle sortit de sa rêverie, le flot déjà serrait le rocher de ses nœuds mobiles, et montait, et montait toujours. Personne sur la grève, point de secours possible.

Que se passa-t-il alors dans l'âme de la vierge? Nul ne le sait, c'est resté un secret entre elle et Dieu.

Le lendemain on retrouva son corps. Elle avait noué aux algues pendantes ses longs cheveux noirs, sans doute pour n'être pas emportée par la houle, pour reposer dans la terre bénite près des siens.

Une croix de bois marque dans le cimetière le lieu où elle dort. Souvent l'une de celles qui furent ses compagnes, agenouillée sur le gazon, prie pour elle, et, le cœur ému de souvenirs tristes, s'en va, le front baissé, en essuyant ses pleurs.

LA CHARITÉ CHRÉTIENNE.

Le christianisme ne dégénérera point en vieillissant. Ses annales ne sont pleines que des services de tous genres qu'il a rendus d'âge en âge à l'humanité. Le même esprit d'amour qui enfanta tant de prodiges dans les premiers temps en enfante chaque jour de semblables parmi nous. Qui ne se rappelle avec une émotion profonde ces religieux espagnols parcourant les rues d'une ville pestiférée, en sonnant une petite cloche, afin qu'averti de leur passage, chacun pût réclamer leurs secours généreux? Presque tous moururent martyrs de leur dévouement.

Mais laissons les traits particuliers, dont on remplirait des volumes sans nombre : ne rappelons ni les Borromée, ni les Belzunce, ni ce Vincent de Paul qui, dans des temps de calamité, nourrissait des provinces entières, dont l'immense charité s'étendait au delà des mers, jusqu'aux rivages de Madagascar et dans les forêts de la Nouvelle-France, et qui semblait s'être chargé de soulager lui seul toutes les misères humaines ; homme prodigieux, qui a forcé notre siècle de croire à la vertu : ne considérons que les établissements durables, les bienfaits généraux et permanents de la Religion. Ces asiles solitaires de l'innocence et du repentir, que les peuples apprendront de plus en plus à regretter, ces paisibles retraites du malheur, ces superbes palais de l'indigence, qui les éleva, si ce n'est elle................. Et avec quelle profusion le christianisme n'avait-il pas multiplié ces touchantes institutions, si éminemment sociales? Leur nombre presque infini égalait celui de nos misères. Ici la fille de Vincent de Paul visitait le vieillard infirme, pansait ses plaies dégoûtantes, en lui parlant du ciel, ou, par une attendrissante charité, devenue mère sans cesser d'être vierge, réchauffait dans son sein l'enfant abandonné. Plus loin, la sœur hospitalière assistait, consolait le malade, et s'oubliait elle-même pour lui prodiguer, et le jour et la nuit, les soins les plus rebutants. Là, le religieux du Saint-Bernard, établissant sa demeure au milieu des neiges, abrégeait sa vie pour sauver celle du voyageur égaré dans la montagne. Ailleurs, vous eussiez vu le frère du *Bien-Mourir*, près de l'agonisant, occupé de lui adoucir le dernier passage, ou le frère *Enterreur* inhumant sa dépouille mortelle. A côté de ces preux chevaliers, de ces *soldats priants*, qui, presque seuls, protégèrent longtemps l'Europe contre la barbarie musulmane, on apercevait le père de la Merci, entouré, comme un triomphateur, des captifs qu'il avait, non pas enchaînés, mais délivrés de leurs chaînes, en s'exposant à mille dangers et à des fatigues incroyables. Des prêtres, des religieux de tous les ordres, brisant, par une vertu surhumaine, les liens les plus chers, s'en allaient, avec une grande joie, arroser de leur sang des contrées lointaines et sauvages, sans autre espoir, sans autre désir que d'arracher à l'ignorance, au crime et au malheur, des hommes qui leur étaient inconnus (1). Après avoir fécondé de ses sueurs nos collines incultes et nos landes stériles, le laborieux bénédictin, retiré dans sa cellule, défrichait le champ non moins aride de notre ancienne histoire et de nos anciennes lois. L'éducation, la chaire, les missions, aucune œuvre utile n'était étrangère au jésuite. Son zèle embrassait tout et suffisait à tout. L'humble capucin parcourait incessamment les campagnes pour aider les pasteurs dans leurs saintes fonctions, descendait au fond des cachots pour y porter des paroles de paix aux victimes de la justice humaine; et, semblable à l'Espérance dont il était le ministre, accompagnant jusqu'à la fin le malheureux qui allait mourir, partageait ses angoisses, ranimait son courage défaillant, et le fortifiait également contre les terreurs du supplice et contre celles du remords. Ses mains compatissantes ne se détachaient, pour ainsi dire, de l'infortuné qu'elles avaient reçu au pied du tribunal inflexible de l'homme qu'après l'avoir déposé au pied du tribunal du Dieu clément.

MAGNIFICENCES DE LA NATURE (2).

Loin des lieux où fermentent et bouillonnent les passions humaines, rarement l'aspect du mal vient troubler la joie pure dont nous pénètre incessamment le spectacle de la création. Que la nature est belle ! Que ses secrètes puissances sont fécondes, et ses industries merveilleuses, et ses harmonies ravissantes !...

Sur les pentes des monts, au fond des vallées, le long des fleuves rapides, près des rivages de l'Océan qui se brise contre de noirs rochers, ou glisse sur la plage, partout des bruits vagues, mystérieux, des voix pleines d'émotion, retentissement intime des êtres, des formes tour à tour frappantes de majesté et séduisantes de grâce, des teintes où se fondent et les plus vives et les plus douces couleurs, des contrastes, des mélanges indéfinissables de lumière et d'ombre, des souffles odorants, des effluves aériens saisissent les sens et ravissent l'âme et la péné-

---

(1) Les *missions étrangères* continuent de nos jours cette œuvre de civilisation.

(2) Ce fragment est tiré d'*Amschaspands et Darvands*, ouvrage satirique dans lequel l'auteur s'est servi de fictions fournies par la religion des mages pour voiler ses critiques.

trent, comme une vivante exhalaison de la source infinie où chaque créature désaltère, avec une volupté sainte, la soif du bien que celui qui est le Bien même, le Bien substantiel, illimité, a mise en elle. Des solitudes glacées qu'illumine de ses lueurs changeantes un soleil fantastique aux régions préférées d'Atar (1), une infinie diversité de scènes, d'aspects harmonieusement unis, offre à l'œil fasciné des merveilles sans cesse renaissantes. Ici le calme et le silence, nul mouvement, le sommeil profond de la nature enveloppée de son manteau de neige ; là des flots d'une lumière ardente, des nuées fécondes, des forêts, des savanes verdissantes, d'où s'élève, comme un hymne perpétuel, le murmure confus de myriades et de myriades d'êtres, une poussière dont chaque grain s'anime, une vie qui déborde de toutes parts.

Et ce monde si splendide, cette nature si riche et si variée, varie encore suivant les phases de l'astre qui tantôt l'inonde de ses clartés, tantôt en se retirant la couvre d'un voile opaque, dont la vierge des nuits, dans sa course rêveuse, soulève mollement les bords. A mesure que se succèdent Hayant, Rapitant, Odiren, Oscheh (2), des perspectives diverses se déploient, elles s'étendent ou se rétrécissent, les objets se transforment et créent pour l'œil, pour l'ouïe, pour tous les sens comme pour la pensée, de nouvelles harmonies et des jouissances nouvelles.

AUGUSTIN THIERRY.

Un grand talent et une grande infortune noblement supportée ont rendu populaire le nom d'Augustin Thierry. Né à Blois en 1795, élève de l'École normale en 1811, professeur dans un collège de province en 1813, Augustin Thierry vint s'établir définitivement à Paris en 1814. Vers 1820, il donna quelques études historiques au *Censeur européen*, au *Courrier français*, et en 1825 il fit paraître l'un de ses principaux ouvrages, l'*Histoire de la conquête de l'Angleterre par les Normands*. Ce livre, dont il a été fait de nombreuses éditions, eut le plus grand succès, et fit à l'auteur, tout jeune encore, une réputation hors ligne. Mais un travail excessif avait porté à la santé de l'historien une atteinte profonde ; il perdit la vue, et fut frappé d'une paralysie générale, qui le réduisit pendant plus de

---

(1) C'est le génie qui entretient le feu.
(2) Génies qui président au lever du soleil, à l'heure de midi, au coucher du soleil, à l'heure de minuit.

trente ans à l'immobilité la plus absolue ; sa belle et vaste intelligence survécut pour ainsi dire à la ruine de son corps, et pendant trente ans, jusqu'à l'époque de sa mort, qui arriva en 1856, il ne cessa de se livrer aux plus actives recherches sur nos annales : il publia successivement les *Lettres sur l'Histoire de France; les Récits des temps mérovingiens; Dix ans d'études historiques; Histoire de la formation et des progrès du tiers état*. Vers 1835, il fut chargé par le gouvernement de diriger dans la *Collection des documents inédits relatifs à l'Histoire de France* un recueil qui devait comprendre les actes les plus importants relatifs aux communes, à l'administration des villes, aux justices municipales, aux corporations industrielles ; les trois premiers volumes de cet important recueil ont seuls été publiés. — Au savoir le plus étendu Augustin Thierry joignait une sensibilité vive, une imagination brillante. Grâce à la réunion de ces qualités, il a su donner à ses écrits historiques un relief et une vivacité de coloris qui leur prêtent un charme extrême.

LE CHAMP DE BATAILLE D'HASTINGS (1).

Après avoir, dit un vieil historien, fait pour le pays tout ce qu'ils devaient, les compagnons de Harold se dispersèrent, et beaucoup moururent sur les chemins, de leurs blessures et de la fatigue du combat. Les cavaliers normands les poursuivaient sans relâche, ne faisant quartier à personne. Ils passèrent la nuit sur le champ de bataille, et le lendemain au point du jour, le duc Guillaume rangea ses troupes et fit faire l'appel de tous les hommes qui avaient passé la mer à sa suite, d'après le rôle qu'on avait dressé avant le départ, au port de Saint-Valery. Un grand nombre d'entre eux, morts ou mourants, gisaient à côté des vaincus. Les heureux qui survivaient eurent, pour premier gain de leur victoire, la dépouille des ennemis morts. En retournant les cadavres, on en trouva treize revêtus d'un habit de moine sous leurs armes : c'étaient l'abbé Hida et ses douze compagnons. Le nom de leur monastère fut inscrit le premier sur le livre noir des conquérants.

Les mères et les femmes de ceux qui étaient venus de la contrée voisine combattre et mourir avec leur roi se réunirent pour rechercher ensemble et ensevelir les corps de leurs proches. Celui du roi Harold demeura quelque temps sur le champ de bataille, sans que personne osât le réclamer. Enfin la veuve de Godwin, appelée Githa, surmontant sa douleur, envoya un mes-

(1) Cette bataille eut lieu en 1066. Guillaume, duc de Normandie, y remporta, sur Harold, roi d'Angleterre, une victoire complète, à la suite de laquelle il s'empara de l'Angleterre.

sager au duc Guillaume, pour lui demander la permission de rendre à son fils les derniers honneurs. Elle offrait, disent les historiens normands, de donner en or le poids du corps de son fils. Mais le duc refusa durement, et dit que l'homme qui avait menti à sa foi et à sa religion n'aurait d'autre sépulture que le sable du rivage. Il s'adoucit pourtant, si l'on en croit une vieille tradition, en faveur des religieux de Waltham, abbaye que, de son vivant, Harold avait fondée et enrichie. Deux moines saxons, Osgod et Ailrik, députés par l'abbé de Waltham, demandèrent et obtinrent de transporter dans leur église les restes de leur bienfaiteur. Ils allèrent à l'amas des corps dépouillés d'armes et de vêtements, les examinèrent avec soin l'un après l'autre et ne reconnurent point celui qu'ils cherchaient, tant ses blessures l'avaient défiguré. Tristes et désespérant de réussir seuls dans cette recherche, ils s'adressèrent à une femme que Harold avait connue avant d'être roi, et la prièrent de se joindre à eux. Elle s'appelait Edithe, et on la surnommait la belle au cou de cygne. Elle consentit à suivre les deux moines, et fut plus habile qu'eux à découvrir le cadavre de celui qu'elle avait aimé.

Tous ces événements sont racontés par les chroniqueurs de race anglo-saxonne avec un ton d'abattement qu'il est difficile de reproduire. Ils nomment le jour de la bataille un jour amer, un jour de mort, un jour souillé du sang des braves. « Angle-
« terre, que dirai-je de toi, s'écrie l'historien de l'Eglise d'Ely,
« que raconterai-je à nos descendants? Que tu as perdu ton roi
« national et que tu es tombée au pouvoir de l'étranger; que
« tes fils ont péri misérablement ; que tes conseillers et tes chefs
« sont vaincus, morts ou déshérités. »

Bien longtemps après le jour de ce fatal combat, la superstition patriotique crut voir encore des traces de sang frais sur le terrain où il avait eu lieu ; elles se montraient, disait-on, sur les hauteurs au nord-ouest de Hastings, quand un peu de pluie avait humecté le sol. Aussitôt après sa victoire, Guillaume fit vœu de bâtir en cet endroit un couvent sous l'invocation de la Sainte-Trinité et de saint Martin, le patron des guerriers de la Gaule. Ce vœu ne tarda pas à être accompli, et le grand autel du nouveau monastère fut élevé au lieu même où l'étendard du roi Harold avait été planté et abattu. L'enceinte des murs extérieurs fut tracée autour de la colline que les plus braves des Anglais avaient couverte de leurs corps, et toute la lieue de terre circonvoisine où s'étaient passées les diverses scènes du combat devint la propriété de cette abbaye, qu'on appela, en langue normande, l'*Abbaye de la bataille*. Des moines du grand couvent de Marmoutiers, près de Tours, vinrent y établir leur domicile, et prièrent pour les âmes de tous les combattants qui étaient morts dans cette journée.

L'ABBÉ LACORDAIRE.

Jean-Baptiste-Henri Lacordaire naquit à Recey-sur-Ource (Côte-d'Or) le 12 mars 1802. Se destinant d'abord au barreau, il vint à Paris en 1821, pour achever l'étude du droit qu'il avait commencée à Dijon, et entra chez un avocat pour faire son stage. Ses débuts dans cette carrière furent brillants, mais il ne tarda pas à l'abandonner. Doué d'une éloquence naturelle, d'un esprit puissant et enthousiaste, il se trouvait trop resserré au milieu de dossiers de procédure, et il n'attendait qu'une occasion pour déterminer sa vocation et développer ses brillantes qualités. Cette occasion lui fut fournie par la lecture de l'ouvrage de M. de Lamennais *De l'indifférence en matière de religion*. Sincèrement converti, il résolut de quitter le monde, et se retira au séminaire de Saint-Sulpice. En 1827, il reçut la prêtrise et fut nommé aumônier au collège Henri IV. En 1835, il fut chargé de prêcher à Notre-Dame, et il commença à cette époque des conférences qui obtinrent le plus éclatant succès. Paris ne fut pas la seule ville où cet illustre orateur se fit entendre. Il prêcha à Lyon, Grenoble, Nancy; c'est dans cette dernière ville qu'il prononça l'oraison funèbre du général Drouot, qui est regardée comme un de ses plus beaux morceaux d'éloquence. L'abbé Lacordaire fut reçu membre de l'Académie en 1861; il mourut en 1862, après avoir rétabli en France l'ordre des frères prêcheurs.

LE DIMANCHE.

En est-il un seul parmi vous qui n'ait été quelquefois touché du spectacle que présente une population chrétienne dans le jour consacré à Dieu? Les voies publiques se couvrent d'une multitude ornée de ses meilleurs habits; tous les âges y paraissent avec leurs espérances et leurs peines, les unes et les autres tempérées par un sentiment plus haut de la vie. Une joie fraternelle anime les yeux qui se rencontrent; le serviteur est plus proche de son maître; le pauvre est moins éloigné du riche; tous, par la communauté du même devoir accompli et par la conscience de la même grâce reçue, se sentent plus étroitement les fils du même Père qui est au ciel. Le silence des travaux serviles, compensé par la voix joyeuse et mesurée des cloches, avertit des milliers d'hommes qu'ils sont libres, et les prépare à supporter pour Dieu les jours où ils ne le seront pas. Rien d'austère n'obscurcit les visages ; l'idée de l'observance est modérée par celle du repos, et l'idée du repos est embellie par l'image d'une fête. L'encens fume dans le temple, la lumière brille sur l'autel, la musique remplit les voûtes et les cœurs, le prêtre va du peuple à Dieu et de Dieu au peuple ; la terre monte, et le ciel descend. Qui ne sortira plus calme ? Qui ne rentrera meilleur ?

PUISSANCE DU NOM DE DIEU.

Au milieu des champs, appuyé sur son instrument de travail, le laboureur lève les yeux vers le ciel, et il nomme Dieu à ses enfants par un mouvement simple comme son âme. Le pauvre l'appelle, le mourant l'invoque, le pervers le craint, l'homme de bien le bénit, les rois lui donnent leurs couronnes à porter, les armées le placent en tête de leurs bataillons, la victoire lui rend grâces, la défaite y cherche un secours, les peuples s'arment de lui contre leurs tyrans ; il n'est pas un lieu, un temps, une occasion, un sentiment où Dieu ne paraisse et ne soit nommé. L'amour lui-même, si sûr de son charme, si confiant dans son immortalité propre, n'ose pas pourtant se passer de lui, et il vient au pied de ses autels lui demander la confirmation des promesses qu'il a tant de fois jurées. La colère croit n'avoir atteint son expression suprême qu'après avoir maudit cet adorable nom, et le blasphème est un hommage encore d'une foi qui se révèle en s'oubliant.

Que dirai-je du parjure ? Voilà un homme qui est en possession d'un secret d'où dépend sa fortune, son honneur ; lui seul le connaît sur la terre, lui seul est son juge. Mais la vérité a un complice éternel en Dieu ; elle appelle Dieu à son secours, elle met le cœur de l'homme aux prises avec le serment, et celui-là même qui sera capable d'en violer la majesté ne le fera pas sans un tremblement intérieur comme devant l'action la plus lâche et la plus forcenée. Et pourtant qu'y a-t-il dans cette parole : Je le jure ? Rien qu'un nom, il est vrai, mais c'est le nom de Dieu. C'est le nom qu'ont adoré tous les peuples, auquel ils ont bâti des temples, consacré des sacerdoces, adressé des prières ; c'est le nom le plus grand, le plus saint, le plus efficace, le plus populaire que les lèvres de l'homme aient reçu la grâce de prononcer.

UN SOUVENIR DES CATACOMBES.

Je me promenais, il y a peu de jours, dans la campagne de Rome, proche des catacombes de Saint-Laurent ; je me dirigeai vers un cimetière nouveau qu'on a creusé dans ce vieux cimetière, et je fus frappé, à la porte, par une inscription : PLEURE SUR LE MORT, *parce qu'il s'est reposé !* J'entrai en la méditant ; car, que voulait-elle dire ? Il ne me fut pas difficile de le comprendre : Pleure sur le mort, parce qu'il s'est reposé de bien faire, parce que ses mains ne peuvent plus donner ni ses pieds aller au-devant du malheur, parce que ses entrailles ne sont plus émues par la plainte, et que son esprit, envolé loin des disputes des hommes, ne leur oppose plus l'acte d'une foi humble et patiente. Pleure sur le mort, parce que le temps de la vertu est fini pour lui, parce qu'il n'ajoutera plus à sa couronne. Pleure sur le mort, parce qu'il ne peut plus mourir pour Dieu. Je roulai longtemps dans mon âme ces pensées qui étaient encore entretenues par le voisinage des martyrs et par cette douce basilique élevée dans la campagne au diacre saint Laurent. Je regardai les vieux murs de Rome qui étaient devant moi, se tenant autour du siége apostolique comme ils se tenaient autour des Césars, et je regagnai lentement ma demeure solitaire, heureux de me sentir un moment loin de mon siècle, mais sans désirer d'être né dans un siècle plus tranquille, ayant entendu près de la tombe des saints et des martyrs cet avertissement sublime : *Pleure sur le mort, parce qu'il s'est reposé.*

ROME.

Rome est bâtie à peu près au milieu de la presqu'île italique, plus au midi qu'au nord, et en revanche plus à l'occident qu'à l'orient. Elle est assise sur quelques collines séparées par des ravins plutôt que par des vallées, au bord du Tibre, fleuve jaune et grave qui roule lentement ses eaux entre ses rivages sans verdure. A cinq ou six lieues à l'orient s'étend comme une ligne sombre la chaîne des Apennins ; à quatre ou cinq lieues vers l'occident, on aperçoit de quelques points élevés la ligne blanche et brillante de la Méditerranée ; au nord s'élève une montagne isolée qu'on appelle le Soracte, et qui se tient là comme un géant à l'entrée de la plaine; au midi ce sont les collines où se dessinent Castel-Gandolfo, Marino, Frascati et la Colonna. Entre ces quatre horizons, dont aucun ne ressemble à l'autre, et qui luttent de grandeur et de beauté, s'épanouit comme un large nid d'aigle la campagne romaine, reste éteint de plusieurs volcans, solitude vaste et sévère, prairie sans ombre, où les ruisseaux rares creusent le sol et s'y cachent avec leurs saules, où les arbres qui se dressent çà et là sont sans mouvement comme les ruines que l'œil découvre partout, tombeaux, temples, aqueducs, débris majestueux de la nature et du peuple romain, au milieu desquels la Rome chrétienne élève ses saintes images et ses dômes tranquilles. Que le soleil se lève ou qu'il se couche, que l'hiver ou l'été passent là, que les nuages traversent l'espace ou que l'air y prenne une suave transparence, selon les saisons et les heures, tout change, tout s'anime, tout pâlit; une nouveauté sans fin sort de ce fond immobile, semblable à la religion dont l'antiquité s'allie à la jeunesse et qui emprunte au temps je ne sais quel charme dont elle couvre son éternité. La religion est le caractère de cette incroyable nature : les montagnes, les champs, la mer, les ruines, l'air, la terre elle-même, mélange de la cendre des hommes avec la cendre des volcans, tout y est profond, et celui qui, se promenant le long des voies romaines, n'a jamais senti descendre dans son cœur la pensée de l'infini communiquant avec l'homme, ah! celui-là est à plaindre, et Dieu seul est assez grand pour lui donner jamais une idée et une larme.

FIN DU PREMIER VOLUME.

TABLE DES MATIÈRES.

	Pages.
AVERTISSEMENT.	
LA LITTÉRATURE FRANÇAISE DEPUIS SES ORIGINES JUSQU'A NOS JOURS	1
GRÉGOIRE DE TOURS	45
Le vase de Soissons	45
Le baptême de Clovis	47
SAINT CÉSAIRE D'ARLES	49
Comment il faut se comporter à l'église	49
VIE DE SAINTE RUSTICULE	50
Les derniers moments de sainte Rusticule	51
ALCUIN	52
Dialogue entre Pépin et Alcuin	52
GEOFFROY DE VILLEHARDOUIN	54
Prise de Constantinople	54
Mort du marquis de Montferrat	57
JOINVILLE	58
Saint Louis	58
Les Bédouins	64
JEAN FROISSART	65
Comment le roi Jehan fut prins à la bataille de Poictiers	66
JEANNE D'ARC	70
Lettre de Jeanne d'Arc aux Anglais	72
PHILIPPE DE COMMINES	74
Louis XI	75
RABELAIS	77
Lettre de Gargantua à son fils Pantagruel	77
Les moutons de Panurge	82
LA SATIRE MÉNIPPÉE	84
Paris sous la Ligue	84
MONTAIGNE	87
L'amitié	88
La philosophie	89
HENRY IV	90
Lettre à Monsieur de Crillon	91
Lettre à Madame Catherine	91
Harangue du roy à l'assemblée de notables tenue à Rouen	92

TABLE DES MATIÈRES.

                                                                                         Pages.

Ce que le roy a dit à Messieurs du Parlement le 13 avril 1597, à Paris... 93
SAINT-FRANÇOIS DE SALES... 94
    Que la dévotion est convenable à toutes sortes de vocations et professions... 95
    Le Paradis.. 96
DESCARTES.. 97
    De la méthode dans la recherche de la vérité................ 97
BALZAC... 101
    Lettre à M. de Lamothe-Aigron................................... 102
VOITURE.. 104
    Le cardinal de Richelieu... 105
PASCAL... 107
    Le problème de la destinée humaine........................... 107
    Fragment d'une prière.. 110
    Pensées diverses.. 111
    Inquiétude de l'homme... 112
    Orgueil de l'homme... 113
    L'homme ne peut trouver en lui-même le bien et la vérité. 114
    Grandeur et misère de l'homme................................ 114
    Le juste.. 115
    La mort.. 115
    Regrets du pécheur... 116
    Dignité de la pensée... 116
    Dieu seul bien véritable... 117
NICOLE... 117
    Accord de la raison et de la foi pour le bonheur.......... 118
PELLISSON... 119
    Les Français à l'attaque de Maestricht........................ 119
LA ROCHEFOUCAULD... 120
    L'amour-propre.. 121
    De la conversation.. 122
LA BRUYÈRE... 123
    Le bavard... 124
    L'amateur de tulipes.. 124
    L'amateur d'oiseaux... 125
    Maximes et pensées... 126
    Hermippe ou l'original... 127
    L'ordre dans la société.. 128
MADAME DE SÉVIGNÉ.. 130
    Lettre à M. de Pomponne.. 131
    Lettre à Madame de Grignan.................................... 131
    Lettre à la même... 133
    La mort de Turenne... 134
    Douleur de Madame de Longueville en apprenant la mort de son fils.. 136

TABLE DES MATIÈRES.

Pages.

MADAME DE GRIGNAN	136
Lettre de Madame de Grignan sur la mort de sa mère	137
LE CARDINAL DE RETZ	138
La reine Anne d'Autriche	138
Gaston d'Orléans	139
Le prince de Condé	139
SAINT-ÉVREMONT	140
L'honnête homme	140
BOSSUET	141
Bataille de Rocroy	142
L'idolâtrie romaine châtiée par les barbares	143
La vie humaine	144
La Providence	145
Péroraison de l'oraison funèbre de Condé	146
Perfection de Dieu	147
Éternité et immensité de Dieu	148
BOURDALOUE	149
Le mystère de la croix	149
La cérémonie des cendres	150
Le jugement dernier	152
FLÉCHIER	154
Éloge de Turenne	154
LOUIS XIV	156
Conseils de Louis XIV à son fils	156
La bonne foi	158
FÉNELON	159
Rapidité de la vie	160
Lettre à son neveu	161
Le loup et le jeune mouton	161
La ville de Tyr	162
La terre	163
Les missionnaires	164
Il faut chercher la simplicité dans les plaisirs	165
MADAME DE MAINTENON	166
Conseils aux religieuses de Saint-Louis	167
Lettre à M. de Noailles	170
L'ABBÉ FLEURY	171
La religion chrétienne et le paganisme	171
ROLLIN	173
L'étude	173
Les devoirs des écoliers	174
MASSILLON	175
Influence de saint Bernard sur son siècle; caractère de son éloquence	175
Sur l'aumône	176
La foi	178

La mort du pécheur	179
Sur les élus	180
SAINT-SIMON	182
Fénelon	183
Catinat	183
Vauban	184
MONTESQUIEU	185
Lettre de Rica à ***	185
Lettre de Rica à Rhédi	187
De l'art de la guerre chez les Romains	188
Charlemagne	191
FONTENELLE	192
Les éclipses	192
Les sciences	193
Corneille et Racine	194
VOLTAIRE	195
Lettre à milord Harvey	196
Lettre à Madame la marquise Du Deffant	199
Le siége de la maison de Charles XII	200
JEAN-JACQUES ROUSSEAU	203
La maison de campagne de Rousseau	205
Le séjour de Jean-Jacques Rousseau à l'île de Saint-Pierre	206
Le lever du soleil	210
BUFFON	211
Dignité de l'homme	212
L'Arabie Pétrée	213
Les savanes de l'Amérique	213
La chèvre et la brebis	215
Le paon	216
La fauvette	217
MIRABEAU	218
Fragments d'un discours sur la trahison	219
BERNARDIN DE SAINT-PIERRE	221
Les harmonies de la nature	222
La mort de Virginie	224
L'EMPEREUR NAPOLÉON Ier	227
La divinité de Jésus-Christ	228
Proclamation du général en chef à l'ouverture de la campagne d'Italie	231
Lettre au roi d'Angleterre	231
Proclamation	233
Proclamation	234
Lettre à la princesse de Bade	235
Lettre à la princesse Auguste-Amélie	235
Lettre à la princesse Eugène de Beauharnais	236
Lettre au prince Eugène	236

	Pages.
Situation de l'empire après la bataille d'Austerlitz	236
Résultats de la Révolution française	238
Sur la mort de César	239
JOSEPH DE MAISTRE	240
Fragments sur la punition des coupables	241
Une soirée d'été à Saint-Pétersbourg	242
La loi de destruction	244
XAVIER DE MAISTRE	246
L'amitié	246
LE GÉNÉRAL FOY	247
Parallèle entre l'armée française et l'armée anglaise	248
GEORGES CUVIER	250
Les révolutions de la surface du globe	250
Les alluvions	251
CHARLES NODIER	252
Les nids d'hirondelles	253
DE CHATEAUBRIAND	254
L'éloquence chrétienne	255
La Fête-Dieu	256
Le convoi d'Atala	258
Une belle nuit dans les déserts du nouveau monde	260
Le Meschacébé, ou Mississipi	261
L'ABBÉ DE LAMENNAIS	263
Le petit berger	264
La jeune fille surprise par la mer	265
La charité chrétienne	265
Magnificences de la nature	267
AUGUSTIN THIERRY	268
Le champ de bataille d'Hastings	269
L'ABBÉ LACORDAIRE	271
Le dimanche	271
Puissance du nom de Dieu	272
Un souvenir des catacombes	273
Rome	273

FIN DE LA TABLE.

Imprimerie de Paul Dupont, rue Grenelle Saint-Honoré, 45.